参照比較 市町村制註釈
附 問答理由
【明治32年 第10版】

山中兵吉 著述

地方自治法研究復刊大系〔第二二九巻〕

参照比較 市町村制註釈 附 問答理由

〔明治三十一年 第十版〕

日本立法資料全集 別巻1029

信山社

法學士山田喜之助序
法學士岡山兼吉校閲
山中兵吉著述

參照比較 市町村制註釋

附問答理由

東京 法律書院發行

法學士山田喜之助序
法學士岡山兼吉校閱
山中兵吉著述

參照比較市町村制註釋

附問答理由

東京
法律書院發行

法律第一號

朕地方共同ノ利益ヲ發達セシメ衆諸臣民ノ幸福ヲ增進スルコトヲ欲シ隣保團結ノ舊慣ヲ存重シテ益之ヲ擴張シ更ニ法律ヲ以テ都市及町村ノ權義ヲ保護スルノ必要ヲ認メ茲ニ市制及町村制ヲ裁可シテ之ヲ公布セシム

御名　御璽

明治二十一年四月十七日

內閣總理大臣伯爵伊藤博文

內務大臣伯爵山縣有朋

序

山中兵吉氏其著スル所ノ市町村制註釋ヲ示シ余ニ序ヲ囑ス余受ケテ之ヲ讀ムニ文辭平易ニシテ理義亦善ク通ス余復タ何ヲカ謂ハンヤ然レ𪜈余竊カニ世人ニ望ム所ノモノアリ一。ニ。曰。ク。此法律善良ナルカ如シト雖𪜈之ヲ實行スル際ニハ必ス多少ノ不便不都合アラン政府當局者猥リニ脩正變改ヲ爲スナカレ二。ニ。曰。ク。此法律ノ支配ヲ受クル人民モ亦猥リニ脩正變改ヲ當局者ニ望ム勿レ三。ニ。曰。ク。

中央干渉ノ慣習ヲ断乎排斥スベシ地方ノ自治ハ期セスシテ自カラ其實効ヲ收ムルヲ得ン是レ余カ特論ナリ録シテ以テ責ヲ塞ク

法學士　山田喜之助識

例言

一本書ハ市制町村制ノ各條ニ就キ法意ノ在ル所ヲ解釋シ且毎條下ニ問答ヲ付シ以テ讀者ヲシテ疑義ナカラシメンコトヲ努ム蓋シ著者微意ノ存スル所ナリ

一書中掲クル所ノ疑問ハ專ヲ著者カ地方ノ有志家及ヒ當路者ヨリ質問ヲ受ケタルモノニ係ルト雖モ亦著者自身カ研究上ヨリ出タルモノモ尠カラス然レトモ其答按ハ學友ト論シ當路者ト究メタルモノニシテ敢テ著者一己ノ私按ヲ挾マス

一本書ハ務メテ實地ノ適用ニ便利ヲ與ヘンコトヲ欲スルヲ以テ市町村條例若クハ市町村規則中ニ規定スヘキ事項ノ豫知シ得ヘキモノハ必ス其標準ヲ示セリ是亦著者ノ婆心ノミ

一市制ト町村制トハ只行政ノ點ニ小異アルノミ他ハ總テ同一ナリ故ニ町村制ニ於テ解説セシ所ハ復タ市制ニ於テ解説セス是レ敢テ其勞ヲ辭スルニアラス其重複ニシテ讀者ノ嫌厭ヲ來サンコトヲ恐ルレハナリ

明治二十一年十二月下浣日

著　者　識

目次

町村制

目次畢

町村制註釋

岡山兼吉校閲
大橋素六郎校閲
山中兵吉著述

第一章　總則

第一欵　町村及其區域

第一條　此法律ハ市制ヲ施行スル地ヲ除キ總テ町村ニ施行スルモノトス

（註）本條ハ此町村制ヲ施行スヘキ區域ヲ明示シ以テ市（人口凡二万五千以上ノ都會ヲ市トス）ト町村トヲ區別シタルモノナリ蓋シ市ト町村トノ關係ニ於ケル單ニ大小廣狹ノ差アルニ止マラス風俗、人情、營生、習慣等モ亦隨テ異ナル者ナレハ到底兩者同一ノ法律ヲ以テ支配スル能ハス本條ニ市制ヲ施行スル地ヲ除キトアルハ即チ之レカ爲メナリ然リト雖モ所謂町村ナル者ハ果メ如何ナル者ヲ云フ乎之ヲ解説セント欲セハ須ラク國家ナル者ノ組織如何ヲ知ラザルヘカラス抑モ國家ノ語タル其包含スル所極メテ廣ク是ヲ以テ單ニ國家ト言フトキハ府、縣、郡、市、町、村皆悉ク國家ヲ組織スルノ一原素ニアラサルハ莫シ然レトモ今ヤ學問上ヨリ之レヲ區別セハ彼ノ府、縣、郡ノ如キハ固ト行政上便宜ノ爲メニ設ケタル區劃ニシテ人爲ニ出テタルモノナリ之レニ反シ市町村ナルモノハ實ニ人類自然ノ發達ニ基キ人情、風俗、言語、宗敎等ノ同一ナル人類相合シテ一群ノ團結ヲ爲シタルモノナレハ其組織ニ於ケル取リモ直サス天爲ニ成リタルモノトス故ニ其住民タル終始互ヒニ密接ノ關係ヲ有シ相愛シ相扶ケ以テ能ク天與ノ福祉ヲ享受シ人生ノ洪益ヲ增進スルヿヲ得ルノミナラス殊ニ町村公共ノ事業ノ如キ常ニ協同一致メ其公益ヲ暢達セサルヘカラス是ヲ以テ市町村ノ區劃ノ如キ宜シク其自然ノ性質ニ從ヒ輙ク之レヲ變易セサランヿヲ要ス若シ夫レ人力ヲ以テ强テ人情相合セス利害ヲ同フセサルモノヲ付加併合シ町村制ヲ施行スヘキ一團ト爲スカ如キヿアラハ恰カモ異種ノ精神ト異種

ノ身体トヲ合一シ一人体ヲ搆造スルニ均シク啻ニ自然ノ條理ニ反スルノミナラス地方自治ノ目的ト相牴牾シ全ク其利益ヲ見サルニ至ラン故ニ行政區ト自治區トハ決シテ混同視スヘカラス

第二條　町村ハ法律上一個人ト均シク權利ヲ有シ義務ヲ負擔シ凡町村公共ノ事務ハ官ノ監督ヲ受ケテ自カラ之ヲ處理スルモノトス

(註)本條ハ町村ノ法律上ニ於ケル資格及ヒ町村カ公共事務ヲ自治スルノ方法ヲ規定シタルモノニシテ町村自治ノ精神ハ一ニ本條ノ規定ニ在リトス

抑モ町村ハ法律上一個人タルノ資格ヲ有シ自然人ト均シク權利ヲ有シ義務ヲ負ヒ町村公共ノ事務ハ官ノ監督ヲ受ケテ自カラ之レヲ處辨スヘキモノタルコハ本條ノ規定スル所タリト雖モ所謂法人トハ如何ナルモノヲ云フ乎法人ト自然人トハ何如ナル點ニ於テ異ナル所アリヤ公共事務トハ如何ナルモノヲ謂フ乎官ノ監督トハ如何ナルモノヲ謂フ乎等ニ至リテハ宜シク說明ノ勞ヲ執ラサルヘカラス余輩請フ之レヲ左ニ分說セン

(一)法人〇一般ニ人ト云ヘハ五官ノ機能ヲ有スル自然人ヲ以テ之レカ答ニ充ツルノ外ナシト雖モ法律ハ國家ノ整理上若クハ國民ノ營業上ニ利便ヲ與フルカ爲メ權利若クハ財產ノ集合体又ハ自然人ノ集合体ニ對シ一個人タルノ資格ヲ付與シ通常一個人ト均シク權利ヲ有シ義務ヲ負ハシムルコアリ之レヲ名ケテ法人ト云フ蓋シ其之レヲ名ケテ法人ト云フ所以ノモノハ此等ノ者タル現實其形体ヲ有スルモノニアラスシテ單ニ法律ノ思想上ニ於テ一個人ト看認メラルヽニ過キサレハナリ町村ハ素ト自然人ノ集合体ナレハ本條ニ規定セル法人ノ資格ハ町村ナル自然人ノ集合体ニ對シテ附與シタルモノトス既ニ町村ニ一個人タルノ資格ヲ付與セラレタル以上ハ町村ハ通常一個人ト均シク契約、財產、訴訟等ノ諸權利ヲ有スルハ勿論ナリト雖モ法人ト自然人トハ既ニ其性質ニ於テ異ナル所アルヲ以テ之レヨリシテ生スル所ノ差異尠カラス

一、自然人ハ死期アリ法人即チ市町村ノ如キハ其廢置分合ニ由リ死生スルノ期アリト雖𪜈而カモ之レヲ組織スル体員ノ增減變更ニヨリ其集合体上ニ些少ノ異動ヲ生スルモノニアラス

二、自然人ノ事務ハ自然人自ラ之レヲ行ヒ又ハ代人ニ托シテ之レヲ行ハシムルヿヲ得レトモ法人ノ事務ハ常ニ其代理人ニ於テ行フモノトス

三、自然人ハ被撰擧權ヲ有シ代議士ト爲ルヿヲ得レトモ法人即チ會社、銀行ノ如キハ單ニ撰擧權ヲ有スルニ過キス(町一二、市一二、參照)

四、自然人ハ道德ヲ有スト雖𪜈法人ハ之レヲ有セス

五、自然人罪ヲ犯シタル𪜊ハ体刑及ヒ金刑ヲ受クルヿアリト雖𪜈法人罪ヲ犯スモ体刑ヲ受クルヿナシ

六、自然人ハ國家ノ血税ヲ拂フノ義務アリト雖𪜈法人ニ至テハ此義務ナシ

(二)公共事務○公共事務トハ私營事務ト相對スルモノニシテ町村内ニ於ケル土木、衛生、勸業其他町村一般共同ノ利益ヲ增進シ保存シ及ヒ改良スル所ノ事務ヲ云フ蓋シ町村カ此等ノ事務ヲ自ラ經理スルハ自治ノ本然ナリトス然レ𪜈町村ハ自治ノ區域ヲ擴張シテ直接ニ國家ノ保存ニ必要ナル國家ノ事務ヲ經理スルヿヲ得ス故ニ兵馬ノ事務、警察事務、外交事務ノ如キ重大ニシテ且ツ統一ヲ要スル事務ハ町村自治事務以外ノモノトス又町村ハ其公共事務ヲ自治スルニ止マルヲ以テ彼ノ神社佛閣等ノ建築又ハ其修繕ニ關スル事柄及ヒ其祭典等ニ關スル費用ノ如キ又ハ義捐金ヲ募集シテ貧民ヲ救助スルカ如キ或ハ旱魃ニ際シ雨乞ヲ爲スカ如キ專ラ人民各自ノ信仰若クハ協議ニ委ヌヘキ事柄ニ至テハ毫末モ干渉スヘカラス然リト雖𪜈僻壤陬隅或ハ此等ノ區別ヲ混淆スルヿナキヲ保スヘカラス宜シク謹戒ヲ加フヘキナリ

(三)監督○町村ノ公共事務ニ付テハ町村自ラ之レヲ經營處理ノ權アルカ故官府ハ決シテ之レニ干渉

スヘキモノニアラス唯良善ナル管理者トシテ注意ノ名ヲ以テ之レヲ監察注視スルニ過キサルモノトス蓋シ干渉ハ監督ノ一歩超越シタルモノニシテ町村カ獨立シテ其事務ヲ處理スル能ハサル場合ニ於テハ必要ナルモ既ニ自治ヲ許シテ獨立ノ一体トナシタル以上ハ最早干渉スルノ必要アラサルモノトス之レヲ人ニ譬ヘハ猶ホ人ノ幼少ナルヤ其一身ヲ擧ケテ父母ノ扶持照顧ヲ仰カサルヘカラスト雖モ漸ク成長シテ丁年トナルニ至テハ復タ之レヲ要セサルカ如シ故ニ町村ノ自治ハ町村カ幼者タルノ境遇ヲ脱シテ丁年者ノ仲間入ヲナシタルモノナリト云フモ敢テ不可ナルコナシ夫レ然リ然リト雖モ自治ナルモノハ決シテ自儘勝手ニ何事ヲ爲スモ可ナリトノ謂ニアラサレハ町村カ其公共事務ヲ處理スルニハ宜シク其必要ノ範圍ニ於テ公平至當ノ處置ヲ爲サヽルヘカラス官府ノ之レヲ監督スト云フハ即チ此等ノ弊害ナカラシメンカ爲メナリ故ニ官府カ其監督權ヲ使用スルハ其事柄ノ直接又ハ間接ニ國家ノ公益ヲ傷害シ若クハ其公益ヲ傷害スルコナキモ其結果町村ノ不利ヲ來タス等ノ場合ナリトス若シ夫レ然ラスシテ瑣々タル事柄ニ至ルマテ官府ノ監督ヲ受クルコヲ要スト云フニ至テハ啻ニ監督ノ本質ニ背クノミナラス勢ノ及フ所遂ニ自治ナルモノヽ本性ヲ失ヒ其弊害言フヘカラサルニ至ラン

第三條　凡町村ハ從來ノ區域ヲ存シテ之ヲ變更セス但將來其變更ヲ要スルコアルトキハ此法律ニ準據スヘシ

(註)本條ハ町村ノ區域如何ヲ規定シ從來存在セル町村ノ區域ハ此法律ノ頒布ト共ニ變更スヘキモノナリヤ否ノ點ヲ明カニシタルモノナリ

抑モ此法律ノ發布ニヨリ町村ノ自治ナルモノ起ルト雖モ而カモ敢テ從來存在セル區域ヲ變更シテ之レヲ大ニシ若クハ之レヲ小トナスヘキモノニアラス町村自治ノ本体ハ從來既ニ存在セルモノヲ故ラニ變更セスシテ其共同利益ヲ發達シ及ヒ之レヲ保存スルニ在リ是レ蓋シ本條第一項ニ於テ町

村ハ從來ノ區域ヲ存シテ之レヲ變更セスト定メタル所以ナリ然リト雖𪜈將來ニ於テ或ハ町村區域ノ變更ヲ必要トスル塲合ノ生出スルコナキヲ保スヘカラス然ルトキハ此法律ノ規定スル所ニ依準シ其變更ヲナスヘキモノトス今此法律ノ規定スル所ニ依リ町村區域變更ノ塲合ヲ求ムルニ蓋シ左ノ如クナリトス

一、町村ノ廢置分合ヲナシタル𪜈

二、町村ノ境界ヲ變更シタル𪜈

三、數郡又ハ市ノ境界ニ涉ル町村境域ノ變更アリタル𪜈

四、無資力若クハ公益上ノ理由ニヨリ官府ノ權力ヲ以テ町村ヲ合併シ又ハ其境界ヲ變更セラレタル𪜈

然リト雖𪜈其廢置分合又ハ境界變更ノ方法如何ニ至テハ第四條ノ規定スル所タレハ同條ニ至テ之レヲ詳說スヘシ

（問）本條從來ノ區域ヲ變更セストアルハ此法律實施ノ時ニ現在スル區域ヲ變更セサルノ謂ニシテ實施以前ニ在テハ廢置分合一ニ政府ノ自由タリト云フニ在ル乎

（答）法律ハ實施以後ニ於テ其効力ヲ生スルモノナレハ未タ其効力ノ生セサル以前ニ在テハ廢置變更一ニ其理由ニ存スルカ如シト雖𪜈既ニ本制ニ於テ從來ノ區域ヲ變更セスト規定シタル以上ハ立法者ノ精神ハ其實施以前ニ於テモ之レヲ變更セサルノ意ナルヤ明カナリサレハ其區域ノ廣大ナランコヲ欲シテ妄リニ町村ノ合併ヲナスカ如キ立法者ノ意思ニ反スルモノト云ハサルヘカラス

第四條　町村ノ廢置分合ヲ要スルトキハ關係アル市町村會及ヒ郡參事會ノ意見ヲ聞キ府縣參事會之ヲ議決シ內務大臣ノ許可ヲ受ク可シ

町村境界ノ變更ヲ要スルトキハ關係アル町村會及地主ノ意見ヲ聞キ郡參事

會之ヲ議決ス其數郡ニ涉リ若クハ市ノ境界ニ涉ルモノハ府縣參事會之ヲ議決ス

町村ノ資力法律上ノ義務ヲ負擔スルニ堪ヘス又ハ公益上ノ必要アルトキハ關係者ノ異議ニ拘ハラス町村ヲ合併シ又ハ其境界ヲ變更スルコトアル可シ

本條ノ處分ニ付其町村ノ財產處分ヲ要スルトキハ併セテ之ヲ議決ス可シ」

（註）本條ハ町村ノ廢置分合及ヒ境界變更ノ方法及ヒ之レヲ決定許否スル權力ノ所在如何ヲ定メタルモノニシテ前條ノ規定ト相照應スルモノトス依テ前條ニ揭ケタル順序ニ從ヒ逐次左ニ之レヲ分說セン

（一）町村ノ廢置分合○分離ト合併トハ之レヲ混同スヘカラス二町村ヲ合シテ一町村ト爲スモノ之レヲ合併ト云ヒ一町村ヲ分テ二町村ト爲スモノ之レヲ分離ト云フ若シ夫レ甲町村ノ一部ヲ分割シテ乙町村ニ合併スルカ如キ場合ニ於テハ同時ニ合併分離ノ二者ヲ生スルモノトス即チ乙町村ニ對シテハ合併トナリ甲町村ニ對シテハ分離トナルナリ斯クノ如ク町村ノ合併若クハ分離ヲ爲スヘキ場合ニ於テハ關係アル市町村會及ヒ市參事會ノ意見ヲ聞キ府縣參事會ニ於テ之レヲ議決シ內務大臣ノ許可ヲ受クヘキモノトス故ニ町村ノ廢置分合ヲ決定スルノ權力ハ府縣參事會ニ在リ決定ヲ許否スルノ權ハ內務大臣ニ在リト謂フヘシ

（二）町村境界ノ變更○甲町村ト乙町村トノ境界ヲ變更スヘキ場合ニ於テハ關係アル町村會及ヒ地主ノ意見ヲ聞キ郡參事會ニ於テ議決スヘキモノトス蓋シ法律カ境界變更ノ場合ニ於テ地主ノ意見ヲモ聞クヘキコトヲ定メタルハ注意ノ至レルモノト云フヘシ故ニ町村境界變更ノ場合ニ於テ地主ノ意見ヲ聞クハ必要ナル一條件ニシテ若シ之レヲ欠クトキハ郡參事會ノ議決モ爲メニ無効ニ屬スルモノトス

(三)數郡又ハ市ノ境界ニ渉ル町村境域ノ變更○二郡以上若クハ市ノ境界ニ跨ル町村境域ノ變更ヲ要スル場合ニ在リテハ其事柄重大ニ渉ルヲ以テ關係アル町村會郡會又ハ市會及ヒ地主ノ意見ヲ聞キ府縣參事會ニ於テ之ヲ議決スルモノトス

(四)無資力若クハ公益上ノ理由ニヨリ官府ノ權力ヲ以テ町村ヲ合併シ又ハ其境界ヲ變更スル場合○强大ナル町村ハ貧弱ナル町村ヲ合併スルヲ厭フヘシト雖𪜈實際其町村ノ資力孱弱ニシテ法律上ノ負擔ニ堪ヘサル場合ニ於テハ之レヲ大町村ニ合併スルハ亦已ムヲ得サルナリ加之ナラス町村ノ資力孱弱ナラサル場合ニ於テモ公益上合併若クハ境界變更ノ必要アル場合ニ於テハ官府ハ其權力ニ由リ關係者ノ異議如何ニ關セス之レヲ斷行スルヲ得ヘシ然レトモ斯ノ如キ專橫ノ處分ハ輙ク之レヲ斷行スヘキモノニアラス若シ之レヲ要スル場合ニ於テハ宜シク其利害ノ關スル所如何ヲ熟察スヘキナリ

(問)本條第一項第二項ノ場合ニ於テ其分合變更府縣ノ境界ニ關スルトキハ之レヲ議決スルノ權力何レニ在ル乎

(答)本條別段ノ規定ナシト雖𪜈其數郡又ハ市ノ境界ニ跨ル場合ニ於テ府縣參事會之レヲ議決スルノ精神ヲ推セハ蓋シ勅令ヲ以テ定メラルヽモノト云フヘキカ然レトモ亦或ハ特ニ之レヲ管轄スヘキ府縣參事會ヲ指定セラルヽヤモ知ルヘカラス府縣郡制ノ發布ヲ俟テ後之レヲ斷言スルヿヲ得ヘシ

(問)町村ノ廢置分合又ハ境界變更ノ場合ニ於テ市町村會、郡參事會、地主等ノ意見ヲ聞クヘキノ明文アリ郡參事會又ハ府縣參事會ハ此意見ニ從ハサルヘカラサル乎

(答)否意見ヲ聞クハ其處分ノ公平ヲ維持スルカ爲メタルニ過キザレハ郡參事會又ハ府縣參事會ハ强テ此意見ニ從フノ義務アルモノニアラス若シ之レカ義務アルモノトセハ町村ノ廢置分合又ハ境

界變更ヲ決定スルノ權ハ市町村會、郡參事會、地主等ニアリト云ハサルヘカラサルニ至ラン宜ナル哉法律ハ意見ノ文字ト議決ノ文字トハ判然之レヲ區別シタリ是レ余カ否ト答フル所以ナリ

(問)假リニ府縣ノ境界ニ渉ル場合ニ於テ勅令ヲ以テ之ヲ定ムルモノトスルトキハ其關係地主市村町會郡參事會府縣參事會ノ意見ヲ聞クヘキカ將タ町村ノ廢置分合ノ場合ニ於テハ市町村會及郡參事會境界變更ノ場合ニ於テハ町村會及ヒ地主ノ意見ヲ聞クニ止マル可キ乎

(答)其關係府縣及ヒ郡參事會ノ意見ヲモ聞クヿヲ要スルナラン蓋シ第二項ノ場合若シ市ノ境界ニ渉ルトキハ假令其明文ナキモ猶ホ市會ノ意見ヲ聞クヿ當理ナルヘキヲ以テ其精神ヨリ推究スルトキハ本問ノ場合ニ於テモ亦府縣參事會ノ意見ヲモ聞クヘキヿ當理ナルヘケレハナリ但シ特ニ管轄ス可キ府縣參事會ヲ定メタルトキハ格別ナリトス

(問)地主町村會、郡參事會等ノ意見ヲ聞クニ當リ若シ其意見互ニ矛盾スルトキハ如何スヘキ乎

(答)斯クノ如キ場合ニ於テハ孰レノ意見ニモ從フヿ能ハス議決權アルモノハ其利益アリトスルノ意見ヲ採用スルヲ以テ至當ナリトス

(問)第三項末文ニ於テ町村ヲ合併シ云々トアリ然ラハ分離ノ場合ニ於テハ此強制權ヲ用ヒサル乎

(答)然リ分離ノ場合ハ其關係者ノ意見ニ放任シ強制權ヲ行ハサルハ法律ノ明文ニ依リテ之ヲ知ル然レ𪜈分離ノ場合ニ於テモ公益上ノ必要ナシト斷言ス可カラス然ルニ分離ノ場合ニ付何等ノ規定ナキハ如何ナル精神ニ出テタル乎余輩ハ之レヲ知ルニ苦シムナリ

第五條　町村ノ境界ニ關スル爭論ハ郡參事會之ヲ裁決ス其數郡ニ渉リ若クハ市ノ境界ニ渉ルモノハ府縣參事會之ヲ裁決ス其郡參事會ノ裁決ニ不服アルモノハ府縣參事會ニ訴願シ其府縣參事會ノ裁決ニ不服アルモノハ行政裁判所ニ出訴スルヿヲ得

(註)本條ハ町村境界ニ關スル爭論ノ裁判權ハ何レニ在ルヤヲ示シタルモノナリ即チ本條ノ規定スル所ニ依レハ其裁判權ヲ有スルモノハ(一)郡參事會(二)府縣參事會(三)行政裁判所是レナリ郡參事會ハ其郡內ニ於ケル町村境界爭論ノ初審裁判權ヲ有シ府縣參事會ハ郡參事會ノ初審裁判ニ對スル上訴ノ裁判權及ヒ數部若クハ市ニ跨ル境界爭論ノ初審裁判權ヲ有シ行政裁判所ハ總テノ上訴裁判權ヲ有スルモノトス

(問)府縣ノ境界ニ關スル爭論ハ何レニ於テ裁判スル乎

(答)行政裁判所ニ出訴スルノ外途ナカル可シ而シテ其裁判ハ終審ナリトス

(問)町村ノ境界ニ關スル爭論トハ如何ナルモノヲ云フ乎

(答)唯境界ノミノ爭論ニシテ所有權若クハ其支分權等ニ關スル爭論ニアラサルナリ例之ハ一區ノ土地アリ其土地ノ所有權ハ何レニ屬スルヤヲ爭フハ司法裁判ニ屬スルモノニシテ其土地ハ甲町村ノ區域內トシ或ハ乙町村ノ區域內ナリトスルノ爭論ハ行政裁判ニ屬スルモノトス

(問)境界ノ爭ト所有權ノ爭ト附帶シテ生シタル片例之ハ一區ノ土地アリ此土地ハ甲町村ノ境內ニシテ且甲町村ニ屬ス可キモノナリト主張シ乙町村ハ之ニ反對ノ意見ヲ主張シテ爭フタル片ハ如何スヘキ乎

(答)斯クノ如キ場合ニ於テハ司法、行政兩裁判所ニ於テ各其管轄事件ヲ裁判ス可キモノナリ然レ圧若シ兩者離ル可カラサル關係アルトキハ何レカ一方ニ於テ豫決裁判ヲ爲シ其裁判確定スルヲ俟テ他ノ裁判ヲ爲ス可キハ猶刑事裁判ニ對スル民事ノ豫決裁判ノ如キ手續ヲ履行セハ可ナル可シ

第二欵　町村住民及其權利義務

第六條　凡町村內ニ住居ヲ占ムル者ハ總テ其町村住民トス

凡町村住民タル者ハ此法律ニ從ヒ公共ノ營造物幷町村有財產ヲ共用スルノ

權利ヲ有シ及町村ノ負擔ヲ分任スルノ義務ヲ有スルモノトス但特ニ民法上ノ權利及義務ヲ有スル者アルトキハ此限ニ在ラズ

(註)本條ハ町村住民權ヲ獲得スルノ原由及ヒ其住民ノ權利義務ヲ規定シタルモノナリ左ニ之レヲ分說セム

(一)住民權獲得ノ原由○民權ノ如何ヲ問ハス民籍ノ如何ヲ論セス又本籍タルト寄留タルトノ別ナク凡ソ町村內ニ住居ヲ占ムルモノハ只其占居ノ一事ニ由リ住民タルノ權利ヲ得ルモノトス但シ占居ト云フハ其町村內ニ於テ一家計ヲ營ム者ニ限ルヘク下宿住居ノ書生ノ如キハ包含セサルナラン

(二)住民ノ權利義務○住民ハ公共ノ造營物幷町村有財產ヲ共用スルノ權利ヲ有シ及ビ町村ノ負擔ヲ分任スルノ義務アルモノトス公共ノ造營物トハ學校、病院、道路、埋葬地ノ如キ町村住民一般ノ使用若クハ便益ニ供スル物件ヲ云ヒ其他町村有財產トハ共同牧場ノ如キモノヲ云フ然レトモ若シ此等ノ物件若クハ財產ノ使用權契約又ハ經時効等ノ原由ニヨリ或ル特定ノ人ニ歸シタル場合ニ於テハ町村住民ハ此等ノ人ノ權利ヲ侵害スルヲ得ス

本條ニ記載アル共用ト云ヘル文字ハ須ラク熟讀玩味スルヲ要ス蓋シ町村住民ハ決シテ町村財產ノ所有者ニアラス只共同使用ノ權利ヲ有スルノミ所有權ニ至テハ町村ナル法人之ヲ有スルモノタリ故ニ本條ニ於テハ共用ナル文字ヲ用ヒテ其區別ヲ明カニセリ

町村有財產ノ性質及ビ其種類ノ如何ハ民法ノ發布ヲ俟ツニアラサレハ判然セサルモノタレハ姑ク玆ニ佛國民法ニ規定セル邑財產ノ性質及ヒ其種類ノ如何ヲ略說シ以テ讀者ノ參考ニ供セントス

佛國ノ法律ニ依レバ邑ニ屬スル財產ニ公有、私有ノ別アリ公有財產トハ邑ノ管轄ニ屬スル市街、道路、寺院、埋葬地、邑署ノ如ク專ラ邑ノ公用ニ充ツルモノヲ云ヒ私有財產トハ邑ノ公用ニ充ツヘカラサルモノ即チ該邑ノ爲メ利用シ若クハ之レヲ貸渡シテ入額ヲ收ムルヿヲ得ヘキ財產ヲ云フ公有

財産ハ賣買スヘカラサルモノナルカ故從テ其所有權ヲ移轉シ又ハ時效ヲ得ヘカラス私有財産ハ之レニ反シ賣買スルコトヲ得ヘキヲ以テ所有權ヲ移轉シ且時效ヲ得ヘキモノタリ邑ノ公有及ヒ私有財産ノ外單ニ邑ノ財産ト稱スルモノアリ是亦私有財産ニ於ケルカ如ク賣買シ得ヘキモノナリト雖モ私有財産ハ無形人ニ屬シ邑ノ財産ハ住民各自ニ分屬スルノ差アリ居民所有ノ群獸ヲ蓄養スル牧場伐採シタル木材ヲ居民ニ配當スル森林ノ如キ是ナリ

(問)住民各自ハ營造物及ヒ町村有財産ヲ適宜ニ使用スルヲ得ヘキ乎

(答)住民ハ此等ノ財産ニ對シ共用權ヲ有スト雖モ而カモ濫リニ之レヲ使用スルコトヲ得ヘキモノナリト云フヲ得ス其使用方法ノ如キハ宜シク町村規則ノ定ムル所ニ從フヘキナリ

(問)町村内ニ住居ヲ占ムル者ハ戶主、家族、丁年、幼者、ノ別ナク總テ住民タルノ權利ヲ有シ及ヒ其義務ヲ負擔スヘキ乎

(答)然リ皆悉ク住民タルノ權利義務ヲ有スルモノトス蓋シ幼者タリ家族タルモノト雖モ町村公共ノ造營物等ヲ使用スルノ權利アルヘキモノタレハ之レカ義務ヲ負擔スト云フハ亦當理ノ事ナラン

第七條　凡帝國臣民ニシテ公權ヲ有スル獨立ノ男子二年以來(一)町村ノ住民トナリ(二)其町村ノ負擔ヲ分任シ(三)其町村内ニ於テ地租ヲ納メ若クハ直接國稅年額二圓以上ヲ納ムル者ハ其町村公民トス其公費ヲ以テ救助ヲ受ケタル後二年ヲ經サル者ハ此限ニ在ラス但場合ニ依リ町村會ノ議決ヲ以テ本條ニ定ムル二ケ年ノ制限ヲ特免スルコトヲ得

此法律ニ於テ獨立ト稱スルハ滿二十五歲以上ニシテ一戶ヲ構ヘ且治産ノ禁ヲ受ケサル者ヲ云フ

(註)本條ハ町村公民タルノ資格ヲ得ルニ必要ナル條件ヲ定メタルモノニシテ法文ヲ一讀スルト同

時ニ其主旨ノ存スル所ヲ領解スルヿヲ得ヘキモノモ尠カラサレハ左ニ其重要ナルモノヽミニ付説明ヲ下サントス

(一)公權○公權トハ國民カ國家ニ對シテ有スル所ノ公權利ナリ世人或ハ刑法第三十一條ニ規定スル所ノモノヲ擧ケテ直チニ公權ノ解ニ充ツルモノアリト雖モ公權ノ種類ハ決シテ該條ニ規定スルモノニ止マラサルヿヲ注意セサルヘカラス

(二)直接國稅○直接稅トハ確定シタル物件ニ對シ賦課スル稅金ニシテ其物件ノ增減ニヨリ稅額ニ異動ヲ生スルモノハ間接稅ナリ故ニ直接國稅トハ地租及ヒ明治二十一年七月大藏省令第九十五號ヲ以テ定メラレタル所得稅ノ如キモノ是レナリ我國今日ノ稅法ニ依レハ宜シク直接國稅中ニ屬スヘクシテ而シテ間接國稅中ニ列セラレタルモノナキニアラサルカ如シト雖モ此等ノ事項ヲ論難スルハ本書ノ主旨ニアラサルヲ以テ之レヲ略ス

(三)獨立○獨立トハ年齡滿二十五歲以上ニシテ一戶ヲ構ヘ且治產ノ禁ヲ受ケサルモノヽ謂ナルヿ本條末項ニ規定スル所ナリ蓋シ町村公民ナルモノハ町村ノ行政及代議ノ機關ヲ撰擧シ又ハ之レニ撰擧セラルヽノ權利ヲ有スルモノタレハ其獨立ノ男子タルヲ要スルヿ勿論ナリト雖モ一戶ヲ構フルヿヲ要ストノ一條件ヲ加フルニ至テハ稍嚴格ニ失スルノ嫌ナキニアラサルカ如シ

(四)町村ノ公費ヲ以テ救助ヲ受ケ未タ二年ヲ經サル者○町村ノ公費ヲ以テ救助ヲ受ケ未タ二年ヲ經過セサルモノハ町村公民タルヲ得サルヿ本條ノ規定スル所ナリ此意蓋シ公費ヲ以テ救助ヲ受クルカ如キモノハ畢竟スルニ其平素ノ品行修マラサルヨリ生スルモノナレハ信用スヘキ町村公民ノ資格ヲ與フヘカラスト爲スニ在ルカ然レトモ亦一方ヨリ考フレハ町村ノ公費ヲ以テ救助ヲ受ケ未タ多年ヲ經サル者ニ在リテハ其恩ニ感シ義ニ報ヒントスルノ情切ニシテ之レヲシテ町村ノ事務ニ關與セシムルトキハ大ナル幸福ヲ町村ニ與フルヿアルヤモ知ルヘカラサルカ如シ

(問)一戸ヲ搆フルトハ一家計ヲ立ツルノ謂ナラン然ルニ例ヘハ玆ニ甲先戸主アリ乙長男ニ戸主ヲ讓リタルモ其實際ニ至テハ依然先戸主即チ甲者家計ヲ整理シ乙者ハ表面上只名義ノミヲ有スルニ過キストセハ甲乙孰レヲ以テ一家計ヲ立ツル者ト爲ス乎

(答)甲者假令實權ヲ掌握スルモ是レ父子ノ間監督權ヲ行フニ過キスシテ法律上甲者ハ乙者ノ家族タルヲ免カレサレハ一家計ヲ立ツル者ハ即チ乙者ナリトス

(問)爰ニ甲者アリテ其弟乙者同村ニ分家ス其父丙者甲者ト同居セスシテ乙者ト同居シ別ニ一家計ヲ立ツルコトヲ主張ス此場合ニ於テ丙者亦一戸ヲ搆フル者ナル乎

(答)丙者ハ已ニ分家シタル乙者ニ同居スルモ乙者ノ家族ト云フ能ハサレハ別ニ一家計ヲ立ツルノ事實アルトキハ一戸ヲ搆フル者ト謂フヲ得可シ

第八條　凡町村公民ハ町村ノ選擧ニ參與シ町村ノ名譽職ニ選擧セラルヽ權利アリ又其名譽職ヲ擔任スルハ町村公民ノ義務ナリトス

左ノ理由アルニ非レハ名譽職ヲ拒辭シ又ハ任期中退職スルコトヲ得ス

一疾病ニ罹リ公務ニ堪ヘサル者

二營業ノ爲メニ常ニ其町村内ニ居ルコトヲ得サル者

三年齡滿六十歳以上ノ者

四官職ノ爲メニ町村ノ公務ヲ執ルコトヲ得サル者

五四年間無給ニシテ町村吏員ノ職ニ任シ爾後四年ヲ經過セサル者及六年間町村議員ノ職ニ居リ爾後六年ヲ經過セサル者

六其他町村會ノ議決ニ於テ正當ノ理由アリト認ムル者

前項ノ理由ナクシテ名譽職ヲ拒辭シ又ハ任期中退職シ若クハ無任期ノ職務

ヲ少クモ三年間擔當セス又ハ其職務ヲ實際ニ執行セサル者ハ町村會ノ議決ヲ以テ三年以上六年以下其町村公民タルノ權ヲ停止シ且同年期間其負擔ス可キ町村費ノ八分一乃至四分一ヲ增課スルコトヲ得

前項町村會ノ議決ニ不服アル者ハ郡參事會ニ訴願シ其郡參事會ノ裁決ニ不服アル者ハ府縣參事會ニ訴願シ其府縣參事會ノ裁決ニ不服アルモノハ行政裁判所ニ出訴スルコトヲ得

（註）本條ハ公民ノ權利義務ニ付其大体ヲ規定セシモノナリ即チ町村公民タルモノハ町村ノ選擧ニ參與シ名譽職ヲ選擧シ及ヒ選擧セラル丶ノ公權利ヲ有シ及ヒ名譽職ヲ擔任セサルヘカラサルノ公義務ヲ負フヘキモノトス

名譽職トハ自己ノ事務ヲ經理スルノ餘暇ヲ以テ町村ノ公務ヲ擔任シ或ル場合ノ外報酬ヲ受ケス以テ町村ノ負擔ヲ輕カラシム是レ名譽職ノ本分ニシテ自治体必要ノ機關ナリトス

公民ハ名譽職ヲ擔任スルノ公義務ヲ負フヘキナレハ本條第二項一ヨリ六ニ記載シタル理由アルカ或ハ無任期ノ職務（區長委員ノ如キ）ヲ三年以上擔當シタルトキノ外妄リニ之レヲ辭退スルヲ得ス若シ此等ノ理由ナクシテ辭退シタルトキハ第三項ニ規定シタル制裁ヲ受クヘキモノトス又假令ヒ名譽職ヲ承諾スルモ實際其職務ヲ執行セサルトキハ故ナクシテ辭退スルモノト敢テ異ナル所ナキヲ以テ第三項ノ制裁ヲ受クル可キナリ然レ𪜈町村會ノ議決スル處不當ニシテ本人ノ申立正當ナルモ未タ知ル可カラス故ニ第四項ノ訴願方法ヲ設ケ以テ町村會ノ專橫ヲ防止セリ

（問）名譽職ニ撰擧セラレタル者第二項一ヨリ五ニ至ルマテノ事項ニ相當スルモノト思惟シテ其當撰ヲ辭シ又ハ任期中退職シタルトキハ町村會ハ直チニ第三項ノ處分ヲ爲ス可キ乎

（答）當撰ヲ辭シ又ハ退職ヲ申立タルトキハ町村會ハ直チニ處分ヲ爲ス可キカ如シト雖𪜈其當撰ヲ

辭シ若クハ退職ヲナスモノ或ハ一時ノ過誤ニ出ルナキヲ保スヘカラス故ニ町村會ニ於テ相當ノ理由ナシト認ムルトキハ先ツ其旨ヲ本人ニ勸告シ尙承諾セサル件ニ於テ始メテ第三項ノ處分ヲ爲ス可キナリ

(問)第二項第一ヨリ第五ニ至ル理由ノ外町村會ニ於テ正當ノ理由アリヤ否ヲ議決スルニハ本人ノ申立ニ依ルヘキモノナリヤ

(答)町村會ハ本人ノ申立ヲ俟テ後之レヲ決スヘキナリ故ニ本人ニ於テ名譽職ヲ擔任スルトキハ測ルヘカラサル患害ノ其身ニ及フ等ノ理由ニヨリ辭職又ハ退職ヲ欲スル件ハ其旨ヲ町村會ニ申立サルヘカラス然レトモ若シ町村會ニ於テ其事情已ムヲ得サルニアラスト爲シタルトキハ本人ハ其議決ニ服從シ上訴ヲナスヲ得ヘキモノニアラス

第九條　町村公民タル者第七條ニ掲載スル要件ノ一ヲ失フトキハ其公民タルノ權ヲ失フモノトス

町村公民タル者身代限處分中又ハ公權剝奪若クハ停止ヲ附加ス可キ重輕罪ノ爲メ裁判上ノ訊問若クハ勾留中又ハ租稅滯納處分中ハ其公民タルノ權ヲ停止ス

陸海軍ノ現役ニ服スル者ハ町村ノ公務ニ參與セサルモノトス町村公民タル者ニ限リテ任ス可キ職務ニ在ル者本條ノ場合ニ當ルトキハ其職務ヲ解ク可キモノトス

(註)本條ハ公民權ヲ失フ場合ト公民權ヲ停止スル場合トヲ規定シタルモノナリ

(一)公民權ヲ失フ可キ場合

一、日本人タルノ資格ヲ失フタル件

二、公權ヲ剝奪セラレ若クハ停止セラレタル𪜈
三、獨立ノ男子タル資格ヲ失ヒタル𪜈
四、地租ヲ納メ又直接國稅ヲ納メサルニ至リシ𪜈
五、町村ノ負擔ヲ分任セサルニ至リシ𪜈
六、町村ノ公費ヲ以テ救助ヲ受ケタル𪜈
七、住民權ヲ失ヒタル𪜈

(二)公民權ヲ停止ス可キ場合

一、身代限處分中ノ者
二、公權剝奪若クハ停止ヲ附加ス可キ重輕罪ノ爲メ裁判上ノ訊問若クハ勾留中ノ者○即チ刑法第三十二條第三十三條ニ重罪ノ刑ニ處セラレタル者ハ別ニ宣告ヲ用ヒス終身公權ヲ剝奪シ輕罪ノ刑ニ處セラレタル者ハ其刑期中公權ヲ行フヿヲ停止ストアリ而シテ公權ヲ剝奪若クハ停止セラレタル者ハ公民權ヲ失フ可キハ勿論ナリト雖モ未タ有罪ノ裁判確定セスシテ裁判上ノ訊問中又ハ未決拘留中ニ在ル者ハ公民權ヲ停止セラルヽニ止マルナリ
三、租稅滯納處分中ノ者

公民權ヲ失ヒ又ハ停止セラルヽ場合ハ以上列擧スル所ノ如シ蓋シ公民權ナルモノハ公平廉直能ク其義務ヲ盡シ且ツ信用アル者ニ對シテ與フル所以ノモノナレハ信用ヲ失シ若クハ義務ヲ盡サヽル者ハ之レヲ有シ若クハ之レヲ執行スルヿヲ得ス法律カ右等ノ場合ニ於テ公民權ヲ失ヒ若クハ公民權ヲ停止スルモノト定メタルハ能ク其當ヲ得タルモノナリ

陸海軍ノ現役ニ服スル者ハ必シモ公民權ナキモノニアラス只其現役ニ服スルノ間ハ軍紀ノ制スル所アリテ政治ニ關與スルヿヲ得サルノミナラス實際職務ヲ執ルヘキ間隙ナキヲ以テ町村ノ公務ニ

參與スルヲ得サルモノトス

町村公民タル者ニ限リテ任スヘキ職務ニ在リテハ其公民權ヲ有スルコハ職務ヲ有スルノ一條件ナルヲ以テ其條件ヲ欠キタル以上ハ從テ其職務ヲ解クヘキハ當然ノ事ナリトス

(問)如何ナル塲合ニ於テ日本人タルノ資格ヲ失フヘキモノナリヤ

(答)日本人タルノ資格ヲ得ル塲合及ヒ之レヲ失フ塲合ハ民法ノ公布ヲ待ツニアラサレハ明瞭ナラスト雖モ外國ニ歸化シタル時又ハ本國政府ノ許可ヲ得スシテ外國政府ニ奉仕シタル時ノ如キハ日本人タル資格ヲ失フ可シ

(問)公民權ヲ失フタル者ト公民權ヲ停止セラレタル者トハ如何ナル差違アル乎

(答)公民權ヲ失フタルトキハ更ニ公民權ヲ得ルノ資格ヲ具備スルニアラサレハ其權利ヲ得ル能ハスト雖氏停止セラレタル者ハ其事故止ミタルトキハ直チニ公民權ヲ恢復スルナリ但シ停止中公民ノ資格ヲ失ヒタルトキハ格別ナリトス

(問)營業ノ爲メ一時他ヘ出稼シタルトキハ住民權ヲ失フ可キ乎

(答)住民權ハ住居即チ其町村內ニ於テ家計ヲ廢シ若クハ家族タルコトヲ廢シタル時ニ於テ始メテ失フモノナリ故ニ假令一時他ニ出稼シ更ニ進ンテ他ノ市町村內ニ住居ヲ構ヘタルトキト雖モ原町村ニ於テ家計ヲ廢シ若クハ家族タルノ資格ヲ失ハサルトキハ依然住民權ヲ有スルモノナリ是レ第八條第二項第二及ヒ第九十五條ニ徵シテ明カナリ

(問)本條第二項ニ於テ裁判上ノ訊問若クハ勾留中云々トアリ司法警察上ノ訊問若クハ勾留中ハ如何

(答)本條第二項ニ於テ裁判上ノ訊問云々トアリテ司法警察上ノ訊問勾留中ノコトヲ規定セス裁判上ノ訊問勾留トハ豫審及ヒ公判ノ爲メ訊問若クハ勾留中ノ者ニ對スルノ稱ナレハ司法警察上ノ訊

問若クハ勾留ハ包含セサルナリ
(問)陸海軍ノ現役トハ現ニ入營服役ノ者ノミヲ指ス乎將タ徵兵令ニ所謂現役ノ者ヲ總稱スル乎
(答)徵兵令ニ所謂現役ニ服スル者ヲ指稱スルナリ故ニ輜重輸卒ニシテ在鄕ノ者及ヒ其他皈休兵ノ如キモ皆之ヲ包含ス

第三款　町村條例

第十條　町村ノ事務及町村住民ノ權利義務ニ關シ此法律中ニ明文ナク又ハ特例ヲ設クルコトヲ許セル事項ハ各町村ニ於テ特ニ條例ヲ設ケテ之ヲ規定スルコトヲ得
町村ニ於テハ其町村ノ設置ニ係ル營造物ニ關シ規則ヲ設ルコトヲ得
町村條例及規則ハ法律命令ニ抵觸スルコトヲ得ス且之ヲ發行スルトキハ地方慣行ノ公告式ニ依ル可シ

(註)本條ハ町村ニ立法權ヲ附與シタルモノナリ本條ニ所謂條例トハ町村ノ法律ニシテ之レヲ設クルハ此法律ニ明文ナク若クハ此法律カ特例ヲ設クルコトヲ許シタル場合ニ限ル即チ町村自治ノ事務及ヒ此法律規定以外ノ町村住民ノ權利義務ニ關スル事柄等ナリトス例之ハ此法律第六十五條第七十四條ニ依リ常設委員ノ組織權限ニ關シ別段ノ規定ヲ爲スカ如キハ是レ町村ノ事務ニ付條例ヲ設クルノ一例ナリ又住民ニシテ町村ノ費用ヲ分擔セサル如キ場合ニ於テハ或ハ其分擔ヲ肯ンスルニ至ル迄住民權ヲ停止スルノ必要ヲ生シ條例ヲ設クルニ至ル可シ是レ住民ノ權利義務ニ關シ條例ヲ設クルノ一例ナリトス斯クノ如ク町村ニ立法權ヲ與ヘ國家ノ法律命令ニ抵觸セサル範圍ニ於テ適宜ニ法律ヲ制定スルヿヲ許シタル所以ノモノハ各地各民情ヲ異ニシ風俗モ亦同シカラス從テ國家ハ各地方ニ適應シタル法律ヲ制定スル能ハサルニ由ル所謂地方分權ナルモノハ即チ本條精神ノ

繋ル所ナリ
又町村ニハ諸種ノ營造物則チ病院、水道、溜池、溝渠等アリテ是レカ管理及ヒ使用ノ方法等ヲ規定スルハ町村ニ於テ必要缺ク可カラサル事ナリ而シテ是等ノ事柄タル町村ノ異ナルニ從ヒ其規定モ亦自ヲ異ナラサルヲ得ス是レ本條第二項ニ於テ營造物ニ關スル規則ヲ設クルヿヲ許シタル所以ナリ
以上開陳スルカ如ク町村ハ自治事務幷ニ此法律規定以外ノ町村住民ノ權利義務ニ關シ條例ヲ設ケ及ヒ町村ノ設置ニ係ル營造物ニ關シテ規則ヲ設クルヿヲ得レトモ此條例規則共ニ國家ノ法律若クハ命令ニ抵觸セサランヿヲ要ス若シ分權ノ意義ヲ誤解シ妄リニ其範圍ヲ擴張スルニ至テハ封建割據ノ制ト敢テ撰ブ所ナキニ至ラン町村條例又ハ規則ハ地方ノ慣習ニ從ヒ之レヲ町村民一般ニ公告スヘキモノトス然レトモ其方法ノ如キハ慣習ノ存スル所ニ從フヘキモノナレハ役所門前ニ榜示スル等ノ方法ヲ用ユルモ可ナリ只知レ易キヲ要トスルノミ

第二章　町村會

第一欵　組織及撰擧

第十一條　町村會議員ハ其町村ノ撰擧人其被撰擧權アル者ヨリ之ヲ撰擧ス其定員ハ其町村ノ人口ニ準シ左ノ割合ヲ以テ之ヲ定ム但町村條例ヲ以テ特ニ之ヲ增減スルコトヲ得

一人口千五百未滿ノ町村ニ於テハ　議員八人
一人口千五百以上五千未滿ノ町村ニ於テハ　議員十二人
一人口五千以上一萬未滿ノ町村ニ於テハ　議員十八人
一人口一萬以上二萬未滿ノ町村ニ於テハ　議員二十四人

一人口二萬以上ノ町村ニ於テハ　　議員三十八

(註)本條ハ町村會ノ組織ヲ規定シタルモノナリ抑モ町村ハ法律ノ思想ニ存スル一個人ニシテ五官ノ機能ヲ有セサレハ自ツカラ其事務ヲ整理スルコト能ハス必ラスヤ之ニ代ルノ機關ナカル可カラス其機關タル可キ者ハ町村會及町村吏員是ナリ本條及ヒ以下ノ各條ハ其機關ノ一タル町村會ヲ組織スルノ要素ハ其町村ノ人口ニ準シタル議員ニメ其議員ヲ撰擧ス可キ權アル者ハ第十二條ニ於テ之ヲ規定シ撰擧セラル可キ權アル者ハ第十五條ニ於テ之ヲ規定ス本條ハ唯議員數ヲ規定シタルニ過キサルナリ而シテ議員ノ數ハ本條ノ規定ニ依ルヲ以テ原則トスレドモ地方ノ情況如何ニ由リ町村條例ヲ以テ特ニ之ヲ增減スルコトヲ得ルナリ

(問)市制ニ於テモ亦議員ノ數ヲ增減スルコトヲ許シタリト雖モ其最多數最寡數ヲ變更スルヲ許サス町村制ニ於テハ此等ノ規定ナシト雖モ其精神ハ市制ト同一ナル乎

(答)市制ニ於テハ然カ規定アルヲ以テ一概ニ町村制ニ於テモ亦同一ナリト云フヲ得ス明文ナキ以上ハ多數寡數ノ制限ナキモノト知ルヘシ

第十二條　町村公民(第七條)ハ總テ撰擧權ヲ有ス但其公民權ヲ停止セラルヽ者(第八條第三項第九條第二項)及海陸軍ノ現役ニ服スル者ハ此限ニ在ラス

凡內國人ニシテ公權ヲ有シ直接町村稅ヲ納ムル者其額町村公民ノ最多ク納稅スル者三名中ノ一人ヨリモ多キトキハ第七條ノ要件ニ當ラスト雖モ撰擧權ヲ有ス但公民權ヲ停止セラルヽ者及陸海軍ノ現役ニ服スル者ハ此限ニ在ラス

法律ニ從テ設立シタル會社其他法人ニシテ前項ノ場合ニ當ルトキモ亦同シ

(註)本條ハ町村會議員ノ撰擧權ヲ有スル者如何ヲ定メタルモノナリ即チ法律ハ第一人ニ就キ撰擧

權ヲ與ヘ第二財産ニ就キ撰擧權ヲ與ヘタリ左ニ撰擧權ヲ得ルニ必要ナル條件ヲ明示セン

第一　人ニ就テノ撰擧權〇人ニ就テノ撰擧權ハ本條第一項ノ規定スル所ニシテ之レヲ得ルニハ左ノ條件ヲ必要トス

一、第七條ニ依リ公民權ヲ有スルヿ

二、第八條三項第九條二項ニ依リ公民權ヲ停止セラレタル者ニ非ルヿ

三、陸海軍ノ現役ニ服スル者ニ非ルヿ

右三條件ヲ要スルノ理由ハ第七條第八條第九條ノ註釋ニ明カナルヲ以テ爰ニ贅セス

第二　財産ニ就テノ撰擧權〇本條第二項及ヒ第三項ハ財産ニ付テノ撰擧權ヲ規定シタルモノニシテ之レヲ得ルハ左ノ條件ヲ必要トス但法律ニ從テ設立シタル銀行、會社若クハ其他ノ法人ニ在リテハ第一第二第四第五ノ條件ヲ要セス

一、內國人タルヿ

二、公權ヲ有スルヿ

三、直接町村稅ノ納額其町村公民中ノ最多額ヲ納ムル者三名中ノ一人ヨリ多キコト

四、第八條三項第九條二項ニ依リ公民權ヲ停止セラレタル者ニ非ルヿ

五、陸海軍ノ現役ニ服スル者ニ非ルヿ

右ノ如ク財産ニ就キ撰擧權ヲ與ヘタル所以ノ者ハ特ニ財産家ヲ保護スルノ精神ニ出テタルモノニシテ財産家ハ之レニ由テ適當ノ人才ヲ撰ミ以テ其生活上若クハ營業上ノ利益ヲ保持スルヲ得ヘキナリ

(問)第二項ニ於テハ財産ニ付撰擧權ヲ與ヘタルニアラスヤ然ラハ何故ニ內國人タルヿ、公權ヲ有スルヿ、公民權ヲ停止セラレサルヿ、陸海軍現役者タラサルヿ等ノ條件ヲ要スル乎

（答）本問ハ第七條以下ノ各條ヲ參照セハ自ヲ領解スルヲ得可シト雖モ簡單ニ之レカ答辨ヲ爲サンニ抑モ撰擧權ナル者ハ國民ノ特權ニ屬スルモノナリ故ニ日本人ニアラサレハ之ヲ與フ可カラス公權ヲ剝奪セラレ若クハ之ヲ停止セラレタル者ハ刑法第三十一條ニ依リ國民ノ特權ヲ行フ能ハス陸海軍ノ現役ニ服スル者ハ軍規上ヨリ參政權ヲ停止セラレタルノミナラス實際ニ於テモ亦之レヲ行フコ能ハス故ニ此等ノ者ハ假令多クノ財産ヲ有シ直接町村税ノ納額其町村公民ノ最多ク納税スル者三名中ノ一人ヨリ多キトキト雖モ到底撰擧權ヲ有スルコヲ得サルモノトス

（問）爰ニ甲町村ニ住スル人ニシテ乙町村ニ土地ヲ有シ其納税額第十二條二項ニ相當スル者アリ然ルニ其人ハ甲町村ニ於テ第八條三項若クハ第九條二項ニ依リ公民權ヲ停止セラレタルトキハ乙町村ニ於テ第十二條二項ノ撰擧權ヲ行フ能ハサル乎

（答）公民權ヲ停止セラレタル者ハ公義務ヲ盡サス社會ノ信用ヲ害シタル等ノ原由ニ出ツルモノナレハ一般ニ公權ヲ停止スルヲ至當ナリトスルノ感想ヲ生シ從テ本問ノ如キハ乙町村ニ於テ撰擧權ヲ與ヘサルヲ至當トスルカ如シト雖モ本條第二項ハ日本人ニシテ公權ヲ有シタルトキハ假令公民權ヲ有セス又其町村住民權ヲ有セサル者ト雖モ撰擧權ヲ與フヘキコヲ規定シタルモノナレハ甲町村ノ公民權ヲ停止セラルヽモ乙町村ニ於テハ尚ホ其權利ヲ有スルモノト云ハサルヲ得ス

第十三條　撰擧人ハ分テ二級トス

撰擧人中直接町村税ノ納額多キ者ヲ合セテ撰擧人ノ納ムル總額ノ半ニ當ル可キ者ヲ一級トシ爾餘ノ撰擧人ヲ二級トス

一級二級ノ間納税額兩級ニ跨ル者アルトキハ一級ニ入ル可シ又兩級ノ間ニ同類ノ納税者二名以上アルトキハ其町村内ニ住居スル年數ノ多キ者ヲ一級ニ入ル若シ住居ノ年數ニ依リ難キトキハ年齡ヲ以テシ年齡ニモ依リ難キト

キハ町村長抽籤ヲ以テ之ヲ定ム可シ

撰擧人每級各別ニ議員ノ半數ヲ選擧ス其被選擧人ハ同級內ノ者ニ限ラス兩級ニ通シテ選擧セラルヽヿヲ得

(註)本條ハ等級撰擧法ヲ規定シタルモノニシテ撰擧權アルモノヲ其財產額即チ納稅額ニ依リ之ヲ二分シ一級二級ニ分チタルナリ其區分方法ハ撰擧人總員ノ直接町村稅額ヲ總計シ其最多額ヲ納ムル者ヨリ順次其總額ノ半數ニ至ル迄ヲ以テ一級トシ其殘餘ヲ二級トス例之ハ今町村撰擧人ノ納ム可キ直接町村稅總額ヲ四百圓トセンニ四十圓納ム可キ者一人二十圓納ム可キ者三人十五圓納ム可キ者四人十圓納ム可キ者四人アリトスレハ其合計二百圓ト爲ル即チ此十三人ヲ一級撰擧人トシ其餘ヲ二級撰擧人ト爲スナリ然レヒ斯ノ如ク適當ニ兩分シ難キ場合ナキニアラス例之ハ前例ニ就テ之ヲ述フレハ最高額者ヨリ漸次百九十八圓ニ至リ今二圓ヲ得ント爲ルニ其人ヲ得スシテ三圓ヲ納ム可キ者ヲ得タリ此時ニ當ツテハ第二項ノ規定ニ從ヒ一級ニ組入レサル可カラス又此例ニ就テ述フルニ今二圓ヲ得レハ半數トナルニ際シ二圓ノ納稅者二人若クハ三人ヲ得タリ此時ニ當テ其三人若クハ二人中ノ何人ヲ一級ニ組入ル可キヤ是レ亦本條二項ノ規定ニ從ハサル可カラス即チ住居ノ年數多キ者ヲ一級ニ組入レ住居ノ年數ニ依リ難キ𪜊ハ年齡ニ依リ年齡ニモ亦依リ難キ𪜊ハ町村長抽籤ヲ以テ一級ニ入ル可キ者ヲ定ムルナリ

撰擧人ノ等級ヲ設クルハ撰擧權ノ制限ヲ少クシテ其不公平ヲ防キ且ツ一方ニ於テハ細民多數ノ爲メ財產家ノ壓倒セラルヽカ如キ弊ナカラシムルニ在リ然リト雖ヒ被撰擧人ニ對シテ倘此制限ヲ設クルトキハ適當ノ人士ヲ得ル能ハサルノ恐アリ故ニ被撰擧人ニ對シテハ等級法ヲ適用セサルモノトス議員ハ一級二級共ニ其半數ヲ撰擧スト雖ヒ若シ三級撰擧ヲ行フトキハ三級ニ等分シ得ラルヽノ議員數ト爲サヽル可カラス(第一條末項及ヒ第十四條參看)

第十四條　特別ノ事情アリテ前條ノ例ニ依リ難キ町村ニ於テハ町村條例ヲ以テ別ニ選擧ノ特例ヲ設クルコトヲ得

（註）本條ハ前條ノ等級法ニ依リ難キ町村ニ對シ特例ヲ設クルノ自由ヲ與ヘタルモノナリ即チ前條ノ二級撰擧法ヲ用フルトキハ其町村ノ貧富懸隔ノ度甚シクシテ一人或ハ二人ニテ一級ヲ占メ多數公民ノ權力薄弱トナル塲合ノ如キ或ハ町村内ノ等差甚シクシテ二級撰擧ヲ爲スノ却ッテ公平ヲ得ル能ハサル塲合ノ如キ其他地方ノ情況ニ依リテハ或ハ三級撰擧ヲ可トシ或ハ無級撰擧ヲ可トスルニ至ルヤモ知ルヘカラス是レ本條ノ規定アル所以ナリ

第十五條　撰擧權ヲ有スル町村公民（第十二條第一項）ハ總テ被撰擧權ヲ有ス左ニ掲クル者ハ町村會議員タルコトヲ得ス

一　所屬府縣郡ノ官吏
二　有給ノ町村吏員
三　撿察官及警察官吏
四　神官僧侶及其他諸宗教師
五　小學校教員

其他官吏ニシテ當撰シ之ニ應セントスルトキハ所屬長官ノ許可ヲ受ク可シ代言人ニ非スシテ他人ノ爲メニ裁判所又ハ其他ノ官廳ニ對シテ事ヲ辨スルヲ以テ業ト爲ス者ハ議員ニ撰擧セラルヽヿヲ得ス

父子兄弟タルノ縁故アル者ハ同時ニ町村會議員タルコトヲ得ス其同時ニ撰擧セラレタルトキハ投票ノ數ニ依テ其多キ者一人ヲ當撰トシ若シ同數ナレハ年長者ヲ當撰トス其時ヲ異ニシ選擧セラレタルトキハ後者議員タルコト

ヲ得ス

町村長若クハ助役トノ間父子兄弟タルノ縁故アル者ハ之ト同時ニ町村會議員タルコトヲ得ス若議員トノ間ニ其縁故アルモノ町村長若クハ助役ニ選擧セラレ認可ヲ受クルトキハ其縁故アル議員ハ其職ヲ退ク可シ

(註)本條ハ町村會議員被撰擧權ヲ有スル者及ヒ之レヲ有セサル者如何等ヲ規定シタルモノトス

本制第十二條第一項ニ依リ撰擧權ヲ有スル町村公民ハ又總テ被撰擧權ヲ有ス然レトモ左ニ列擧スル所ノ者ハ利害相反シ職務相牴觸シ若クハ威權感情等ニ由リ議事ノ公平ヲ維持スル能ハサルノ恐レアルニ由リ町村會議員タルヿヲ得サルモノトス

(一)所屬府縣郡ノ官吏○府縣郡ハ町村ノ上流ニ位シ且密接ノ關係ヲ有スルモノナレハ之レヲシテ町村會議員タラシメハ啻ニ利害相反スルノミナラス又職務ノ相牴觸スルヿアリテ到底其任ヲ完フスルヿ能ハス是レ所屬府縣郡ノ官吏ハ町村會議員トナルヿヲ得サル所以ナリ然レトモ法律ノ憂フル所ハ所屬ノ府縣郡吏ニ在ルヲ以テ所屬ニアラサル府縣郡ノ官吏ハ其原籍ニ於テ町村會議員タルヲ得ヘキハ勿論ナリトス然リト雖モ箇ハ單ニ法文ノ解釋ニ止マリ實際ニ於テハ兩者ノ職務相牽制シ其任ヲ完フスル能ハサルノ恐アランカ故ニ此場合ニ於テハ其所屬長官ノ許可ヲ受ケテ去就ヲ決スヘキナリ

(二)有給ノ町村吏員○町村會ハ町村代議ノ機關ニシテ町村吏員ハ町村行政ノ機關タリ此二者利害正ニ相反セリ故ニ有給ノ町村吏員ヲシテ町村會議員タラシムルトキハ其公平ヲ維持スルヿ得テ望ムヘカラス

(三)撿察官及警察官吏○此等ノ官吏ハ匪違ヲ撿察シ治安ヲ保持スルノ職ニ在ルモノナレハ町村會議員ノ任ト相容レサルノミナラス或ハ其威權ヲ弄シテ議事ヲ紊スノ恐レナキ能ハ

(四)神官僧侶其他諸宗教師○此等教導ノ職ニ在ルモノハ信仰依皈ヲ以テ撰擧人ノ感情ヲ動カシ議事ノ公平ヲ維持スルヿ能ハサルノ恐レナキヲ保スヘカラス

(五)小學校教員○教員ハ兒童ヲ風教化育シ其智識ヲ發達シ其德性ヲ涵養スルニ在リ然ルニ教員タル者政治ニ參與シ政治ノ思想ヲ腦裡ニ蓄フルトキハ其思想ノ發動スル所又不知不識兒童ノ腦裡ニ政治思想ヲ注入シ兒童將來ノ方向ヲ過ラシムルノ恐レアリ

以上列擧セシ五個ノ場合ニ於テハ皆各說明スルカ如キ理由アリテ町村會員トナルヿヲ得ス然レトモ其他官吏ニシテ町村會議員ノ撰擧ニ當リ之レニ應セントスルトキハ所屬長官ノ許可ヲ受クヘキモノトス

代言人ニ非スシテ他人ノ爲メニ裁判所又ハ其他ノ官廳ニ對シテ代言類似ノ營業ヲナスモノハ町村會議員被撰擧權ヲ有スルヿ能ハス蓋シ代言類似ノ營業ヲナスモノハ概シテ其性質不良ニシテ且ツ其品行ノ方正ナラサルモノ多ク妄リニ人ヲ教唆煽動シテ事端ヲ啓發シ社會ノ風儀ヲ紊リ道德ヲ破ルモノ滔々然ラサルハ莫キカ如シサレハ法律ノ之レヲ禁遏シテ町村會議員ノ被撰擧權ヲ有スルヿヲ得セシメサルハ亦已ムヲ得サルニ出ルカ然レトモ代人ノ不正ヲ矯正スルカ爲メニハ他ニ法律ノアルアリ其公權ヲ奪フト云フニ至テハ稍ヤ苛酷ノ感ナキニアラサルカ如シ

父子兄弟タルノ緣故アルモノハ同時ニ町村會議員タルヲ得ス蓋シ父子兄弟ノ間タル親愛ノ情極メテ厚ク互ニ其說ヲ論難攻擊スルカ如キハ一般ノ人情ニ於テ之レナキ所ナリ斯クノ如クニシテ父子兄弟タル者終始同說ヲ持スルニ於テハ到底議決ノ公平ヲ見ル能ハス是レ父子兄弟タルノ緣故アルモノハ同時ニ議員トナルヿヲ得スト定メタル所以ナリ故ニ此等ノ者同時ニ其撰ニ當ルトキハ先ツ投票ノ數ニ依テ其多キ者一人ヲ當撰シ若シ票數各同一ナルトキハ年長者ヲ以テ當撰トス其時ヲ異ニシテ撰擧セラレタル者ハ後者議員タルヿヲ得ス故ニ父前キニ撰擧セラレテ現ニ議員ノ任ニ在ル

ニ當リ其子他ノ議員ノ補欠撰擧ニ當リタルカ如キ場合ニ於テハ其子ハ議員タルヿヲ得サルモノトス

又町村長若クハ助役トノ間父子兄弟タルノ縁故アル者ハ之レト同時ニ町村會議員タルヿヲ得ス蓋シ町村會場ハ町村公議ノ集合所ナリ人情ヲ以テ左右スヘキモノニアラス然ルニ今若シ父ハ町村長ニシテ子ハ議員タリトセハ其子ハ果メ能ク侃々諤々公議ヲ議場ニ吐露シテ毫モ情ノ爲メニ左右セラルヽヿナキヲ得ヘキ乎是レ人情ニ於テ能ハサル所ナリ故ニ若シ議員トノ間ニ此等ノ縁故アルモノ町村長若クハ助役ニ撰擧セラレ認可ヲ受クルトキハ其縁故アル議員ハ其職ヲ退クヘキナリ然レトモ事ノ順序ヨリ言ヘハ後ニ撰擧セラレタル町村長若クハ助役ヲ退カシメ前キニ撰擧セラレタル議員ノ職ハ之レヲ存スルヲ以テ至當トナスカ如シ然ルニ法律ノ規定此ニ出テサル所以ノモノハ何ソヤ是レ蓋シ法律ハ僻壤陬隅人才ニ乏シク若シ町村長又ハ助役ヲシテ退カシムルトキハ復タ適當ノ人物ヲ得難キ場合アランヿヲ慮リタリモノナラン

（問）所屬府縣郡ノ官吏、有給ノ町村吏員撿査官及ヒ警察官吏、神官僧侶、小學校ノ教員タルモノハ町村會議員トナルヿヲ得ストハ本條ノ規定スル所ナリ然レ圧所謂町村會議員トナルヿヲ得ストハ之レヲ兼ヌルヿヲ得ストノ謂乎將タ此等ノ者ハ其職ニ在ルノ間被撰擧權ヲ停止セラレタルモノナル乎

（答）此等ノ者議員トナルヿヲ得サル所以ノモノハ利害相反シ職務相牴觸シ若クハ威權感情等ノ爲メ議事ノ公平ヲ維持スル能ハサルノ恐レアルカ故ノミ若シ夫レ其職ヲ去テ此等ノ弊ナキ地位ニ至レバ其議員タルニ於テ復タ何カアラン看ルベシ法律ハ議員タルヿヲ得スト云フニ止マリ議員ニ撰擧セラルヽヿヲ得スト定メス故ニ本條ノ意義ハ其議員ヲ兼ヌルヿヲ得スト云フニ在ルヤ明ラカナリ尙ホ第五十三條第二項ヲ參照シテ之レヲ類推スベシ

(問)本條第四項ニ規定シタル者ハ議員タルコトヲ得サル乎將撰擧セラル、コトヲ得サル乎

(答)撰擧セラル、コトヲ得サルモノナルコトハ法文ニ照シテ明カナリ

(問)本條第六項ニ町村長若クハ助役ト議員トヲ兼ヌル能ハサルノ規定アリ若シ同時ニ町村長若クハ助役ト議員トニ撰擧セラレタルトキハ如何スヘキ乎

(答)唯本人ノ擇フ處ニ任スヘキノミ然レトモ町村長若クハ助役ノ當撰ニ應セントシタルモ知事ニ於テ認可セサルトキハ更ニ議員ノ當撰ニ應セント主張スルヿヲ得ス何トナレハ既ニ擇ンテ町村長若クハ助役ノ當撰ニ應セントナシタル以上ハ議員ノ當撰ハ拋棄シタルモノト謂ハサルヲ得サレハナリ若シ然ラスンハ撰擧會ヲシテ長ク未定ニ置クノ恐アラン

第十六條　議員ハ名譽職トス其任期ハ六年トシ毎三年各級ニ於テ其半數ヲ改選ス若シ各級ノ議員二分シ難キトキハ初回ニ於テ多數ノ一半ヲ解任セシム
初回ニ於テ解任スヘキ者ハ抽籤ヲ以テ之ヲ定ム
退任ノ議員ハ再選セラル、コトヲ得

(註)本條ハ議員ノ職務任期及ヒ改撰期ヲ規定シタルモノナリ即チ議員ハ各級其半數ヲ撰擧スルモノナルコトハ第十三條ノ定ムル所ニシテ毎三年各級ニ於テ其撰擧シタル議員ノ半數ヲ改撰スルモノナリ例之ハ議員總數八人ニシテ毎級四人宛ヲ撰擧シタルトキハ三年毎ニ二人宛ヲ改撰スルナリ然レ𪜈若シ議員數二分シ難キ𪜈例之ハ毎級九名宛ヲ撰擧シタル𪜈ハ九名ノ半數ナルモノハ四名半ナリ此場合ニ於テハ初回ニ多數ノ一半即チ五名ヲ改撰ス可キモノナリトス

第十七條　議員中欠員アルトキハ毎三年定期改選ノ時ニ至リ同時ニ補欠撰擧ヲ行フ可シ若シ定員三分ノ一以上欠員アルトキ又ハ町村會町村長若クハ郡長ニ於テ臨時補欠ヲ必要ト認ムルトキハ定期前ト雖モ其補欠選擧ヲ行フ可

シ

補欠議員ハ其前任者ノ殘任期間在職スルモノトス

定期改選及補欠選擧トモ前任者ノ選擧セラレタル選擧等級ニ從テ之カ選擧ヲ行フ可シ

(註)本條ハ補欠撰擧ヲナスヘキ場合ヲ規定シタルモノナリ即チ本條ノ規定ニヨレハ議員總數三分ノ一以上ノ欠員ヲ生シタルトキハ特ニ補欠撰擧會ヲ開ク可シト雖ドモ若シ其欠員三分一ニ至ラサルトキハ定期改撰ト共ニ之ヲ行フ可キナリ然レドモ其欠員ハ一級又ハ二級ノ撰出ニ係ル議員ノミニシテ町村會町村長若クハ郡長ニ於テ臨時補欠ノ必要ヲ認ムルトキハ定期ヲ俟タス改撰ヲ行フコトヲ得

補欠議員ハ其前任者ノ殘任期間在職スヘキモノトス故ニ欠員トナリタルハ殘任期四年ノ者ナルトキハ補欠撰擧セラレタル議員ハ四年間在職ス可キモノトス

定期改撰補欠撰擧トモニ前任者ノ撰擧セラレタル等級ニ於テス故ニ前任者一級ヨリ撰擧セラレタルトキハ同シク一級ニ於テ撰擧ス可キモノトス

(問)補欠撰擧ヲ定期改撰ト同時ニ行フトキハ第一回改撰ノ時ニ於テ先ツ補欠撰擧ヲ爲シ其當撰者ノ定マリタル後更ラニ抽籤ヲ爲シ改撰者ヲ定ムヘキ乎

(答)第一回改撰ノ際ニ於ケル補欠撰擧ハ勞アツテ効ナキカ如シト雖ドモ法律ノ明定スル處ナレハ先ツ補欠撰擧ヲ爲シタル後更ラニ抽籤ヲ行ヒ其半數改撰者ヲ定メサル可カラス第二回改撰以後ニ於テハ本問ノ如キ迷惑ヲ生スルコトナカル可シ

第十八條　町村長ハ選擧ヲ行フ毎ニ其選擧前六十日ヲ限リ選擧原簿ヲ製シ各選擧人ノ資格ヲ記載シ此原簿ニ據リテ選擧人名簿ヲ製ス可シ

選擧人名簿ハ七日間町村役場ニ於テ之ヲ關係者ノ縱覽ニ供スヘシ若シ關係

者ニ於テ訴願セントスルコトアルトキハ同期限内ニ之ヲ町村長ニ申立ツ可シ
町村長ハ町村會ノ裁決(第三十七條第一項)ニ依リ名簿ヲ修正ス可キトキハ撰擧前十日ヲ限リテ之ニ修正ヲ加ヘテ確定名簿ト爲シ之ニ登錄セラレザル者ハ何人タリトモ撰擧ニ關スルコトヲ得ス
本條ニ依リ確定シタル名簿ハ當撰ヲ辭シ若クハ撰擧ノ無効トナリタル場合ニ於テ更ニ撰擧ヲ爲ストキモ亦之ヲ適用ス

(註)本條ハ撰擧手續ノ第一タル名簿調製方ヲ規定シタルモノナリ即チ撰擧ヲ行フ六十日前ニ撰擧人ノ資格例之ハ第十二條一項ニ該當スル乎若クハ二項三項ニ該當スル乎等ヲ記載スルモノナリ此原簿ヲ基本トシテ撰擧人名簿即チ撰擧人ノ氏名ノミヲ記シタルモノヲ製シ之ヲ七日間町村役場ニ於テ關係者ノ縱覽ニ供スヘキナリ關係者若シ其名簿ニ就キ不服アルトキハ其縱覽期日間ニ於テ之ヲ町村長ニ申立ツ可シ町村長ハ其申立ヲ受ケタルトキハ之ヲ町村會ニ回送シ町村會ノ裁決ヲ受ケサル可カラス若シ町村會ニ於テ町村長ノ所爲ヲ不當トシ町村長其裁決ニ服シタルトキハ撰擧前十日ヲ限リテ名簿ヲ訂正セサル可カラス若シ又町村會ノ裁決ニ服セス郡參事會ニ訴願シタルトキハ其裁判確定スルヲ俟テ之レニ修正ヲ加ヘ玆ニ始メテ確定名簿トナルヘキモノトス故ニ其確定名簿ニ登錄セラレサル者ハ當期ノ撰擧ニ關係スル能ハス此確定名簿ハ其期撰擧ニシテ當撰ヲ再撰スルトキ若クハ當撰者カ被撰擧權ナキコトヲ發見シタルニヨリ其撰擧ノ無効ニ歸スルトキ或ハ撰擧手續ノ無効トナリ再撰擧スルトキニ於テモ之レヲ改メサルモノトス然レトモ名簿調製ノ不正ナルカ爲メ全撰擧ノ無効トナリタルトキハ更ラニ名簿ヲ調製セサル可カラス

(問)名簿ニ對シ關係者ヨリ訴願ヲ申立テ町村長ニ於テ其申立ヲ正當トスルトキハ町村會ニ回送セス町村長ニ於テ名簿修正ヲ爲スヲ得可キ乎

(答)然リ訴願ナルモノハ双方ノ爭ヒヨリ生シ裁決ナルモノハ其爭ヒノ是非曲直ヲ決ス可キモノナリ然ルニ訴願者ノ申立ハ町村長ニ於テ之ヲ正當トシタル時ハ復タ訴願ス可キノ要ナケレハナリ

(問)町村會ノ裁決ニ不服アリテ郡參事會ニ訴願シ撰擧前其裁判確定セサルトキハ確定名簿ト云フ能ハス從ツテ第三項ノ規定ニ反ス可キ乎

(答)然リ確定名簿ト云フ能ハス從ツテ其裁判確定シタル時ハ名簿ヲ修正セサル可カラス

(問)名簿調製後新ニ撰擧權ヲ得タル者ト雖モ當期ノ撰擧ニ與ルコトヲ得ザル乎

(答)然リ名簿ハ六十日前ヲ限ルモノナレハ其六十日ノ期限後ニ撰擧權ヲ得ルモ當期ノ撰擧ニ與ルコトヲ得サル可シ

(問)訴願期日内ニ申立ヲ爲ス者ナキトキハ其名簿ハ確定シタルモノナル乎

(答)然リ確定名簿ナリ

(問)本條ハ撰擧人名簿調製ノ手續ヲ示スト雖モ被撰擧人名簿ノコトヲ規定セス若シ被撰擧人名簿ナキトキハ撰擧人ニ於テ撰擧ヲ誤ルノ恐レアルノミナラズ撰擧會ニ於テ投票ノ有効無効ヲ判別シ或ハ當撰者ヲ定ムルニ付不都合ヲ生スルヿアラン被撰擧人ノ資格ヲ公示スルハ何條ノ規定スル處ナル乎

(答)本條ニ於テハ被撰擧人名簿ヲ調製スルノ規定ナシ故ニ町村條例ニ於テ其手續ヲ規定スヘキモノト思考スルナリ

(問)臨時ニ補欠撰擧會ヲ開ク場合ニ於テハ本條六十日前ノ規定ニ據ル能ハサルノ事情ヲ生ス可シ果シテ然ルトキハ本條ノ規定ニ反スルモ可ナルヤ

(答)補欠選擧ノ場合ト雖モ本條ノ規定ニ反スルヲ得ス

第十九條

選擧ヲ執行スルトキハ町村長ハ選擧ノ場所日時ヲ定メ及ヒ選擧ス

可キ議員ヲ各級ニ分チ選擧前七日ヲ限リテ之ヲ公布ス可シ
各級ニ於テ選擧ヲ行フノ順序ハ先ツ二級ノ選擧ヲ行ヒ次ニ一級ノ選擧ヲ行フ可シ

(註)本條ハ撰擧手續中ノ一部ニシテ撰擧會場撰擧日時撰擧ス可キ議員數及等級公告ノ方法ヲ示セリ即チ是等ノ手續ハ町村長ノ爲ス可キモノニシテ撰擧開會七日前ニ之チ告示セサル可カラス撰擧ハ二級撰擧ヲ行ヒ次ニ一級撰擧ヲ行フ是レ各級被撰擧人ノ牴觸チ豫防シタルモノナリ然レトモ二級ノ撰擧ニ當リタルモノハ一級ニ於テ撰擧スル能ハスト云フニアラス若シ兩級ニ於テ撰擧セラレタル片ハ何レノ撰擧ニ應スヘキヤハ被撰擧人ノ適宜ニ任スヘキナリ(第二十八條二項參看)

(問)若シ地方ノ情況ニ依リ三級撰擧ニ分チタルトキハ三級二級一級ト逆次ニ撰擧チ行フ可キ乎

(答)然リ本條ノ精神ヨリ推シ尙市制第十九條第二項ノ精神ニ徵スルトキハ三級二級一級ト逆次ニ撰擧チ行フチ以テ正當ナリト考フ然レトモ法律ニ明文ナキチ以テ宜シク町村條例ニ規定スヘキナリ

第二十條　選擧掛ハ名譽職トシ町村長ニ於テ臨時ニ選擧人中ヨリ二名若クハ四名ヲ選擧シ町村長若クハ其代理者ハ其掛長トナリ選擧會ヲ開閉シ其會場ノ取締ニ任ス

(註)本條ハ撰擧掛チ設クルコト及ヒ撰擧掛ノ資格撰擧掛ノ撰任法等チ規定シタルモノニシテ其職務ノ如何ハ下ニ於テ之ヲ了知スルチ得可シ

第二十一條　選擧開會中ハ選擧人ノ外何人タリトモ選擧會場ニ入ルコトヲ得ス選擧人ハ選擧會場ニ於テ協議又ハ勸誘ヲ爲スコトヲ得ス

(註)撰擧權チ有セサル者猥リニ會場ニ出入スルコトチ禁シタルハ會場ノ混雜チ防キ不正ノ撰擧チ豫防スルノ意ニ出テタルモノニシテ會場整理上必要ノ事柄ナリトス

各自其信用スル處ノ人ヲ撰擧スルハ代議政体ノ眞面目ナリ故ニ撰擧人ハ撰擧塲ニ於テ勸誘ヲ爲シ又ハ協議ヲ爲スヲ得ス協議トハ例之ハ何某ヲ撰擧シテ如何ト云フカ如ク二人以上ノ撰擧人互ヒニ協同謀議スルヲ云ヒ勸誘トハ明的若クハ暗的ニ何某ヲ撰擧ス可シト勸奬誘引スルヲ云フ

（問）例之ハ甲撰擧人アリテ乙撰擧人ニ向ツテ何某ハ如何ナル主義ヲ抱持スルノ人ナル乎ヲ尋問シタルヲ以テ乙撰擧人ハ之ニ答ヘテ何某ハ自由主義ノ人ナリト云ヒタリ是等ハ本條第二項ニ抵觸ス可キ乎

（答）勸誘トハ已レヨリ進ンテ他人ヲ誘フノ謂ヒニシテ協議トハ數人ノ意見ノ合一ヲ圖ルヲ云フ故ニ他人ニ問ヒタルハ協議ニ非ス又他人ノ問ニ答ヘタルハ決シテ勸誘ニ非ルナリ

第二十二條　撰擧ハ投票ヲ以テ之ヲ行フ投票ニハ被撰擧人ノ氏名ヲ記シ封緘ノ上撰擧人自カラ掛長ニ差出ス可シ但撰擧人ノ氏名ハ投票ニ記入スルコトヲ得ス

撰擧人投票ヲ差出ストキハ自己ノ氏名及住所ヲ掛長ニ申立テ掛長ハ撰擧人名簿ニ照シテ之ヲ受ケ封緘ノ儘投票函ニ投入ス可シ但投票函ハ投票ヲ終ル迄之ヲ開クコトヲ得ス

（註）本條ハ撰擧投票ノ手續ヲ示スモノニシテ匿名投票法ヲ採用シタルナリ故ニ投票ハ被撰擧人氏名ノ外何事ヲモ記入セザルモノトス蓋シ町村ハ其區域狹小ニシテ平居ノ交際モ極メテ親密ナルモノナレハ記名投票トナシ撰擧人ノ氏名ヲ現ハストキハ種々ナル事情ノ介スルアリテ其公平ヲ保持スル能ハサルノ恐レナキ能ハサレハナリ

第二十三條　投票ニ記入ノ人員其撰擧ス可キ定數ニ過キ又ハ不足アルモ其投票ヲ無効トセス其定數ニ過クルモノハ末尾ニ記載シタル人名ヲ順次ニ棄却

ス可シ

左ノ投票ハ之ヲ無効トス

一人名ヲ記載セス又ハ記載シタル人名ノ讀ミ難キモノ

二被選擧人ノ何人タルヲ確認シ難キモノ

三被選擧權ナキ人名ヲ記載シタルモノ

四被選擧人氏名ノ外他事ヲ記入スルモノ

投票ノ受理幷効力ニ關スル事項ハ撰擧掛假ニ之ヲ議決ス可否同數ナルトキハ掛長之ヲ決ス

(註)本條ハ投票ノ有効無効ヲ決定スヘキ標準如何ヲ定メタルモノニシテ撰擧掛ハ此標準ニ依リ當撰者ヲ取調フヘキモノトス

第一　有効投票〇投票ニ記載シタル人員撰擧スヘキ定數ヨリ過不足アルモ其記載セラレタル人名ニシテ被撰擧權ヲ有シ且第二項ニ記載シタルカ如キ瑕瑾アラサルトキハ其投票ハ総テ有効トス若シ人員過剰ナルトキハ其末尾ニ記載シタル者ヨリ順次棄却スヘキモノトス

第二　無効投票〇投票ハ規則正シク被撰擧人ノ氏名ヲ記載セサルヘカラス然ルニ若シ其投票ニ人名ヲ記載セス又ハ之ヲ記載スルモ其人名ノ讀ミ難キモノ、被撰擧人ノ何人タルヲ確認シ難キモノ、被撰擧權ナキ人名ヲ記載シタルモノ、被撰擧人氏名ノ外他事ヲ記スル者ノ如キハ瑕瑾アル投票ニシテ無効ニ歸スヘキモノトス是レ本條第二項ノ規定スル所タリ然レトモ玆ニ注意スヘキハ投票中一人若クハ數人ノ氏名ノ讀ミ難ク若クハ確認シ難キ者アルトキハ直チニ投票全紙ヲ無効トスヘキ乎ノ点是レナリ法文ニ此等ノ明定ナキヲ以テ或ハ全紙ヲ擧ケテ無効ニ歸スヘキモノナリト解スルモノナキニアラスト雖モ是レ恐クハ道理ニ反スルノ事タリ過剰ノ人員ヲ投票ニ記載シタルトキハ其末尾ニ記載アルモノヨリ順次ニ棄却シ全紙ヲ無効ト歸ストハ本條第一項ノ規定スル所ニアラスヤ果シ然ラハ法律ハ復タ何等ノ理由アツテカ讀ミ難キ一人ノ氏名ヲ以テ其全体ヲ無効ニスルヿヲ欲セン能ク法律ヲ解スル者ハ可成法文ノ意味ヲ發輝スルヿヲ勉ムヘシ妄リニ之レヲ破壞シテ人民ノ不利ヲ來スカ如キ解釋ヲナスヘカラス故ニ余ハ其讀ミ難キモノ、ミヲ無効トシ其他ハ有効トセサルヘカラサルモノト信スルナリ蓋シ撰擧掛モ此主旨ニ依リ其効無効ヲ決シ余輩ノ述ル所ハ一片ノ杞憂タルニ過キサルニ至ランカ果シ然ラハ余輩ノ喜何ヲ以テカ之レニ加ヘン

撰擧掛ノ投票受理及効力ニ關スル事項ヲ決スルニハ會議法ヲ以テス其取決法ハ過半數決ナル乎又ハ多數決ナル乎判然セザレ圧過半數決ハ會議法普通ノ原則ナレハ法ニ反對ノ明文ナキ以上ハ此取決法ヲ採用スヘキモノト信ス

(問)本條第二項第四ニ所謂他事ヲ記入スルモノ、限界如何

(答)他事ノ意味之レヲ汎ク解セハ假令一字一句ヲ記入スルモ尚之ヲ無効トセサルヘカラサルカ如シト雖圧此ノ如キハ甚タ道理ニ反シ又被撰擧人撰擧人ノ權利ヲ害スルヿ大ナルヲ以テ其記スル所ノ他事ニシテ被撰擧人ノ名譽ヲ毀損シ若クハ直接又ハ間接ニ公益ヲ傷害スル等ノヿナキ以上ハ之レヲ有効トスルヲ以テ當然トス故ニ被撰擧人ノ住所ヲ記シ若クハ殿樣等ノ文字ヲ記入スルモ之ヲ無効トスルノ限リニアラサルヘシ

(問)本條第二項第一ニ記シタル人名ノ讀ミ難キモノ及ヒ第二ニ記シタル被撰擧人ノ何人タルヲ確認シ難キモノトアル限界如何

(答)此等ハ眞ニ事實ノ問題ニ係ルモノタレハ豫メ明言スルヿヲ得ス實際ニ於テ讀ミ難ク又ハ確認シ難キモノハ之レヲ無効トスヘキノミ然リト雖圧文字ノ一畫ヲ誤リタルカ爲メ普通ニ通用ス可キ

ニ拘ハラス之ヲ無効トスルカ如キハ極端ニ失スルモノトス

第二十四條　撰擧ハ撰擧人自ラ之ヲ行フ可シ他人ニ託シテ投票ヲ差出スコトヲ許サス

第十二條第二項ニ依リ撰擧權ヲ有スル者ハ代人ヲ出シテ撰擧ヲ行フコトヲ得若シ其獨立ノ男子ニ非ル者又ハ會社其他法人ニ係ルトキハ必ス代人ヲ以テス可シ其代人ハ內國人ニシテ公權ヲ有スル獨立ノ男子ニ限ル但一人ニシテ數人ノ代理ヲ爲スコトヲ得ス且代人ハ委任狀ヲ撰擧掛ニ示シテ代理ノ證トス可シ

(註)本條ハ撰擧會ニ列スヘキ者ノ資格ヲ規定シタルモノナリ即チ第十二條第一項ニ依リ撰擧權ヲ有スル者ハ必シモ自ラ撰擧會ニ列シ自ラ撰擧ヲ行フヘク他人ニ託シテ投票ヲ差出スヿヲ得ス是レ蓋シ無權利者ヲシテ投票セシメ若クハ契約、贈遺、勸告、威權及ヒ其他ノ理由ニヨリ已レノ知ラサルモノヲ投票スルノ弊ヲ防キ以テ撰擧ノ自由ヲ保護スルニ在リトス

第十二條第二項ニ依リ單ニ多額ノ直接町村税ヲ納ムルノ故ヲ以テ撰擧權ヲ有スルモノハ自ラ撰擧ヲ行ヒ又ハ代人ニ託シテ之レヲ行ハシムルヿヲ得是レ其利害ノ關スル所第十二條第一項ニ依リ撰擧權ヲ有スルモノヽ如ク重大ナラサレハナリ

會社其他ノ法人ハ五官ノ機能ヲ有セサルカ故自ラ撰擧ヲ行フヿ能ハス故ニ必シモ代人ヲ以テ之レヲ行ハサルヘカラス讀者ハ玆ニ至テ余輩カ第二條ニ於テ述ヘタル自然人ト法人トノ區別一層明ラカニセラレタルナラン

第十二條第二項ニ依リ撰擧權ヲ有スル者又ハ會社其他ノ法人ノ爲メニ代人トナリ撰擧會ニ列スルモノハ(一)內國人タルヿ(二)公權ヲ有スルヿ(三)獨立ノ男子タルヿヲ必要トス若シ此等ノ條件ヲ具備セ

サルトキハ代人タルノ資格ナキモノトス又代人タル者一人ニシテ同時ニ數人ノ代理ヲ爲スヲ得ス是レ撰擧ノ自由ヲ保護スルニ於テ極メテ必要ノ事ナリトス且又代人トナリテ撰擧會ニ列スルニハ委任狀ヲ携帶シ之レヲ撰擧人ニ示シテ其代人タルコヲ証明スルヲ要ス是レ亦詐欺ノ撰擧ヲ防禦スルノ一方法ナリトス

會社其他ノ法人ハ概ヲ役員ヲ以テ事ヲ辨スルモノナリト雖𪜈撰擧會ニ出頭セシムルニハ必シモ役員ニ限ラス代人タルノ資格ヲ具フル以上ハ他ノ人ヲ以テ代理セシムルモ妨ケアルコナシ

第二十五條 町村ノ區域廣濶ナルトキ又ハ人口稠密ナルトキハ町村會ノ議決ニ依リ區畫ヲ定メテ選擧分會ヲ設クルコトヲ得但特ニ二級選擧人ノミ此會ヲ設クルモ妨ケナシ

分會ノ選擧掛ハ町村長ノ選擧シタル代理者ヲ以テ其長トシ第二十條ノ例ニ依リ掛員二名若クハ四名ヲ選擧ス

選擧分會ニ於テ爲シタル投票ハ投票函ノ儘本會ニ集メテ之ヲ合算シ總數ヲ以テ當選ヲ定ム

選擧分會ハ本會ト同日時ニ之ヲ開ク可シ其他選擧ノ手續會場ノ取締等總テ本會ノ例ニ依ル

（註）本條ハ土地遠隔ノ爲メ來集ノ困難アルヲ慮リ或ハ人口稠密ニシテ會場ノ整理ヲ充分ナラシムル能ハサルヲ恐レテ撰擧分會ヲ設クルコヲ許シタルナリ其分會ヲ配置スルハ町村會ノ議決ヲ以テス其他撰擧ノ方法等ニ至テハ本會ト同一ナルヲ以テ爰ニ贅セス唯少シク實際ノ手續ニ困難ヲ生ス可キハ本會ト分會ト同日時ニ開キタルトキニ於テ彼ノ第十九條第二項ニ規定シタル二級ノ撰擧ヲ行ヒ次ニ一級ノ撰擧ヲ行フノ主旨タル被撰擧人ヲシテ兩級ノ撰擧ニ當ラシメタルノ方法ヲ實行スル

能ハサルノ點是レナリ何トナレハ二級ノ撰擧ニ當リタルヤ否ヤハ分會ノ投票ヲ本會ニ集メ總點ヲ取調ヘタルノ後ニアラサレハ之レヲ知ル能ハサレハナリ故ニ分會ニ於テモ二級撰擧ヲ了リタルトキハ之ヲ本會ニ送附シテ總點ヲ調査シ其當撰者ヲ知リタル後更ニ一級ノ撰擧ヲ行ハサル可カラス

(問)本條町村會ノ議決方法如何ハ條例ニ規定ス可キ乎

(答)町村條例ハ法律ニ特例ヲ設クルコトヲ許スノ明文アル乎若クハ法律ニ明文ナキトキニ限ル今本條ニ於テハ町村會ニ於テ議決ス可キコトヲ規定シタルモノナレハ之レヲ以テ町村條例又ハ町村規則ト云フヘカラス故ニ第百二十五條第百二十七條ニ依リ認可ヲ受クルヲ要セサルモノトス

第二十六條　議員ノ撰擧ハ有効投票ノ多數ヲ得タル者ヲ以テ當撰トス投票ノ數相同シキモノハ年長者ヲ取リ同年ナルトキハ掛長自ラ抽籤シテ其當撰ヲ定ム

同時ニ補欠員數名ヲ撰擧スルトキハ(第十七條)投票數ノ最多キ者ヲ以テ殘任期ノ最長キ前任者ノ補欠ト爲シ其數相同シキトキハ抽籤ヲ以テ其順序ヲ定ム

(註)本條ハ當撰者ヲ定ムルノ方法ヲ規定シタルモノナリ即チ有効投票ノ最多數者ヲ當撰者トス故ニ數人ヲ撰擧ス可キトキハ高點ヨリ漸次ニ下リテ撰擧人員ニ相當スルニ至ツテ止ム大凡ソ撰擧ハ過半數ノ投票ヲ得タルモノヲ當撰ト爲スハ普通ノ規則ナレトモ多數人ヲシテ連名投票ヲ爲サシムルトキハ過半數ノ投票ヲ得ルハ實際困難ノ事情アリ是レ比較多數法ヲ採用セシ所以ナリ投票數同シキトキハ年長ヲ取リ年齢同シトキハ抽籤ヲ以テス

補欠員數名ヲ撰擧スル場合ニ於テハ投票數ノ多キ者ヲ以テ殘任期ノ最モ長キ者ノ補欠トス例之ハ甲乙二人ノ欠員アリ甲者ノ殘任期ハ五年ニシテ乙者ノ殘任期ハ二年ナリトス而シテ當撰者ノ投票

數丙者ハ百点ニシテ丁者八十点ナルトキハ丙者ハ甲者ノ補欠トナリ丁者ハ乙者ノ補欠ト爲ルル類是レナリ蓋シ此方法ヲ設ケタルハ等シク議員ト爲ル可キ者ナレハ年齢ニ依リテ補欠ヲ定ムルノ必要ナキノミナラス投票ヲ得ルコトノ多キモノハ人望ノ皈スルコトノ厚キヲ以テ長ク議員タルニ適スベケレハナリ

第二十七條　撰擧掛ハ撰擧錄ヲ製シテ撰擧ノ顚末ヲ記錄シ撰擧ヲ終リタル後之ヲ朗讀シ撰擧人名簿其他關係書類ヲ合綴シテ之ニ署名スヘシ

投票ハ之ヲ撰擧錄ニ附屬シ撰擧ヲ結了スルニ至ル迄之ヲ保存スヘシ

(註)撰擧錄ヲ製シテ撰擧ノ顚末ヲ記錄シ且撰擧ヲ終リタル後之レヲ朗讀シテ名簿其他關係書類ヲ合綴シテ之レニ署名スル等ハ總テ撰擧ノ公平ヲ維持スルニ於テ必要ノ事柄ナリトス

(問)投票ハ撰擧結了後ニ至レハ之レヲ保存スルノ必要ナシ撰擧錄其他ノ帳簿書類モ亦然ル乎

(答)然リ撰擧錄其他ノ書類投票共ニ之ヲ保存スルノ必要ナキナリ

(問)選擧ノ結了トハ何レノ時ヲ指ス乎

(答)選擧ハ訴願期限中ニ訴願ナキトキ若シ訴願アリタルトキハ其裁判確定シタルトキ若クハ更ニ選擧ヲ爲シ其選擧ニ異議ナカリシトキニ於テ結了スルモノトス

第二十八條　撰擧ヲ終リタル後撰擧掛長ハ直ニ當撰者ニ其當撰ノ者ヲ告知スヘシ其當撰ヲ辭セントスル者ハ五日以内ニ之ヲ町村長ニ申立ツ可シ

一人ニシテ兩級ノ撰擧ニ當リタルトキハ同期限内何レノ撰擧ニ應ス可キコトヲ申立ツヘシ其期限內ニ之ヲ申立テサル者ハ總テ撰擧ヲ辭スルモノトナシ第八條ノ處分ヲ爲ス可シ

(註)本條ハ當選ヲ告知シ及當選ヲ辭スルノ手續及ヒ其期限ヲ定メタルモノニシテ敢テ意味ノ解シ

難キモノナキチ以テ玆ニ註セス

第二十九條　撰擧人撰擧ノ效力ニ關シテ訴願セントスルトキハ撰擧ノ日ヨリ七日以內ニ之ヲ町村長ニ申立ツルヿヲ得（第三十七條第一項）

町村長ハ撰擧ヲ終リタル後之ヲ郡長ニ報告シ郡長ニ於テ撰擧ノ效力ニ關シ異議アルトキハ訴願ノ有無ニ拘ハラス郡參事會ニ付シテ處分ヲ行フコトヲ得

撰擧ノ定規ニ違背スルコトアルトキハ其撰擧ヲ取消シ又ハ被撰擧人中資格ノ要件ヲ有セサル者アルトキハ其人ノ當撰ヲ取消シ更ニ撰擧ヲ行ハシム可シ

（註）本條ハ選擧ノ効力ニ關シ訴願等ノ手續ヲ定メタルナリ即チ被選擧權ナキ者ヲ當選者ト爲シタル乎、選擧權ナキ者選擧ヲ爲シタル乎、投票ノ有効無効ヲ誤定シタル乎、選擧權ヲ有スル者ヲシテ投票セシメサル乎、選擧人互ニ協議勸誘ヲ爲シタル乎、等総テ撰擧効力ニ關シ異議アルトキハ撰擧人ハ撰擧ノ日ヨリ七日以內ニ之ヲ町村長ニ申立テ町村長ハ之ヲ町村會ニ回送シ町村會ハ第三十七條第一項ニ依リ裁決ス可キモノトス

町村長ハ撰擧ヲ終リタル後之ヲ郡長ニ報告ス可キコトハ監督上ヨリ規定シタルモノナリ而シテ郡長ニ於テ撰擧ノ効力ニ關シ異議アルトキ之ヲ郡參事會ニ附シテ裁決セシムル所以ノモノハ上下ノ段楷アルニ由ルモノニシテ深キ意味アルニアラサルナリ

撰擧ノ定規ニ違背スル場合ニ於テハ其選擧全体ヲ取消シ又ハ被選擧人中公民權ヲ停止セラル、等其資格ノ要件ヲ有セサル者アルトキハ其人ノ當選ヲ取消シ更ニ選擧ヲ行フヘキモノトス而シテ此等取消改選ノ原由タル選擧人ノ訴願ニ由リ生スルヿアリ又郡長ノ異議ニヨリ郡參事會ニ於テ處分シ

タルニ由リ生スルコアリ又第三十條ノ如ク町村會ニテ議決シタルニ由リ生スルコアリ孰レノ場合ニ於テモ總テ此規定ヲ適用スヘキモノトス

(問)本條第二項郡參事會ノ處分ハ裁決權ニアラスシテ郡長監督權ニ對シ郡參事會ノ參與ス可キ場合ナルカ

(答)然リ

第三十條　當選者中其資格ノ要件ヲ有セサル者アルコトヲ發見シ又就職後其要件ヲ失フ者アルトキハ其人ノ當選ハ効力ヲ失フモノトス其要件ノ有無ハ町村會之ヲ議決ス

(註)本條ハ町村會ヲシテ議員ノ資格ヲ監査セシムルコヲ規定シタルモノナリ即チ當選者中其資格ヲ有セサル者アルコヲ發見シタルトキ訴願期限中ハ選擧人之ヲ訴願スト雖モ訴願期限後ハ擧選人ヨリ之ヲ申立ツルノ途ナカルヘシ故ニ町村會自ラ進ンテ之ヲ爲サヽル可カラス特ニ就職後資格ヲ失ヒタル件ノ如キハ必ス町村會之ヲ議決セサル可カラス蓋シ町村會ハ町村代議ノ機關ニシテ町村會議員ハ町村人民意見ノ代表者ナリ故ニ之カ議員タルヘキ者ハ法律所定ノ資格ヲ具ヘ公平確實ノ信用アルモノアラサルヘカラス若シ一人ニテモ資格ナキ議員アラハ之ヲ以テ組織シタル町村會其者モ信用ヲ失スルニ至ルヘシ故ニ之ヲ規正スルハ町村會當然ノ職務ナリトス

(問)資格ヲ有セサル者アルトキ町村會之ヲ議決セサレハ他ヨリ之ヲ如何トモスル能ハサル乎又資格ナキモノヲ資格アリト議決シタルトキハ如何スヘキ乎

(答)町村會自ラ進ンテ之ヲ議決セサルトキハ町村公民ニ限ラス住民タリト雖モ之ヲ町村會ニ請求スル事、監督官廳ニ具申スル事、町村會ニ訴願スル事ヽノ途アリトス、資格アリト議決シタルトキ亦同シ而シテ町村會ニ訴願スルコヲ得ルヤ否ヤニ就キテハ大ニ議論ノアル所ニシテ訴願權ナシト主張スル論者ハ町村機關ノ處分ニ對シテハ法律ニ明文アル塲合ノ外訴願スルコトヲ得ス而シテ本條ノ議決權ハ處分權ナレハ之ヲ訴願スル權ナシト言ヘリ然レトモ是レ恐クハ皮想上ノ見解ニシテ深ク法律ノ精神ヲ探究セサルモノノミ抑モ資格アル者ヲ資格ナシトシ或ハ資格ナキ者ヲ資格アリトスルトキハ其一個人ノ權利ヲ害シ町村ノ利益ヲ失フヤ必セリ然ラハ此重大ナル權利ノ消長ニ關シ如何ソソ之ヲ訴願スルノ途ナカランヤ乃チ第三十七條第一項ハ被選擧權ノ有無ニ關シ町村會ニ訴願スルノ途ヲ開キタルモノナリ而シテ本條ノ資格トハ何ソヤ是レ被選擧權ナルハ多辨ヲ要セスシテ明カナリ已ニ被選擧權ノ有無ニ屬ス然ラハ第三十七條第一項ニ依ル可キハ至當ノ道理ナリト謂ハサルヲ得ス

(問)本人即チ資格ヲ有セス若クハ失ヒタリト議決セラレタル者ハ訴願權アリヤ

(答)然リ訴願權アリ其理由ハ前問ノ答ニ依リ明瞭ナル可シ

第三十一條　小町村ニ於テハ郡參事會ノ議決ヲ經町村條例ノ規定ニ依リ町村會ヲ設ケス選擧權ヲ有スル町村公民ノ總會ヲ以テ之ニ充ツルコトヲ得

(註)本條ハ町村代議ノ機關ヲ設クル特例ヲ示シタルナリ蓋シ小町村ニ在リテハ議員其人ヲ得難キ塲合アルノミナラズ選擧權ヲ有スル公民ノ如キモ極メテ寡少ナルモノナレハ町村會ヲ設ケス公民ノ總會ヲ以テ之レヲ代用スルハ亦已ムヲ得サルニ出ルモノトス然レトモ其総會ヲ設クルノ事タル極メテ重大ナルモノナレハ郡參事會ノ議決ヲ經町村條例ヲ以テ之レヲ規定セサルヘカラス

(問)一時町村會ヲ設ケタルモ後總會ニ代フルノ事情生シタルトキ町村條例ハ町村會ニ於テ議決ス可キ乎

(答)町村條例ハ通常町村會ノ議決ス可キモノナリト雖モ本條及ヒ第百十四條ノ如キハ事ノ重大ナルニ由リ特ニ郡參事會ノ權內ニ屬シタルモノナレバ假令一旦町村會ヲ設ケタルモ後総會ニ代フル

ノ事情チ生シタル以上ハ郡參事會ニ於テ議決スヘキハ當然ナリトス

第二欵　職務權限及處務規程

第三十二條　町村會ハ其町村ヲ代表シ此法律ニ準據シテ町村一切ノ事件幷從前特ニ委任セラレ又ハ將來法律勅令ニ依テ委任セラルヽ事件ヲ議決スルモノトス

(註)本條ハ町村會ノ權限チ定メタルモノナリ固ト町村ハ無形人ニシテ自ヲ其事務ヲ行フコ能ハサルモノナレハ之レニ代テ其事務チ經理スルノ機關ナカルヘカラス其機關ニ二種アリ一ハ町村代議ノ機關ニシテ一ハ町村行政ノ機關是レナリ町村會ハ即チ町村代議ノ機關ニシテ其町村チ代表シ此法律ニ準據シテ町村一切ノ事件並ニ從前特ニ委任セラレ又ハ將來法律勅令ニ依テ委任セラルヽ事件チ議決スルノ權アルモノトス其從前委任セラレタル事件トハ地方稅戸數割ハ町村會ニ於テ適宜ノ等級チ設ケテ賦課スルカ爲メ特ニ之レチ委任セラレタルカ如キノ類是レナリ

(問)町村會ハ町村ノ事件ニ關シ諸官廳又ハ他町村會ト應接スルコナキヤ

(答)町村會ハ單ニ議決權チ有スルノミ之レカ實行チ掌ルモノハ理事者ナリトス故ニ町村會ニ於テハ諸官廳若クハ他町村會ト直接ニ應接スルカ如キ事務ハ概シテ之レナシト云フモ可ナリ

第三十三條　町村會ノ議決ス可キ事件ノ概目左ノ如シ

一　町村條例及規則ヲ設ケ幷改正スル事

二　町村費ヲ以テ支辨ス可キ事業但第六十九條ニ掲クル事務ハ此限ニ在ラス

三　歲入出豫算ヲ定メ豫算外ノ支出及豫算超過ノ支出ヲ認定スル事

四　決算報告ヲ認定スル事

五　法律勅令ニ定ムルモノヲ除クノ外使用料手數料町村稅及夫役現品ノ賦課徵收ノ法ヲ定ムル事
六　町村有不動產ノ賣買交換讓受讓渡幷質入書入ヲ爲ス事
七　基本財產ノ處分ニ關スル事
八　歲入出豫算ヲ以テ定ムル者ヲ除クノ外新ニ義務ノ負擔ヲ爲シ及權利ノ棄却ヲ爲ス事
九　町村有ノ財產及營造物ノ管理方法ヲ定ムル事
十　町村吏員ノ身元保證金ヲ徵シ幷其金額ヲ定ムル事
十一町村ニ係ル訴訟及和解ニ關スル事
（註）本條ハ町村會ノ職權中ニ就キ其事項ノ重モナルモノヲ列擧シタルモノナレハ本條ノ規定外ニ於テ町村會ノ職權トナシ誤解ス可カラス今左ニ本條規定ノ各項目ニ對シ之ヲ解說セン
第一、町村條例若クハ町村規則ヲ制定シ及ヒ之レヲ改正スルハ町村會權限ノ最高地位ヲ占ムルモノニシテ地方分權ノ實ヲ擧クルニ欠クヘカラサルノ要項ナリトス其町村條例又ハ町村規則ニ於テ規定スヘキ事項如何ハ第十條ノ下ニ於テ旣ニ解說シタルヲ以テ今復タ贅セス
第二、町村費ヲ以テ支辨ス可キ事業ハ町村ノ意思ヲ以テ之ヲ起シ或ハ之ヲ廢スヘキモノニシテ其町村ノ意思ヲ代表ス可キモノハ町村會ナレハ苟クモ町村ノ費用ヲ以テ支辨ス可キ事業ハ必スシモ町村會ノ議決ヲ經サルヘカラス若シ町村會ノ議決ヲ經スシテ事業ヲ起廢セントスルトキハ町村住民ハ之ヲ防止スルヲ得可キナリ然レ𪜈第六十九條ニ揭クル事業ハ國家若クハ府縣郡ノ行政事務ニシテ特ニ町村長ニ委任シタルモノナレハ町村自治ノ事務ト同視スヘカラス是レ本條第二項ニ於テ

但書ノ規定アル所以ナリ然レトモ第六十九條ノ事務ヲ行フノ費用ハ町村ノ負擔ス可キモノナレハ其費用ノ賦課徴收ノ方法ハ必ス町村會ノ議決ヲ經サル可カラサルナリ

第三、町村自治ノ事務及第六十九條ノ事務ヲ整理シ其他町村ノ事業ヲ起ス爲メニ要スル費用之ヲ歳出ト云ヒ其歳出ヲ支ユルカ爲メニ或ハ手數料使用料町村税ヲ徴收シ其他町村ニ收入スルモノ之ヲ歳入ト云フ其歳出歳入ノ額ヲ豫シメ定ムルモノ之ヲ豫算ト云フ其豫算ハ町村會ニ於テ之ヲ議決ス可キモノナレハ町村會ノ議決ヲ經サルモノハ支出スルヲ得ス收入スルヲ得サルナリ又町村會ニ於テ豫算ヲ議定シタル後ニ於テ新ニ支出ヲ要ス可キ事件ノ生スルナキヲ保セス此時ニ當テハ第百九條一項ノ規定ニ從ヒ町村會ノ認定ヲ要ス可キモノトス（第百九條參看）

第四、町村ノ歳入歳出ノ終結ヲ報告スル之ヲ決算報告ト云フ其決算報告ヲ審査シ正當ナルニ於テハ認定ヲ與フルナリ（第百十二條參看）

第五、使用料トハ町村有ノ土地其他營造物ヲ一人又ハ數人ニテ使用スルトキ之カ賃料トシテ徴收スルモノヲ云ヒ手數料トハ一人又ハ數人ノ爲メ特ニ町村吏員ノ手數ヲ要シタルトキ徴收スルモノヲ云フ町村税トハ町村ノ歳出ヲ支ユルカ爲メ財産ノ收益過怠金使用料手數料等ヲ以テスルモ尚不足ノ時ニ於テ町村一般ニ賦課スルモノヲ云フ夫役現品ヲ賦課スルハ金員ニ代フルニ人夫若クハ現品ヲ以テスルモノヲ云フナリ是等ノ事ニシテ法律勅令ニ規定アルトキハ之レニ準據セサル可カラスト雖モ其他ハ町村會ニ於テ議決スヘキモノトス（第八十四條第八十八條第十九條第九十條第百一條等參看）

第六、別ニ解説ヲ要セス唯基本財産外ナルコトヲ知ルヲ以テ足レリトス

第七、基本財産トハ其原物ヲ移動スルコトナク其收益ノミヲ町村ノ用ニ供スル性質ノモノナリト雖モ時ニ之ヲ處分スルコト即チ賣買交換等ヲ爲ス可キ事情ヲ生スルナキヲ保セス其時ニ於テハ町

村會之ヲ議決ス可キモノトス(第八十一條參看)
第八、歲入出豫算ヲ以テ定ムルモノ、外臨時ニ義務ノ負擔ヲ爲スノ場合トハ新タニ組合水利土功ノ事業ヲ起シタル片ノ如キヲ云ヒ權利ノ棄却ヲ爲ス場合トハ某組合事業ニ關シ其組合ヲ脫スルハ却テ町村ニ利益アリト認メ其權利ヲ拋棄シ若クハ無資力者ニ對シ納稅義務ヲ免除スルカ如キ是レナリ
第九、別ニ解說ヲ要セス
第十、町村吏員ノ身元保證金ヲ徵スルトハ例之ハ收入役ノ保證金ヲ徵スルカ如キ是レナリ
第十一、町村ノ權利ニ關シ他廳他町村及ビ一個人等ト訴訟ノ生シタルトキ其訴訟ニ關スル意見ヲ定ムルヲ云フ
(問)本條ニ於テ町村條例及ヒ規則ノ制定改正ニ關スルノ規定アリテ之ヲ廢止スル場合ノ規定ナシト雖モ同シク町村會ノ權內ニ屬ス可キモノナル乎
(答)町村條例ヲ廢止スルノ場合ハ稀有ナルヲ以テ本條別ニ規定ナキモノナル可シト雖モ制定ノ權ヲ有スル者ハ又廢止ノ權ヲ有スルハ勿論ナレハ萬一廢止ス可キ場合ノ生シタルトキハ町村會ニ於テ議決ス可キモノナルヤ明カナリ
(問)本條第十ニ町村吏員ノ身元保證金ヲ徵ストアリ然ヲハ町村會ニ於テ其金員ヲ徵收ス可キモノナル乎
(答)町村會ハ其金額及ヒ徵收ノ方法ヲ議定スルニ止マリ實際之レヲ徵收スルモノハ町村長ナリトス

第三十四條　町村會ハ法律勅令ニ依リ其職權ニ屬スル吏員ノ撰擧ヲ行フ可シ
(註)町村會ニ於テ吏員ヲ選擧スルハ第五十三條(町村長助役)第六十二條(收入役)第六十三條(書

記其他附屬員）第六十四條（區長及代理）者第六十五條（委員）等ノ場合ナリトス

第三十五條　町村會ハ町村ノ事務ニ關スル書類及計算書ヲ校閲シ町村長ノ報告ヲ請求シテ事務ノ管理議決ノ施行并收入支出ノ正否ヲ監査スルノ職權ヲ有ス

町村會ハ町村ノ公益ニ關スル事件ニ付意見書ヲ監督官廳ニ差出スヿヲ得

（註）本條ハ町村會ニ於テ理事者ノ行爲ヲ監督スルノ權利アルコトヲ規定シタルナリ夫レ町村ノ意見ヲ代表シ町村ノ事務ヲ議決スルハ町村會ニシテ其議決ヲ實際ニ施行スルハ理事者即チ町村長ナレハ其町村長ノ行爲ヲ監督スルノ權ヲ町村會ニ附與シタルハ町村ノ利益ヲ增進スルノ上ニ就テ緊要缺クヘカラサルコトナリトス而シテ町村會カ町村長ノ行爲ヲ監督スヘキノ事項一ニシテ足ラスト雖トモ其重要ナルモノヲ揭クレハ本條ニ規定セルモノヽ如シ即チ書類ヲ撿閲シテ一般理事ノ狀況ヲ知リ會計ニ關スル帳簿書類等ヲ撿閲シテ平素財政ノ數否ヲ望ミ其他町村長ヲシテ種々ノ報告ヲ爲サシメ財產營造物其事務管理ノ得失及議決ノ施行如何ヲ察シ收支ノ正否ヲ調フルカ如キ實ニ町村重大ノ職務ト謂フ可シ

町村會ハ斯クノ如キ職權ヲ有スルノミナラス尙町村ノ公益ニ關スル事件ニ對シテハ意見書ヲ監督管廳ヘ差出シ以テ町村ノ利益ヲ增進シ又ハ之レヲ保存スルノ方法ヲ盡スヿヲ得ヘキモノトス

（問）本條第一項ニ規定シタル町村會ノ監督權ハ第六十九條ノ事務ニモ及フヘキモノナリヤ

（答）第六十九條ニ規定シタルモノハ國家府縣郡ノ行政事務ニシテ町村長ニ委任セラレタルモノナレハ町村會ハ之ヲ監督スルノ權ナシ然レトモ其費用ノ收支ニ就テハ町村會之ヲ監督スルヲ得ヘシ加之ナラス第六十九條ノ事務ニ關シテ間接ニ町村長ノ行爲ヲ監督シ其越權違法等アルニ當リ之ヲ監督官廳ニ具申スルハ國家ノ一部分タル町村議事者ノ公義務ト謂ハサルヲ得ス

（問）本條第二項ニ於テ町村ノ公益ニ關シ意見書ヲ差出スコトヲ得ルノ規定アリ然ラハ町村ノ公益ト認メタルコトハ如何ナルコトタリトモ意見書ヲ差出スヲ得可キ乎

（答）同縣道ノ新設若クハ修理又ハ鐵道敷設等ニ關シ町村ノ利害如何ヲ陳述シテ監督官廳ノ許可ヲ受クルカ如キハ極メテ必要有益ノ事柄ナリト雖モ國家政治上ノ處分ニ立入リ法律ノ當否ヲ喋々スルカ如キハ其權外ニ屬スルモノトス

第三十六條　町村會ハ官廳ノ諮問アルトキハ意見ヲ陳述ス可シ

（註）官廳ニ於テ事ヲ爲スニ當リ其直接又ハ間接ノ關係アル町村會ノ意見ヲ諮問スルコトハ往々ニシテ是レアリ此場合ニ於テ町村會ハ其意見ヲ陳述セサル可カラス而シテ其町村會ノ意見ニ二種ノ區別アリ一ハ權利意見ニシテ一ハ義務意見是レナリ權利意見トハ法律ニ於テ町村會ノ意見ヲ聞ク可キコトヲ命令シ之レヲ聞カサルトキハ其處分ノ無効ニ歸スヘキモノヲ云フ町村ノ廢置分合又ハ境界變更ノ場合ニ於ケル町村會ノ意見ノ如キ是レナリ然レトモ町村會ニシテ其權利ヲ拋棄シ意見ヲ陳述セサリシトキハ其處分ハ有効ニシテ町村會ハ之ニ對シ不服ヲ申立ツルコトヲ得ス、義務意見トハ上官廳カ參考ノ爲メ諮問スルモノニシテ其諮問スルト否トハ上官廳ノ隨意ナリトス此諮問ノ場合ニ於テ町村會ノ意見ハ義務トシテ陳述スルニ止マルモノナレハ其義務ヲ盡サヽルモ之レカ制裁アルコトナシ

第三十七條　町村住民及公民タルノ權利ノ有無、撰擧權及被撰擧權ノ有無撰擧人名簿ノ正否并其等級ノ當否、代理ヲ以テ執行スル撰擧權、（第十二條第二項）及町村會議員撰擧ノ効力（第二十九條）ニ關スル訴願ハ町村會之ヲ裁決ス」

前項ノ訴願中町村住民及公民タル權利ノ有無并撰擧權ノ有無ニ關スル者ハ町村會ノ設ケナキ町村ニ於テハ町村長之ヲ裁決ス

町村會若クハ町村會ノ裁決ニ不服アル者ハ郡參事會ニ訴願シ其郡參事會ノ裁決ニ不服アル者ハ府縣參事會ニ訴願シ其府縣參事會ノ裁決ニ不服アル者ハ行政裁判所ニ出訴スルヿヲ得

本條ノ事件ニ付テハ町村長ヨリモ亦訴願及訴訟ヲ爲スヿヲ得

本條ノ訴願及訴訟ノ爲メニ其執行ヲ停止スルヿヲ得ス但判決確定スルニ非レハ更ニ撰擧ヲ爲スヿヲ得ス

(註)本條ハ住民權公民權撰擧權被選擧權等ノ爭論ニ關スル裁判權ノ所在及ヒ上訴手續如何ヲ規定シタルモノナリ

(一)町村會○町村會ハ町村住民及ヒ公民タル權利ノ有無、選擧權及ヒ被選擧權ノ有無、撰擧人名簿ノ正否幷其等級ノ當否、第十二條第二項及ヒ第三項ニ規定アル財産ニ就テノ選擧權即チ代理ヲ以テ執行シ又ハ執行スルヿヲ得ル選擧權及ヒ町村會議員選擧ノ効力ニ關スル爭論ノ初審裁判權ヲ有スルモノトス

(二)町村長○町村長ハ町村會ノ設ケナキ町村ニ於テ起生スル町村住民及ヒ公民タル權利ノ有無幷撰擧權ノ有無ニ關スル爭論ノ初審裁判權ヲ有スルモノトス然レトモ町村會ノ設ケナキ町村ニ在リテハ公民總會ナルモノアルカ故之レヲシテ裁判權ヲ有セシムルヿ當然ナルカ如シ然ルニ法律ノ規定此ニ出テサル所以ノモノハ何ソヤ思フニ公民総會ハ其人員多クシテ審判上ニ不便アランヿヲ慮リタルモノナランカ然レトモ人員ノ多キヲ厭ハヽ特ニ數名ノ裁判委員ヲ設ケテ之レヲ裁判セシムルモ敢テ其不可ナルヲ見ス然ルニ法律ハ公民總會ニ此權利ヲ與ヘスシテ町村長ノ權限ニ属シタルヲ以テ見レハ其憂フル所ハ單ニ人員多數ヨリ生スル不便ニ止マラス尚他ニ種々ノ弊害アランヿヲ慮リタルモノナルヘシ

(三)上訴裁判權○町村會又ハ町村長ノ裁決ニ不服アル者ハ郡參事會ニ訴願シ其郡參事會ノ裁決ニ不服アル者ハ府縣參事會ニ訴願シ府縣參事會ノ裁決ニ不服アル者ハ行政裁判所ニ出訴スルコトヲ得ルモノトス故ニ本條ニ規定セル住民權公民權撰被選權等ニ關スル爭論ノ上訴裁判權ハ第一、郡參事會第二、府縣參事會第三、行政裁判所ニ在リトス

(四)訴願又ハ訴訟ヲ爲スヲ得ヘキ人○町村會、町村長、郡府縣參事會ニ對シ訴願ヲ爲シ又ハ行政裁判所ヘ對シテ訴訟ヲ提起スルコトヲ得ルモノハ單ニ町村住民、町村公民選擧人、被選擧人等ニ止マラス町村長ニ於テモ亦之レヲ爲スヲ得ヘシ是レ本條第四項ノ規定スル所ナリ然レトモ此等權利ノ爭ニ關シテハ必シモ町村長ノ關係セサルコトナキヲ以テ特ニ之レカ明文ナキモ關係者トシテ訴願又ハ訴訟ヲ爲シ若クハ之レヲ受クルコトアルハ當然ノ事ナリトス

訴願又ハ訴訟ノ起ルコトアルモ爲メニ其處分ノ執行ヲ停止スヘキモノニアラス若シ之レカ執行ヲ停止スヘキモノトセハ行政事務ノ澁滯ヲ來シ言フヘカラサルノ不都合ヲ釀スニ至ルノミナラス現ニ被選擧權ニ關スル爭論アル場合ノ如キハ爲メニ町村會ヲ開クコト能ハサルニ至レハナリ然レトモ選擧ノ定規ニ違背シ又ハ被撰擧人中其資格ノ要件ヲ有セサル者アルニ由リ更ニ選擧ヲナサヽルヘカラサルカ如キ場合ニ於テハ必シモ其判決ノ確定スルヲ俟テ之レカ更選ヲナサヽルヘカラス若シ然ラスシテ裁判確定以前ニ選擧ヲ行フコトアルモ其選擧ハ無効ニ屬スルモノトス

(問)本條末項ニ所謂訴願及ヒ訴訟ノ爲メ其執行ヲ停止セストハ其訴願又ハ訴訟以前ノ處分ニ限ルモノナル乎將タ其以前以後ノ處分共ニ包含スル乎

(答)訴訟以前ノ處分ノ執行ヲ停止セストノ意ナラン故ニ撰擧會ニ於テ當撰者中資格ノ要件ヲ具備セサルモノアルコトヲ發見シ又ハ就職後其要件ヲ失フ者アルニ方リ町村會ニ於テ其要件ノ有無ヲ議決シタルトキハ其議決ハ直チニ執行スヘキモノトス何トナレハ此等要件ノ有無ヲ議決スルハ町村

會ノ處分ニ屬スルモノニシテ之レカ當否ヲ裁判スルモノニアラサレハナリ

第三十八條　凡ソ議員タル者ハ撰擧人ノ指示若クハ委囑ヲ受ク可カラサルモノトス

(註)本條ハ議員タルモノ、守ルヘキ本分ヲ規定シタルモノナリ凡ソ議員トナリ公衆ノ意見ヲ代表スルノ任ニ在ルモノハ公議ノ在ル所ニ則リ輿論ノ存スル所ニ從ヒ直論讜議以テ苟クモ利ノ爲メニ曲ケ害ノ爲メニ屈スルカ如キ汚行アルヘカラス是レ本條ニ於テ町村會議員タルモノハ撰擧人ノ指示又ハ委囑ヲ受クヘカラスト定メタル以所ナリ

第三十九條　町村會ハ町村長ヲ以テ其議長トス若シ町村長故障アルトキハ其代理タル町村助役ヲ以テ之ニ充ツ

(註)本條ハ町村長ヲ以テ町村會ノ議長トナスヘキヿヲ定メタルモノナリ町村長ヲシテ町村會議長タラシムルハ穩當ナラサルニ似タリト雖モ蓋シ今日地方ニ於テ人士ヲ得ルノ難キト議事者理事者兩間ノ調和ヲ圖ルニ於テ便宜ナル所アランヿヲ慮リタルモノナルヘシ
其代理タル町村助役云々トアルハ助役一人ナルトキハ疑フ可キヿナシト雖モ若シ數名アル場合ニ於テハ何人カ代理ヲ爲スヤノ疑ヲ生スルヲ以テ之ヲ指示シタルナリ

第四十條　會議ノ事件議長及其父母兄弟若クハ妻子ノ一身上ニ關スル事アルトキハ議長ニ故障アルモノトシテ其代理者之ニ代ル可シ
議長代理者共ニ故障アルトキハ町村會ハ年長ノ議員ヲ以テ議長ト爲ス可シ」

(註)本條ハ會議ノ事件議長若クハ其父母兄弟若クハ妻子ノ一身ニ關スル場合ニ於テハ議長ニ故障アルモノトシテ其代理者ヲシテ之レニ代ラシムルヿヲ規定スルモノニシテ當理ノ事柄ナリトス蓋シ議場ニ於テ最大無限ノ權力ヲ有スル者ハ議長ナレハ議員タル者其議長一身ニ關スル事件ヲ議ス

ルニ方リテハ或ハ自己ノ本身ヲ曲ケテ討議スルノ恐レナキヲ保スヘカラサルノミナラス議長タル者亦私情ヲ以テ不正ノ議決ヲナスコアルヤモ知ルヘカラス屁シヤ之レナシトスルモ其嫌疑ハ到底免ルヽコ能ハサレハナリ

(問)本條父母トアルハ祖父母高祖父母等ヲ包含シ兄弟トハ異父異母ノ兄、弟、姉、妹ヲモ包含シ子トアルハ子孫ヲモ包含シ及ヒ養子養家ニ於ケル此等ノ親族ニモ波及スヘキモノナル乎

(答)父母トアリテ祖父母トナキヲ以テ看レハ父母ノミヲ指シタルモノナル可シ子トアリテ子孫トナキヲ以テ考フレハ子ノミヲ指シタルモノナラン然レトモ兄弟トアルハ兄、弟、姉、妹ハ勿論異父異母ノ兄、弟、姉、妹ヲモ包含スルヤ明カナリ養子養家ニ於ケル此等ノ親族ニ於テモ亦然リ

(問)會議ノ事件云々一身上ニ關スルコトアルトキハト規定アリ此意開會期間議長タルコトヲ得スト云フニ在ル乎將タ其事件ヲ議スル間ノミ議長タルヲ得スト云フニ在ル乎

(答)會議ハ一事件ノ爲メ開クアリ而シテ一事件ノ爲メ開キタル場合ニ於テ其事件議長又ハ親族ニ關スルトキハ議長ハ故障アルモノナリト雖モ若シ數事件ノ爲メ開キタルトキハ關係以外ノ事件ニ付テハ議長職ヲ行フコトヲ得ルハ勿論ナリ

(問)町村長病氣其他ノ事故アルトキハ亦本條二項ヲ適用ス可キ乎

(答)然リ病氣ノ場合ト雖モ仝樣ノ手續ニ從ハサル可カラス

(問)議長代理者共ニ云々トアリ代理者トハ三十九條ニ謂フ所ノ代理者ニシテ助役數名アルトキハ第七十條二項ニ依リ上席者代理ヲ爲ス可キモノナリ而ルニ今其上席者故障アルトキハ次席ノ助役更ニ代理者トナル可キ乎將タ上席助役一人ノミニ止マル可キ乎

(答)理事ノ塲合ニ於テハ上席助役事故アルトキハ次席助役之レカ代理ヲ爲シ順次其欠ヲ補フ可シト雖モ第三十九條ニ於テ其代理タル助役ト爲シタルハ上席者一人即チ靜定シタル有樣ニ就テ規定

シタルモノナリ故ニ其上席助役即チ代理者ニシテ故障アルトキハ議員中ノ年長者ヲ以テ之ニ充ツ可キモノトス

第四十一條　町村長及助役ハ會議ニ列席シテ議事ヲ辨明スルコトヲ得

（註）町村長ハ町村行政ノ理事者ニシテ助役ハ之ヲ補助シ又ハ其代理ヲ爲スモノナリ故ニ町村長及助役ハ其理事ノ顛末及議案ノ主旨ヲ辨明シ議會ヲシテ滿足セシムルハ當然ノ務メナリトス然レトモ町村長及ヒ助役ノ二人共ニ出テヽ辨明スルヲ要セス助役ニ於テ辨明スヘキハ事務ノ一部分ヲ担任シタルカ又ハ町村長病氣其他ノ事故アリテ辨明ノ任ニ當ルコヲ得ス若クハ町村長議長タル等ノ場合ナリトス

（問）町村長又ハ助役ニシテ第四十條ニ依リ議長タルコトヲ得サル場合ニ於テハ本條ニ依リ會議ニ列席シテ議事ノ辨明ヲ爲ス能ハサル乎

（答）議事ノ辨明ヲ爲ス可キハ理事者トシテ列席スルモノナレハ第四十條ノ故障ハ毫モ關係スル處ニ在ラス

第四十二條　町村會ハ會議ノ必要アル毎ニ議長之ヲ招集ス若シ議員四分ノ一以上ノ請求アルトキハ必ス之ヲ招集ス可シ其招集幷會議ノ事件ヲ告知スルハ急施ヲ要スル場合ヲ除クノ外少クモ開會ノ三日前タル可シ但町村會ノ議決ヲ以テ豫メ會議日ヲ定ムルモ妨ナシ

（註）本條ハ別ニ解説ヲ要セス

第四十三條　町村會ハ議員三分ノ二以上出席スルニ非レハ議決スルコトヲ得ス但同一ノ議事ニ付招集再回ニ至ルモ議員猶三分ノ二ニ滿タサルトキハ此限ニ在ラス

(註)本條ハ町村會ハ議員三分ノ二以上出席スルニアラサレハ議決スルコトヲ得サル旨ヲ定ムルモノニシテ公議ヲ重スルノ精神ニ出タルモノトス然レ𪜈若シ仝一ノ議事ニ付招集再回ニ至ルモ尙三分ノ二ニ滿タサルトキハ三回目ニ於テハ三分ノ二ニ滿タサルモ議決セサル可カラス是レ蓋シ已ムヲ得サルノ方法ナリ

(問)今數多ノ事件ヲ議スルカ爲メ町村會ヲ開キタルニ偶マ一事件ノミ議員三分ノ二ニ滿タサルカ爲メ議決ニ至ラスシテ閉會シ異日更ラニ其事件ヲ議決スルカ爲メ招集シタルニ尙又三分ノ二ニ滿タサル時ハ之ヲ以テ招集再回ニ至ルモ尙三分ノ二ニ滿サルモノトシ次回ノ招集ニ於テ三分ノ二ニ滿タサルモ議決スルヲ得可キ乎

(答)本條但書ニ於テ同一ノ議事云々トアリテ同一ノ事件云々ノ規定ナキヲ以テ議事トハ其開會ヲ要スルニ至リシ事件總体ヲ指シタルモノニシテ一事件ノミヲ指シタルニアラス故ニ今數事件ノ爲メ開會シ偶マ一事件ノ殘存スルモ之ヲ以テ議事ニ付一回ノ招集三分ノ二ニ滿タサリシモノト云フ能ハス依テ其事件ノ爲メニ特ニ再度招集シテ三分ノ二ニ滿タサルトキニアラサレハ次回ノ招集ニ於テ三分ノ二ニ滿タサルモ直チニ議決スルヲ得スト主張スルノ論者ナキニアラスト雖𪜈此說恐クハ其當ヲ得サルヘシ余輩ハ假令數事件ノ爲メニ招集スルモ一事件ハ一議事タル性質ヲ有シ唯其文字ノ異ナルノミナレハ特ニ其事件ノ爲メニ招集スルコト再回ナルヲ要セサルモノト信ス

第四十四條　町村會ノ議決ハ可否ノ多數ニ依リ之ヲ定ム可否同數ナルトキハ再議々決ス可シ若シ猶同數ナルトキハ議長ノ可否スル處ニ依ル

(註)本條ハ議決ノ方法ヲ定メタルモノニシテ即チ比較多數決ヲ採リタルモノナリ比較多數決トハ數說中其同意者ノ最モ多キ者ヲ採ルノ法ヲ云フ故ニ今玆ニ二十六人ノ出席議員アリテ其意見甲乙丙丁ノ四ニ分レ甲說ニ同意スル者八人乙說ニ同意スル者七人丙說ニ同意スル者六人丁說ニ同意ス

ル者五人ナリトセンニ甲説ノ同意者ハ出席議員ノ過半數ニ滿タスト雖モ四説ノ比較上ニ於テハ甲説ノ同意者最モ多數ヲ占ムルヲ以テ甲説ニ決スルナリ然レトモ此取決法ハ果メ道理ニ適スルモノナルヤ否ニ至テハ余輩ハ疑ナキ能ハス何トナレハ數説ノ比較上ニ於テ多數ノ同意者ヲ得ルモ出席議員ノ過半數ニ滿タサル以上ハ之レヲ以テ議會ノ一致シタル意見ト云フヲ得サレハナリ余輩ハ寧ロ過半數決ヲ採ルノ至當ナルヲ信スルモノナリ

第四十五條　議員ハ自己及其父母兄弟若クハ妻子ノ一身上ニ關スル事件ニ付テハ町村會ノ議決ニ加ハルコトヲ得ス

議員ノ數此除名ノ爲メニ減少シテ會議ヲ開クノ定數ニ滿タサルトキハ郡參事會町村會ニ代テ議決ス

(註)本條第一項ヲ設ケタルノ理由ハ第四十條ニ於テ詳述シタルト同一ナレハ今之ヲ贅セス而シテ其故障ノ爲メ議員數三分ノ二ニ滿タサルトキハ議事ヲ開ク能ハサレハ郡參事會代テ之レカ議決ヲ爲スハ是レ已ムヲ得サルニ出タル特例ナリトス

(問)本條第一項ニ議決ニ加ハルコト得スト云々トアリ然ラハ其事件ヲ討議スルノ間ハ加ハルコトヲ得可キ乎

(答)議決トハ討議シテ決スルノ意ニシテ討議々決ト區別シタルモノニアラス蓋シ討議セスシテ議決シ若クハ討議シテ議決セサルカ如キ會議法ハ佛蘭西皇帝那勃翁第一世カ三院國會ヲ起シタル以來未タ曾テ聞カサル處ナリ其討議ニ加ハルヿヲ得サルヤ論ヲ俟タス若シ討議ニ加ハルコトヲ得ルトセハ本條第二項ノ場合ニ於ケル郡參事會モ唯議決ヲ爲スノミニ止マリ討議スルヿ能ハサルモノナリト云ハサルヲ得サルニ至ラン

第四十六條　町村會ニ於テ町村吏員ノ撰擧ヲ行フトキハ其一名毎ニ匿名投票

ヲ以テ之ヲ爲シ有効投票ノ過半數ヲ得ル者ヲ以テ當撰トス若シ過半數ヲ得ル者ナキトキハ最多數ヲ得ル者二名ヲ取リ之ニ就テ更ニ投票セシム若シ最多數ヲ得ル者三名以上同數ナルトキハ議長目カラ抽籤シテ其二名ヲ取リ更ニ投票セシム此再投票ニ於テモ猶過半數ヲ得ル者ナキトキハ抽籤ヲ以テ當撰ヲ定ム其他ハ第二十二條第二十三條第二十四條第一項ヲ適用ス

前項ノ撰擧ニハ町村會ノ議決ヲ以テ指名推撰ノ法ヲ用フルコトヲ得

(註)本條ハ町村吏員選擧ノ手續ヲ示シタルモノナリ即チ議員ノ選擧法ハ其總數ヲ一時ニ選擧ス可キモノナリト雖モ吏員選擧ハ壹名每ニ之ヲ撰擧ス議員選擧ハ比較多數法ヲ用ユト雖モ吏員選擧ハ過半數法ヲ以テス是レ議員選擧ト異ナル處ナリ若シ過半數ヲ得ル者ナキトキハ最多數者二名ニ就キ再投票ヲ爲シ過半數ヲ得タル者ヲ當選トス若シ又最多數者二名以上ナルトキハ議長ハ自カラ抽籤シテ二名ヲ取リ其二名ニ就キ更ニ投票ヲ爲サシム斯クノ如クスルモ尙過半數ヲ得ル者ナキトキハ其二名ニ就キ抽籤ヲ行ヒ其當選ヲ定ム可キ者トス其他投票ノ差出方、投票有効無効ノ決定方、代人ヲシテ投票セシムル能ハサル等ノコトハ第二十二條第二十三條第二十四條第一項ヲ適用ス可キモノトス

然レ𪜈指名撰擧法ヲ用フルノ却テ便益ナル場合ナキニアラス其場合ニ於テハ先ツ町村會ニ於テ指名撰擧法ヲ用フルヤ否ヤヲ議決シ其法ヲ用フルニ決シタルトキハ各其志ス所ノ人士ヲ指名シ他議員ノ贊成ヲ得サル可カラス

(問)指名推選法ヲ用フル場合ニ於テ其當選者ヲ定ムルノ議決ハ比較多數法即チ第四十四條ニ依ル可キ乎將タ吏員選擧法ノ過半數法ヲ用フ可キヤ

(答)指名推撰法ヲ用フルヤ否ヤヲ決スルニハ通常町村會ノ議決法即チ多數決ノ法ヲ用フ可シト雖

モ當選者ヲ定ムルノ議決ハ本條第一項ノ主旨ニ準據シ過半數法ヲ用ヒサルヲ得サルナラン

（問）議員其志ス所ノ人士ヲ指名スルニ當リ其人ノ性質等他議員ノ同意ヲ得ルノ方便トナル可キ事柄ハ之ヲ陳述スル得可キヤ乎

（答）其人ノ性質氣風功績等ヲ陳述シテ賛成ヲ得ルノ方便ヲ施スハ指名推選ノ眞面目ト云フ可シ然レ𪜈他議員ノ指名シタル人士ノ私行ヲ摘發シテ其賛成ヲ妨ケントスルカ如キハ刑法ニ牴觸セサルコト、雖モ之ヲ陳述スルヲ避ケサル可カラス

第四十七條　町村會ノ會議ハ公開ス但議長ノ意見ヲ以テ傍聽ヲ禁スルコトヲ得

（註）町村會ハ町村ノ公議輿論ヲ代表スヘキ機關ナレハ其會議ハ必ス之レヲ公開シ公正無私ナルヿヲ示サヽルヘカラス然レトモ事ノ秘密ニ渉リ他人ヲシテ之レヲ知ラシメサルノ必要アル場合ニ於テハ議長ノ意見ヲ以テ傍聽ヲ禁スルヿヲ得然レトモ傍聽ヲ禁スルノ權力ヲ議長ニ附與シタルハ稍ヤ其當ヲ得サルニ似タリ蓋シ温良公平ナル議長ハ議員ノ多數カ傍聽ヲ禁ス可シ或ハ禁スルヲ要セスト爲スニ依リ其意見ニ從ヒ之レヲ決スヘシト雖𪜈万一傲慢不遜ノ議長アリテ獨斷ヲ行フトキハ强テ之レヲ制スルノ道ナケレハナリ思フニ議員ノ過半數若クハ三分ノ一以上ノ請求アルニ當リ傍聽ヲ禁スルヲ得ルト云フカ如キ方法ヲ用フル方却テ公正ナルナカラン乎

第四十八條　議長ハ各議員ニ事務ヲ分課シ、會議及撰舉ノ事ヲ總理シ、開會閉會幷延會ヲ命シ議場ノ秩序ヲ保持ス若シ傍聽者ノ公然賛成又ハ擯斥ヲ表シ又ハ喧擾ヲ起ス者アルトキハ議長ハ之ヲ議場外ニ退出セシムルコトヲ得

（註）本條ハ議長ノ職權如何ヲ示シタルモノナリ議員ニ事務ヲ分課スルトハ議事ニ付調査ヲ要スル場合ニ於テ議員ヲシテ之ヲ調査セシムルカ如キヲ云ヒ、會議選舉ノ事ヲ總理スルトハ發言討論取

決ノ順序ヲ立テ或ハ選擧又ハ其議事ヲ行フ可キコトヲスルカ如キヲ云其他ハ法文ヲ讀テ自ラ知ル事ヲ得可キナリ

第四十九條　町村會ハ書記ヲシテ議事錄ヲ製シテ其議決及選擧ノ顚末幷出席議員ノ氏名ヲ記錄セシムヘシ議事錄ハ會議ノ末之ヲ朗讀シ議長及議員二名以上之ニ署名スヘシ

町村會ノ書記ハ議長之ヲ選任ス

(註)町村會ニ於テ議決シタル事柄ハ現時將來共ニ利害ノ關係アルモノナレハ其議決ノ顚末選擧ノ終極其他出席議員ノ氏名等ヲ記錄シ置クハ極メテ必要ナリトス而シテ其議事錄ハ會議ノ終リニ於テ之ヲ朗讀シ相違ノ點ハ之ヲ修正シ其誤リナキニ至リ署名ス可キナリ

第五十條　町村會ハ其會議細則ヲ設ク可シ其細則ニ違背シタル議員ニ科ス可キ過怠金二圓以下ノ罰則ヲ設クルコトヲ得

(註)會議細則トハ發言ノ順序、討議ノ方法、出場退場ノ時期、其他議會ノ威權ヲ保持シ議事ノ亂雜ヲ防クノ方法ヲ規定スルモノヲ云フ

(問)過怠金ヲ申渡スハ何人ノ任ナリヤ

(答)議會之ヲ掌ル則チ議會ニ於テ之ヲ審理シ果シテ過怠ト認ムルトキハ二圓以下ノ範圍ニ於テ其額ヲ定メ之ヲ言渡ス可キナリ然レ𪜈議會ニ於テ臨時ニ委員ヲ設ケテ之ヲ審理セシムルモ一ノ便法ナラン

(問)過怠金ヲ言渡シタルトキハ何人カ之ヲ徴收スルヤ

(答)町村ノ收入ハ町村長之ヲ管理スルモノナレハ町村長之ヲ徴收ス而シテ現金ハ收入役之ヲ收入ス可キナリ

第五十一條　第三十二條ヨリ第四十九條ニ至ルノ規則ハ之ヲ町村總會ニ適用ス

(註)本條別ニ解説ヲ要スルコトナシ唯第三十七條ニ於テ町村會ト町村總會トノ間其權力ニ差異アルコトヲ知得スレハ可ナリ

第三章　町村行政

町村自治ノ機關ニ行政代議ノ二アルヿハ余輩ノ前ニ開陳シタル所ニシテ代議ノ機關タル町村會ノコトハ亦既ニ前章ニ於テ之レヲ説明セリ今ヤ本章ハ町村行政ノ機關タル町村吏員ノ組織撰任ノ町村吏員ノ職務權限、給料及ヒ給與等ニ關スル事項ヲ規定シタルモノナリ

凡ソ行政ニハ二個ノ區別アリ一ハ集議制ニシテ一ハ獨任制是レナリ獨任制トハ行政事務ヲ一人ニテ獨斷專行スルヲ云ヒ集議制トハ集議ニ付シ其意見ニ依リテ行爲スルモノニシテ所謂獨任制ト相表裏スルモノナリ獨任制ハ一人ノ意見ヲ以テ獨斷專行スルモノナルカ故事務ヲ神速ニ處辨シ且秘事ヲ漏サヽルノ利益アリト雖トモ專恣横斷ニ流ルヽノ弊アルヲ免レス集議制ハ所謂集議ノ在ル所ニ從ヒ事ヲ辨スルヲ以テ專恣横斷ニ流ルヽノ弊ナシト雖トモ事務澁滯、秘事漏洩等ノ恐アルハ此制度ニ免ルヘカラサル通弊ナリサレハ此二者利害殆ント相半シ卒カニ其可否ヲ論定スヘカラスト雖トモ一人ノ獨斷ニ流レンヨリハ寧ロ集議ノ鄭重ナルニ如カス然レトモ事ノ大小輕重ニ由リ一概ニ集議制ヲ以テ可ナリト斷定スヘカラス事ノ大小輕重ヲ量リ利害得失ノ存スル所ヲ察シ以テ其宜シキヲ制スルハ其レ立法者ノ任歟宜ナル哉我立法者ハ市ニ集議制ヲ用ヒ參事會ヲ以テ市行政ノ機關トシ町村ニハ獨任制ヲ用ヒ町村長及ヒ其助役ヲ以テ町村行政ノ機關ト爲シタリ蓋シ立法者ノ意町村行政ハ專ラ其簡易迅速ナルヲ要シ且ツ集議制ヲ用ヒントスルモ實際此制ニ要スル人士ヲ得難キ等ノ事情ヲ慮リタルニ在ル歟然リト雖トモ其得失如

何ハ余輩請フ此制ノ實施ヲ俟テ而シテ後之レヲ許セン

第壹欵　町村吏員ノ組織撰任

第五十二條　町村ニ町村長及助役各一名ヲ置ク可シ但町村條例ヲ以テ助役ノ定員ヲ増加スルコトヲ得

(註)本條ハ町村吏員ノ組織如何ヲ規定シタルモノナリ即チ町村ニハ町村長一名町村助役一名ヲ置キ以テ自治事務ヲ處辨スヘキモノトス然レトモ土地廣濶人口稠密ノ町村ニ在リテハ其事務自ラ多端ニシテ到底一二名ノ能ク處辨シ得ヘキモノニアラス故ニ斯クノ如キ場合ニ於テハ町村條例ヲ以テ其定員ヲ增加シ三名五名若クハ十名ト爲スヿヲ得ルナリ

助役ハ町村長ヲ補佐シ其協議ニ與リ若クハ其代理ヲ爲シ又ハ一部ノ事務ヲ分擔スルモノトス然レトモ助役ノ協議ニ與ルト云フヲ以テ之レヲ集議制ト同一視スヘカラス集議制ニ在リテハ其集議ノ決スル所ニ從ヒ事務ヲ經理スヘキモノナリト雖氏町村長ハ必スシモ助役ノ意見ニ從フノ義務ナシ只之レヲ參考ニ供スルノミ

第五十三條　町村長及助役ハ町村ニ於テ其町村公民中年齡滿三十歳以上ニシテ撰擧權ヲ有スル者ヨリ之ヲ撰擧ス

町村長及助役ハ第十五條第二項ニ揭載スル職ヲ兼ヌルコトヲ得ス

父子兄弟タルノ縁故アル者ハ同時ニ町村長及助役ノ職ニ在ルコトヲ得ス若シ其縁故アル者助役ノ選擧ニ當ルトキハ其當選ヲ取消シ其町村長ノ選擧ニ當リテ認可ヲ得ルトキハ其縁故アル助役ハ其職ヲ退ク可シ

(註)本條ハ町村長及ヒ助役トナリ得ヘキモノヽ資格及選擧ノ手續ヲ規定シタルモノナリ即チ町村長及ヒ助役トナリ得可キモノハ左ノ三條件ヲ具備スルコトヲ要ス

一、町村公民タルコト
二、選擧權ヲ有スルコト
三、年齡滿三十歳以上ナルコト
右三個ノ條件ヲ具備シテ始メテ町村長及ヒ助役ニ撰擧セラルヽコトヲ得而シテ其撰擧ス可キ權アルモノハ町村會ニシテ其撰擧手續ハ第四十六條ニ依ル可キモノトス
町村長及ヒ助役ハ第十五條第二項ニ記載シタル職務ヲ兼ヌルコトヲ得ス故ニ此等ノ職務ヲ有スル者町村長助役ニ選擧セラレタルトキハ其職務ヲ抛テヽ之ニ應セサル可カラス何トナレハ此等ノ職務アルモノト雖モ被選擧權ヲ失ヒタルモノニ非レハ其選擧ニ應スルノ義務アルヤ言フヲ俟タサレハナリ但シ第八條第三項四ニ依リ辭退シ得可キ者及ヒ六ニ依リ義務ヲ免セラレタル者ハ格別ナリトス
助役ノ職務ハ單ニ町村長ノ事務ヲ補佐シ町村長事故アル時ノ代理ヲ爲シ或ハ事務ノ一部ヲ分担スルニ止マルモノナリト雖モ法律ハ尚其精神ニ於テ別ニ一個ノ希望ヲ屬セルモノアリ即チ助役ヲシテ町村長ノ行爲ヲ監察セシムルコ是レナリ然ルニ町村長助役ノ間父子兄弟ノ緣故アルトキハ充分監察ノ目的ヲ達スル能ハサルノ恐レアリ是レ本條第二項ノ規定アル所以ナリ故ニ町村長ト父子兄弟ノ緣故アル者後ニ町村長ニ選擧セラレタルトキハ先ツ其認可ヲ得ルノ手續ヲ爲シ果シテ認可ヲ得タルトキハ助役ハ其職ヲ退ク可キモノトス此規定ハ甚タ不權衡ナルカ如シト雖モ蓋シ町村長タルノ人士ハ得難ク助役タルノ人士ハ稍得易シトノ推測ヨリ出テタルモノナル可シ
(問)第十五條第三項四項ノ規定ハ本條ニ適用セサル乎
(答)然リ本條ニ明文ナキヲ以テ適用スル能ハサルナリ然レトモ第十五條四項ニ代言人ニアラスシテ類似ノ業ヲ爲ス者ハ議員ニ選擧セラルヽコトヲ得スト規定シナカラ之ヲ町村吏員ニ採用スルコ

ヲ得ルト云フニ至テハ前後矛盾スル所アルニ似タリ是レ或ハ法文ノ不備ニアラサル乎

(問)父子兄弟ノ緣故アル者仝時ニ町村長助役ニ選擧セラレタルトキハ何レヲ採用ス可キ乎

(答)本條二項ノ精神ヨリ考フルトキハ先ツ町村長ニ選擧セラレタル者ノ認可ヲ受クルノ手續ヲ爲シ其認可ヲ受ケタルトキハ助役ノ選擧ハ取消シ若シ認可ヲ得サルトキハ助役ニ選擧セラレタル者ノ認可ヲ受クルノ手續ヲ爲サヽル可カラス

(問)父子兄弟トアルハ養父子異父異母ノ兄弟養家ノ兄弟ヲモ包含スルヤ

(答)父子トハ實養父子ヲ包含シ兄弟トハ實兄弟異父異母ノ兄弟養家ノ兄弟ヲモ包含ス是レ養子養家ニ於ケル親族例ハ實家ニ同シトアル法律ニ依ルノミナラス本條ヲ規定シタル精神ヨリ考フルトキハ養父子兄弟ヲモ忌避セサルヘカラサルヤ明カナレハナリ

第五十四條　町村長及助役ノ任期ハ四年トス

町村長及助役ノ撰擧ハ第四十六條ニ依テ行フ可シ但投票同數ナルトキハ抽籤ノ法ニ依ラス郡參事會之ヲ決ス可シ

(註)本條ハ町村長助役ノ任期其他選擧手續ヲ規定シタルモノニシテ別ニ解説ヲ要セスト雖モ本條但書ニ抽籤法ニ依ラス云々ノ規定アリ此抽籤トハ第四十六條第一項末文再投票ニ於テ過半數ヲ得タル者ナキトキハ抽籤ヲ以テ當選者ヲ定ム可キノ規定ヲ指シタルモノニシテ町村長助役ノ如キハ可及的其人才ヲ登用セサル可カラサルモノナリ然ルニ假令投票數同シキモ知識ノ優劣等アルハ免カル可カラサル所ナレハ抽籤ノ如キ偶成法ヲ用ヒス郡參事會ヲシテ之ヲ選擢セシムルノ方法ヲ設ケタルハ蓋シ其當ヲ得タルモノナリ

第五十五條　町村長及助役ハ名譽職トス但第五十六條ノ有給町村長及有給助役ハ此限ニ在ラス

町村長ハ職務取扱ノ爲メニ要スル實費辨償ノ外勤務ニ相當スル報酬ヲ受クルコトヲ得助役ニシテ行政事務ノ一部ヲ分掌スル場合（第七十條第二項）ニ於テ亦同シ

（註）町村長助役ヲ名譽職ト爲シタルハ町村ノ負担ヲ輕カラシメンカ爲メナリ然レトモ地方ノ狀況ニ依リテハ名譽職ヲ得難キコトアリ其場合ニ於テハ有給ノ町村長助役ヲ設クルコトヲ得之レ本條第一項但書ノ規定アル所以ナリ

名譽職ナル町村長助役ハ俸級ヲ受ケサルハ勿論ナリト雖モ其職務ヲ取扱フニ要スル費用ヲモ尙之ヲ自辨セサルヲ得ザルモノトセハ其極遂ニ一家ノ資産ヲ擧ケテ公益ノ犧牲ニ供スルニ至ル見レ本條第二項ニ於テ實費ノ辨償ヲ受クルヿヲ得可キ規定アル所以ナリ且町村長ハ其町村ノ公務繁劇ニシテ一家ノ事務ヲモ經理スルヿヲ得サル等ノ場合ニ於テハ相當ノ報酬ヲ受クルコトヲ得助役ニシテ一部ヲ分任スル場合ニ於テモ亦然リトス世間或ハ町村長トナレハ其事務ノ繁簡ニ拘ハラス報酬ヲ與フ可キモノナル可シトノ考ヲ有スル人ナキヲ保セスト雖モ本條ノ精神決シテ斯ノ如キニアラサルナリ

（問）本條ニ於テ職務取扱ニ要スル實費辨償云々トアリ其實費トハ薪炭油筆墨紙等買入ノ費用ヲモ包含スル乎將タ旅費辨當料等ノミヲ指シタル乎

（答）已ニ職務取扱ニ要スル實費ト云フトキハ旅費辨當料ニ止マラス筆墨紙薪炭油等凡テ職務取扱ニ要スル費用ヲ包含スルハ勿論ナリ加之ナラス自治ノ事務ヲ執ルノ費用タルト官行政ノ事務ヲ行フノ費用タルトノ區別モ亦要セサルヘシ

第五十六條　町村ノ情況ニ依リ町村條例ノ規定ヲ以テ町村長ニ給料ヲ給スルコトヲ得又大ナル町村ニ於テハ町村條例ノ規定ヲ以テ助役一名ヲ有給吏員

ト爲スコトヲ得

有給町村長及有給助役ハ其町村公民タル者ニ限ラス但當撰ニ應シ認可ヲ得ルトキハ其公民タルノ權ヲ得

(註)本條ハ町村長ヲ有給吏員ト爲スコトヲ得ルノ特例ヲ與ヘタルナリ此法律ニ於テハ名譽職町村長助役ヲ設クルヲ本旨トスレ𪜈現今我國ノ情況ヲ察スルニ智識ヲ有スル者ハ財產ヲ有セス財產ヲ有スル者ハ智識ヲ有セサルノ歎アリ語ヲ換ヘテ之レヲ言ヘハ智識アルモノハ無給ノ名譽職ニ堪ユル能ハス財產アルモノハ公共ノ政務ヲ執ルノ才能ニ乏シキカ如キ虞アルヲ免レス是レ本條ノ設ケアル所以ナリ

助役ハ地方ノ情況及ヒ事務ノ繁簡ニ依リ其定數ヲ增加スルヿヲ得ヘキハ第五十二條ノ規定スルノ所タルノミナラス本條ニ於テハ又助役一名ヲ有給吏員ト爲スコトヲ得ヘキ旨ヲ規定セリ是レ其町村ノ事務繁劇ニシテ助役一人ハ必ス一身ヲ公共ノ爲メニ委子サル可カサルカ若クハ名譽職助役數名ヲ得ル能ハサル塲合ナキヲ保セサレハナリ

有給町村長又ハ有給町村助役トナルヘキモノヽ資格ヲ制限スルトキハ適當ノ人物ヲ得ル能ハサルノ恐レナキヲ保セス是レ本條第二項ニ於テ其町村公民タル者ニ限ラスト規定シタル所以ナリ

又公民權ヲ有セサル者有給町村長及有給町村助役ノ當選ニ應シ認可ヲ得タル𪜈ハ公民タルノ權ヲ得然レトモ是レ其職務ニ付着シタルモノナレハ職務ヲ失フト共ニ消滅スルモノトス

(問)本條第一項ニ於テ大ナル町村ニ於テ云々助役一名ヲ有給吏員ト爲スコトヲ得ト規定アリ然ラハ助役數名ヲ置ク町村ニ限リ其内一名ヲ有給ト爲スヲ得可キモノナル乎

(答)助役一名ヲ有給ト爲スコトヲ得トアルヲ以テ助役數名ヲ置ク町村ニ限リ適用スヘキカ如シト雖モ助役數名ヲ置クコト規定シタル第五十二條但書ト本條第一項トハ敢テ密接ノ關係ヲ有スルモ

ノニアラス加之法律ノ精神モ亦決シテ然ラサルヲ知ル可シ何トナレハ今大ナル町村ニ於テ事務繁劇ニシテ助役數名ヲ置クノ必要アリトスルモ其人士ヲ得難クシテ寧ロ助役一名ヲ有給トシテ公共ノ事務ニ一身ヲ委ネシムルノ却テ利益ナル場合ニ於テハ第五十二條但書ヲ墨守セント欲スルモ得可カラサレハナリ故ニ助役一名ヲ置キテ尙之ヲ有給ト爲スコトヲ得ヘキモノト信ス

(問)有給町村長又ハ助役トナリ得ルハ其町村公民ニ限ラストアリ然ラハ何人ト雖モ選擧セラルヽコトヲ得可キ乎

(答)本條ハ町村吏員選任ノ區域ヲ廣クシ人材ヲ得ルノ途ヲ開キタルモノナリト雖モ何人ト雖モ選擧セラルヽコトヲ得ト云フ能ハス必スヤ左ノ條件ヲ具備セサル可カラス

一、日本帝國ノ臣民タル事

二、男子タル事

三、公權ヲ有スル事

四、治產ノ禁ヲ受ケサル事

五、滿三十歲以上ナル事

論者ハ曰ク其町村公民タル者ニ限ラストアルヲ以テ他町村公民タルモノナラサル可カラス否ラサレハ選擧權ヲ有スルコト一條件ヲ適用ス可キ場合ヲ生セスト此說從フヘカラス何トナレハ彼ノ選擧權ヲ有スルコトノ一條件ハ町村公民タルノ條件ト相俟テ離ル可カラサルモノニシテ已ニ其町村公民タル者ニ限ラストスル以上ハ復タ其町村ニ於テ選擧權ヲ有スルヿヲ要セサレハナリ

第五十七條 有給町村長及有給助役ハ三ヶ月前ニ申立ツルトキハ隨時退職ヲ求ムルコトヲ得此場合ニ於テハ退隱料ヲ受クルノ權ヲ失フモノトス

(註)名譽職員ハ法律ニ於テ隨意ニ辭職スルコトヲ許サストモ有給吏員ニ對シテハ此制裁ヲ設ケ

ス唯後任選擧ノ日時ヲ要スルカ爲メ三ケ月前ニ申立ツルノ一制裁ヲ附シタルノミ故ニ申立後三ケ月ニシテ後任選定ナキモ退職スルコトヲ得ルノミナラス町村モ亦後任者ヲ選定シタルトキハ三ケ月ニ滿タサルモ前任者ヲ退職セシムルコトヲ得ルナリ

第五十八條　有給町村長及有給助役ハ他ノ有給ノ職務ヲ兼任シ又株式會社ノ社長及重役トナルコトヲ得ス其他ノ營業ハ郡長ノ認許ヲ得ルニ非レハ之ヲ爲スコトヲ得ス

(註)本條ハ兼任事務ノ爲メ町村事務ヲ曠フスルコアランヲ恐レ之レヲ禁シタルモノナリ

第五十九條　町村長及助役ノ撰擧ハ府縣知事ノ認可ヲ受ク可シ

(註)町村長及助役ハ單ニ町村自治ノ事務ヲ執行スルニ止マラス國家府縣郡ヨリ委任ヲ受ケタル官行政ノ事務ヲモ執行スルモノナレハ其人物ノ適否ハ此等ノ事務ニモ影響スルノミナラス其自治事務ニ於ケルモ其人ヲ得サレハ施テ國家ノ不利ヲ來スモノナレハ上官ニ於テ多少ノ監督ヲ行フハ亦已ムヲ得サルコト謂フヘシ是レ本條ニ於テ町村長及ヒ助役ノ選擧ハ府縣知事ノ認可ヲ受クヘシト定メタル所以ナリ

第六十條　府縣知事前條ノ認可ヲ與ヘサルトキハ府縣參事會ノ意見ヲ聞クコトヲ要ス若シ府縣參事會同意セサルモ猶府縣知事ニ於テ認可ス可カラストスルトキハ自已ノ責任ヲ以テ認可ヲ與ヘサルコトヲ得

府縣知事ノ不認可ニ對シ町村長又ハ町村會ニ於テ不服アルトキハ內務大臣ニ具申シテ認可ヲ請フコトヲ得

(註)前條ニ於テ解說シタルカ如ク町村長及助役ノ選擧ハ府縣知事ノ認可ヲ受ク可キモノトス而シテ府縣知事ニ於テ認可ヲ與フルトキハ町村ノ意旨ト監督者ノ意旨ト一致シタルモノナレハ別段ノ

手續ヲ要セスト雖モ若シ認可ヲ與ヘサルトキハ府縣參事會ノ同意ヲ得サル可カラス是レ府縣知事ノ專横ヲ防クノ方法ナリトス然レ𪜈參事會ノ同意セサルモ尙府縣知事ハ之レヲ斷行セント欲スル𪜈ハ其不認可ニ對スルノ責ヲ自己一人ニ引受ケ不認可ヲ爲スコト得是レ甚タ不穩當ナルカ如シト雖モ府縣知事ハ國家ノ代理者タルノ權力ヲ有スルモノナレハ此不認可權ヲ與フルハ蓋シ亦已ムヲ得サルニ出テタル乎而シテ若シ知事ノ不認可ニ對シ町村會町村長ニ於テ不服アルトキハ內務大臣ニ具申シテ認可ヲ請フコトヲ得然レ𪜈內務大臣ニ具申スルハ決シテ訴願ヲ爲スニアラス上部ノ監督官廳ニ處分ヲ請フニ止マルナリ

(問)本條第二項府縣知事ノ不認可ニ對シ云々トアリ其不認可トハ知事一己ノ責任ヲ以テシタル塲合ノミヲ指シタル乎將タ參事會ノ同意シタル塲合ヲモ包括スル乎

(答)參事會ノ同意シタル塲合ト雖モ參事會其者カ不認可ヲ爲スニアラスシテ知事ニ於テ不認可ヲ爲スモノナレハ第二項府縣知事ノ不認可云々ハ廣ク之ヲ解スルヲ至當トス

(問)參事會ノ意見ヲ聞ク可キ塲合ニ於テ其意見ヲ聞カスシテ不認可ヲ爲シタル𪜈ハ其處分ハ當然無効ニ屬ス可キヤ將タ取消シ得可キモノナルヤ

(答)斯クノ如キハ單ニ其手續ヲ誤タルモノナレハ關係者ニシテ之レカ取消ヲ求メサル以上ハ効力ヲ有スルモノトス

第六十一條　町村長及助役ノ選擧其認可ヲ得サルトキハ再選擧ヲ爲ス可シ

再選擧ニシテ猶其認可ヲ得サルトキハ追テ選擧ヲ行ヒ認可ヲ得ルニ至ルノ間認可ノ權アル監督官廳ハ臨時ニ代理者ヲ選任シ又ハ町村費ヲ以テ官吏ヲ派遣シ町村長及助役ノ職務ヲ管掌セシム可シ

(註)町村長助役ノ選擧其認可ヲ得サルトキハ町村會ハ幾回ニテモ選擧スルヲ得可シト雖モ再選尙

認可ヲ得サルトキハ其認可ヲ受クルニ至ルマテ監督官廳ハ代理者ヲ選任シ又ハ官吏ヲ派遣シ以テ自治及官治ノ事務ヲ澁滯セシメサルヲ計ルヘキモノトス而シテ其臨時代理者トシテ選任ス可キ人士ハ如何ナル資格ヲ備フルコヲ要スルヤ否ハ本條ニ規定ナキヲ以テ監督官廳ノ見込ヲ以テ其任ニ堪ユルモノヲ選擧スルモノナリト解セサルヘカラス

（問）本條第二項ニ規定スル臨時代理者ヲ選任シ又ハ官吏ヲ派遣ス可キ塲合ハ町村長助役共ニ欠員ノ塲合ニノミ適用ス可キヤ將一方ノミ欠員ノ塲合ニモ亦適用ス可キ乎

（答）本條ニ於テハ町村長助役同時ニ欠員シタル塲合ノミヲ認メタルニアラサレハ一方欠員ノ塲合ニ於テ本條第二項ヲ適用スルモ之ヲ越權ノ處分ト爲ス能ハスト雖モ實際ニ於テ一方在職スルトキハ本條ヲ適用スルノ塲合ヲ生スルコトハ稀ナル可シ

第六十二條　町村ニ收入役一名ヲ置ク收入役ハ町村長ノ推薦ニ依リ町村會之ヲ選任ス

收入役ハ有給吏員ト爲シ其任期ハ四年トス

收入役ハ町村長及助役ヲ兼ヌルコトヲ得ス其他第五十六條第二頃第五十七條及第七十六條ヲ適用ス

收入役ノ選任ハ郡長ノ認可ヲ受ク可シ若認可ヲ與ヘサルトキハ郡參事會ノ意見ヲ聞クコトヲ要ス郡參事會之ニ同意セザルモ郡長ニ於テ認可ス可カラスト爲ストキハ自己ノ責任ヲ以テ之ニ認可ヲ與ヘザルコトヲ得其他第六十一條ヲ適用ス郡長ノ不認可ニ對シ町村長又ハ町村會ニ於テ不服アルトキハ府縣知事ニ具申シテ認可ヲ請フコトヲ得

收入支出ノ寡少ナル町村ニ於テハ郡長ノ許可ヲ得テ町村長又ハ助役ヲシテ

収入役ノ事務ヲ兼掌セシムルコトヲ得

(註)本條ハ收入役ノ選擧法任期其他不認可ノ塲合ニ於ケル手續等ヲ示シタルモノナリ
抑モ收入役ハ町村ノ出納ヲ整理シ町村長ノ專横若クハ過誤ヲ未然ニ防ク所以ノ者ナレハ其任ヤ重ク其責ヤ大ナリ之レガ選任ニ於ケル亦之レヲ鄭重ニセサルヘカラス即チ收入役ハ町村長ニ於テ人士ヲ選擢シ以テ町村會ノ撰任ヲ求メ郡長ノ認可ヲ受クヘキモノトス然レトモ郡長ニ於テ之レガ認可ヲ與ヘサルトキハ郡參事會ノ意見ヲ聞キ之レヲ決スヘシ若シ郡參事會郡長ノ意見ニ反スルモ尙郡長ニ於テ認可スヘカラスト爲ストキハ郡長ハ自己ノ責任ヲ以テ不認可ヲ斷行スルヿヲ得是レ猶ホ府縣知事カ町村長又ハ助役ノ選擧ニ付不認可ヲ爲スノ塲合ニ異ナラス其他前條ノ解釋ヲ參照セハ本條ハ自ラ了解スルヿヲ得ヘキヲ以テ復タ贅セス

(問)本條末項ニ規定アルカ如ク町村長若クハ助役ニ收入役ノ事務ヲ兼掌セシムル塲合ニ於テハ給料若クハ手當ヲ與フ可キヤ

(答)收入役ハ有給吏員ナレハ給料ヲ與フルハ當然ナレトモ町村長若クハ助役ニシテ收入役ノ事務ヲ兼掌スルモ收入役ノ給料ヲ與フルノ限ニアラス但シ其事務ニ相當ノ報酬又ハ手當ヲ給スルハ格別ナリトス其報酬又ハ手當ヲ支給スルヤ否ハ宜シク町村條例ニ規定ス可キナリ

(問)本條第一項推薦ニ依リ云々トアリ然ラハ町村長ノ推薦シタル人士ハ必ス町村會ニ於テ選任ス可キモノナル呼將タ其人士町村會ニ於テ不適當トナシ選任セサリシトキハ更ニ他ノ人士ヲ推薦セシム可キ乎果シテ然ラハ町村長ノ推薦シタル人士遂ニ町村會ノ選任セサル所トナレハ如何ス可キヤ

(答)町村長ノ推薦シタル人士ト雖モ町村會ニ於テ不適當ト爲ストキハ投票半數ヲ得サル可シ然ルトキハ更ニ推薦セサル可カラス而シテ町村長ノ推薦スル所悉ク選任ヲ得サルカ如キハ實際ニ於テ

アル可カラサルコトナルヘシト雖トモ若シ斯如ニ至レハ臨機ノ處分ヲ爲サヽル可カラス思フニ町村長ハ自カラ推薦スル所ヲ止メテ町村會ヲシテ適宜選任セシメハ可ナラン乎

第六十三條　町村ニ書記其他必要ノ附屬員幷使丁ヲ置キ相當ノ給料ヲ給ス其人員ハ町村會ノ議決ヲ以テ之ヲ定ム但町村長ニ相當ノ書記料ヲ給與シテ書記ノ事務ヲ委任スルコトヲ得町村附屬員ハ町村長ノ推薦ニ依リ町村會之ヲ選任シ使丁ハ町村會長之ヲ任用ス

(註)本條ハ附屬員選任ノ手續ヲ規定シタルモノナリ町村行政ノ事務ハ町村長助役アリテ之ヲ整理スト雖モ其指揮命令ヲ受ケテ書記計算記簿ノ事ヲ掌ル處ノ附屬員ナカルヘカラス加之ナラス世運ノ進歩ニ從ヒ種々ナル事業ヲ起スニ至リテハ或ハ技術家等ヲ雇入ルヽノ必要ヲ生スルヿモアル可シ尤モ此等ノ人士ヲ雇入ルヽハ通常雇入ノ手續ヲ以テスルアリ或ハ有給助役トスルコトアル可シト雖モ多クハ有給附屬員トシ雇入ルヽモノナル可シ而シテ本條ニ依リ附屬員ヲ登用スルニハ先ツ町村會ノ議決ヲ以テ其人員ヲ定メ而シテ後町村長其適當ノ人士ヲ推薦シ町村會ヲシテ選任セシムルハ収入役ヲ選任スルト異ナルコトナシ唯使丁ニ在テハ行政事務ニ關係セサルモノナレハ町村長ヲシテ自由ニ選任セシムルモノナリ

本條第一項但書ハ事務ノ簡ナル小町村ノ爲メニ費用節減ト事務ノ紛雜ヲ避クルトノ目的ヲ以テ規定シタルモノナリ

書記其他必要付屬員幷ニ使丁ノ人員ヲ定ムル町村會ノ議決ハ條例ニ規定スルヲ要セサルモノナレハ從テ認可ヲ受クルヿヲ要セス

第六十四條　町村ノ區域廣濶ナルトキ又ハ人口稠密ナルトキハ處務便宜ノ爲メ町村會ノ議決ニ依リ之ヲ數區ニ分チ每區區長及其代理者各一名ヲ置クコ

トヲ得區長及其代理者ハ名譽職トス

區長及其他代理者ハ町村會ニ於テ其町村ノ公民中選擧權ヲ有スル者ヨリ之ヲ選擧ス區會(第百十四條)ヲ設クル區ニ於テハ其區會ニ於テ之ヲ選擧ス

(註)土地擴濶ナルトキハ行政事務ヲ一所ニ取扱フノ不便多クヘ人民ニ在リ人口稠密ナルトキハ行政事務ヲ一所ニ扱フノ不便多クハ理事者ニ在リ是レ本條ニ於テ町村ヲ數區ニ分チ區長ヲ設クルコトヲ得セシメタル所以ナリ而シテ此區ナルモノハ第百十四條ニ依リ獨立シタルトキハ格別通常獨立ノ自治体ニアラス唯行政處務便利ノ爲メニ設クルモノナレハ其區長タル者モ獨立ノ職權ヲ有スルモノニアラス尙ホ此等ハ第七十三條第百十四條ニ至リ說明セム區長及代理者トナルヲ得可キモノハ其町村公民ニシテ撰擧權ヲ有スルコトヲ要ス其撰擧ハ町村會ノ職掌ナリト雖モ若シ第百十四條ニ依リ區ヲ獨立自治体ト爲シ區會ヲ設クル塲合ニ於テハ其區會ヲシテ選擧セシムルモノトス

第六十五條　町村ハ町村會ノ議決ニ依リ臨時又ハ常設ノ委員ヲ置クコトヲ得其委員ハ名譽職トス

委員ハ町村會ニ於テ町村會議員又ハ町村公民中擧權ヲ有スル者ヨリ選擧シ町村長又ハ其委任ヲ受ケタル助役ヲ以テ委員長トス

常設委員ノ組織ニ關シテハ町村條例ヲ以テ別段ノ規定ヲ設クルコトヲ得

(註)本條ハ町村ニ臨時若クハ常設ノ委員ヲ設クルコトヲ得ル旨ヲ規定シタルモノニシテ其主旨ハ町村人民ヲシテ普ク行政代議ノ両事務ニ習熟セシメ且議事者理事者ノ間ヲシテ圓滑ナラシメ及ヒ專務吏員ノ闕漏ヲ補ハシメントスルニ在リ臨時委員トハ某事務ノ生スルニ當リ其事務ノ結了ニ至ル迄ノ間設クルモノヲ云ヒ常設委員トハ一定シタル事務ニ付常ニ設ケ置クモノヲ云フ

委員ノ職務如何ハ第七十四條ノ規定スル所ニシテ一個專門ノ事務ヲ分擔セシムルヿアリ又數個ノ事務ヲ兼理セシムルヿアリ例之ハ土木委員ヲ設ケテ特ニ町村內土木事業ノミヲ擔當セシムルハ一個專門ノ事務ニ屬スルモノニシテ一委員ヲシテ勸業、衛生兩事務ヲ擔當セシムル如キハ兼理事務ニ屬スルモノナリ然レトモ人各能アリ不能アリ彼ニ達スルモ此ニ通セサルアリ其萬事ニ通スルノ才能ヲ有スル者ハ極メテ稀ナレハ一ノ委員ヲ以テ數事務ヲ兼理セシメンヨリハ寧ロ適當ナル專門事務ヲ分擔セシムルノ有益ナルニ如カサルヘシ

委員ハ町村會ニ於テ町村會議員又ハ町村公民中選擧權ヲ有スル者ヨリ選擧シ町村長若クハ其委任ヲ受ケタル助役ヲ以テ委員長トス然レトモ地方ノ情況ニ依リテハ適當ナル數名ノ委員ヲ設ケ會議法ロ依リ處辨スルヿ能ハサル場合モアラン故ニ常設委員ノ組織ニ關シテハ町村條例ヲ以テ別段ノ規定ヲ設クルヿヲ得ヘキモノトス

終リニ臨ミ一言注意スヘキハ區長ト委員トノ區別ヲ混淆スヘカラサル事是レナリ世間或ハ數個町村ヲ合併シテ一町村ト爲ストキハ各部落ニ惣代ノ如キモノヲ置カサルヘカラス之レニ代フルモノハ即チ委員ナリト想像スルモノナキニアラスト雖圧倆ハ謬見ノ甚シキモノナリ宜シク第七十三條第七十四條ノ法文ヲ讀テ其區別ノ在ル所ヲ知了スヘキナリ

(問)有給町村吏員ト雖圧委員ヲ兼ヌルヿヲ得ル乎

(答)委員、區長トナルヲ得ヘキ者ハ公民ニシテ選擧權ヲ有スルノ條件ヲ要スルニ止マリ別ニ制限ナキ以上ハ委員ヲ兼スルニ於テ毫モ差閊ナカルヘシ

第六十六條 區長及委員ニハ職務取扱ノ爲メニ要スル實費辨償ノ外町村會ノ議決ニ依リ勤務ニ相當スル報酬ヲ給スルコトヲ得

(註)本條ハ第五十五條二項ヲ參照セハ自ラ了解スルヿヲ得ヘキヲ以テ敢テ說明ノ勞ヲ執ラス

第六十七條　町村吏員ハ任期滿限ノ後再選セラルヽコトヲ得
町村吏員及使丁ハ別段ノ規定又ハ規約アルモノヲ除クノ外隨時解職スルコトヲ得

（註）本條ニ所謂町村吏員トハ名譽職ヲ包含セス
有給吏員及使丁ハ別段ノ規定規約等アルニ非レハ何時ニテモ退職シ又ハ解職スルコトヲ得、別段ノ規定トハ第五十七條第六十二條ノ如キ場合及町村條例ニ規定シタル場合ヲ云ヒ別段ノ規約トハ吏員雇入ノ際臨時解職セス又退職セサル契約ヲ爲シタルカ如キ場合ヲ云フ

第二款　町村吏員ノ職務權限

第六十八條　町村長ハ其町村ヲ統轄シ其行政事務ヲ擔任ス
町村長ノ擔任スル事務ノ概目左ノ如シ

一　町村會ノ議事ヲ準備シ及其議決ヲ執行スル事
若シ町村會ノ議事其他權限ヲ越エ法律命令ニ背キ又ハ公衆ノ利益ヲ害スト認ムルトキハ町村長ハ自己ノ意見ニ依リ又ハ監督官廳ノ指揮ニ依リ理由ヲ示シテ議決ノ執行ヲ停止シ之ヲ再議セシメ猶其ノ議決ヲ更メザルトキハ郡參事會ノ裁決ヲ請フ可シ其ノ權限ヲ越ヘ又ハ法律勅令ニ背クニ依テ議決ノ執行ヲ停止シタル場合ニ於テ府縣參事會ノ裁決ニ不服アル者ハ行政裁判所ニ出訴スルコトヲ得
二　町村ノ設置ニ係ル營造物ヲ管理スル事若シ特ニ之ガ管理者アルトキハ其事務ヲ監督スル事
三　町村歲入ヲ管理シ歲入出豫算表其他町村會ノ議決ニ依テ定マリタル收

入支出ヲ命令シ會計及出納ヲ監視スル事

四　町村ノ權利ヲ保護シ町村有ノ財産ヲ管理スル事

五　町村吏員及使丁ヲ監督シ懲戒處分ヲ行フ事其懲戒處分ハ譴責及五圓以下ノ過怠金トス

六　町村ノ諸證書及公文書類ヲ保管スル事

七　外部ニ對シテ町村ヲ代表シ町村名義ヲ以テ其訴訟幷和解ニ關シ又ハ他廳若クハ人民商議スル事

八　法律勅令ニ依リ又ハ町村會ノ議決ニ從テ使用料手數料町村税及夫役現品ヲ賦課徴收スル事

九　其他法律命令又ハ上司ノ指令ニ依テ町村長ニ委任シタル事務ヲ處分スル事

（註）本條ハ町村長ノ職務如何ヲ規定シタルモノナリ蓋シ町村長ハ町村ノ主宰者ニシテ統御ノ權ヲ有シ其行政事務ヲ擔任處理スルモノトス其事務之レヲ大別シテ二トス曰ク自治事務曰ク他治事務是レナリ町村内部ニ於ケル自治事務ニ付テハ町村長本人タルノ資格ヲ以テ行フモノニシテ獨裁權ヲ有シ他治事務ニ付テハ法律命令又ハ上司ノ委任ニヨリ代理者タルノ資格ヲ以テ行ヒ代理權ヲ有スルニ止マルモノトス左ニ本條規定ノ町村長職務中其解説ヲ要スルモノヽミニ付説明セム

（一）町村會ノ議事ヲ準備シ及ヒ其議決ヲ執行スル事○町村會ノ議事ヲ準備スルトハ原案ヲ調成シ財産明細表ヲ作ルカ如キ者ヲ云ヒ議決ヲ執行スルトハ町村會ノ議決シタル所ノ事柄ヲ實地ニ施行スルヲ云フ然リト雖𪜈此議決ナルモノハ町村會ノ權内ニ在リテ且町村ノ利益ヲ增進シ一般ノ公益ヲ傷害セサルモノナラサル可カラス故ニ若シ町村會ノ議決ニシテ越權違法ノ行爲アル乎若クハ其權

内ト雖モ町村ノ利益ヲ害シ又ハ一般公益ヲ害スト認ムルトキ又ハ此等ノ理由アリトシテ監督官廳ヨリ指揮アリタルトキハ町村長ハ其越權違法若クハ公益ヲ害スルノ理由ヲ示シテ其議決ノ執行ヲ停メ之ヲ再議ニ付スルコトヲ得若シ再議ニ付スルモ尚前議決ヲ改メサルトキハ町村長ハ之ヲ郡參事會ニ訴願シ裁決ヲ請ハサル可カラス郡參事會ノ裁決ニ不服アル者ハ府縣參事會ニ訴願シ尚ホ其裁決ニ不服アルトキハ其事件法律命令ニ背キタルコト即チ越權違法ノ所爲ナルトキハ權利ノ爭ニ屬スルモノナルヲ以テ行政裁判所ニ訴訟シ其他ノ場合即チ公益ヲ害スト認メ或ハ上官廳ノ命令ニ背キタル場合ニ於テハ内務大臣ニ訴願スルコトヲ得ルナリ然レトモ町村長タルモノハ宜シク公平無私ノ心ヲ以テ議決ノ當否ヲ監察セサル可カラス若シ己レノ意見ニ反對スルノミヲ以テ町村ノ利益ヲ害スルモノト爲シ本項ヲ適用スルカ如キコトアレハ啻ニ町村會ノ權利ヲ蔑視スルノミナラス實ニ町村ノ罪人ト謂ハサル可カラス

(二)町村ノ權利ヲ保護スル事○町村ノ權利ヲ保護スルトハ一個人無形人又ハ上官廳他官廳ヨリシテ町村ノ爲ス可キ權利ヲ妨ケ爲ス可カラサルコトヲ爲サシメントシ或ハ町村ノ財產權ヲ侵ス等ノコトアルニ當リ之ヲ禦防スルヲ云フ

(三)外部ニ對シ町村ヲ代表シ町村ノ名義ヲ以テ其訴訟幷和解ニ關シ又ハ他廳若クハ人民ト商議スル事○此等ノコトハ本條第四項ニ包含スルカ如クナレトモ第四ハ平時ノ職務ヲ云ヒ本項ハ臨時ノ職務ヲ云フ而シテ本項ノ事柄ハ町村會ノ議決シタル所ニ依リ之ヲ行フ可キモノトス

(四)法律命令又ハ上司ノ指令ニ依テ町村長ニ委任シタル事務ヲ處理スル事○此事務ト第六十九條ノ事務トハ混同スヘカラス第六十九條ノ事務ハ國家府縣郡ニ屬スル行政事務ニシテ町村長ニ委任シタルモノナリト雖モ本條ノ事務ハ然ラス固ト町村ニ屬スル事務ニシテ國家府縣郡之ヲ整理シタルモ遂ニ之ヲ町村長ニ委任シタルモノトス

本條第二、第三、第五、第六、第八ノ各項ニ就テハ別ニ解説ヲ與ヘス讀者自ラ領解セラルヘキナリ

第六十九條　町村長ハ法律命令ニ從ヒ左ノ事務ヲ管掌ス

一　司法警察補助官タルノ職務及法律命令ニ依テ其管理ニ屬スル地方警察ノ事務但別ニ官署ヲ設ケテ地方警察事務ヲ管掌セシムル片ハ此限ニ在ラズ

二　浦役場ノ事務

三　國ノ行政并府縣郡ノ行政ニシテ町村ニ屬スル事務但別ニ吏員ノ設ケアルトキハ此限ニ在ラズ

右三項中ノ事務ハ監督官廳ノ許可ヲ得テ之ヲ助役ニ分掌セシムル事ヲ得

本條ニ掲載スル事務ヲ執行スルカ爲メニ要スル費用ハ町村ノ負擔トス

(註)本條ハ國家、府縣、郡ノ行政事務其他法律命令ニ依リ委任サレタル町村長ノ事務ヲ規定シタルモノナリ

第一、司法警察補助官タルノ職務トハ治罪法第六十條ニ警部ノ在ラサル地ノ戸長ハ撿事ノ補佐トシテ其指揮ヲ受ケ犯罪ヲ捜査ス云々トアル是レナリ又法律命令ニ依テ其管理ニ屬スル警察事務トハ行政警察司法警察事務ヲ包含シタルモノナリ例之ハ徴兵忌避者ナカラシムル爲メ種々ナル注意ヲ爲シ犯罪ヲ未萌ニ防クカ如キハ行政警察事務ニシテ其充分ノ注意ヲ盡シタルニ拘ハラス徴兵忌避ノ犯罪者アリタル場合ニ於テ其證憑ヲ集メテ告發(治罪法第九十六條ノ規定ニ依リ)ヲ爲スカ如キハ是レ犯罪ノ既ニ生シタル後ニ於テ治罪ノ手續ヲ爲スモノナレハ司法警察事務ニ屬スルモノナリ此二個ノ事務ハ法律ヲ施行シ其他行政事務ヲ行フノ間ニ於テハ必ス生シ來ルモノナリ其場合ニ於テハ必ス相當ノ手續ヲ爲サヽル可カラス併シナカラ若シ警察署ノ設ケアルトキハ強テ此事務ヲ

行フヲ要セス只行政警察事務ノ如キハ行政事務ヲ執ルノ間ニ於テハ必ス爲サヽル可カラサルモノナリ

第二、浦役場ノ事務ハ別段法律ニ規定アレ𪜈一例ヲ擧クレハ難破船漂流人ヲ救助スルガ如キ是レナリ

第三、國、府縣、郡ノ行政ニシテ町村ニ屬スル事務トハ租税ヲ徵收シ戶籍ヲ調整シ兵事ヲ扱ヒ統計ヲ製シ及ヒ備荒ニ關スル事務ノ如キヲ云フ

第二項第三項ハ別ニ解説ヲ與ヘス

第七十條 町村助役ハ町村長ノ事務ヲ補助ス

町村長ハ町村會ノ同意ヲ得テ助役ヲシテ町村行政事務ノ一部ヲ分掌セシムルコトヲ得

助役ハ町村長故障アルトキ之ヲ代理ス數名アルトキハ上席者之ヲ代理ス可シ

(註)助役ハ町村長ノ總テノ事務ヲ補助スルヲ以テ本旨トスルモ其實際ニ至テハ町村長ノ行爲ヲ監督シ及ヒ之レヲ匡正スルノ効アルコトハ第五十三條ニ於テ解説シタル所ナリ然レトモ法律ノ表面上ニ於テハ町村長ノ指揮ヲ受ケ其事務ヲ補助ス可キモノタルニ過キサルヲ以テ其指揮ヲ受ケテ行フタル事務ニ付テハ自ヲ其責任ヲ負フコトナシ

然レ𪜈町村長ニ於テ町村會ノ同意ヲ得テ町村自治事務ノ一部ヲ分担セシメントスルトキハ助役ハ之ヲ拒ムノ權利ナシ且其分担シタル事務ニ付テハ自己ノ責任ヲ以テセサル可カラス

町村長故障アリテ事務ヲ取ル能ハサル場合ニ於テハ助役ハ其代理ヲ爲サヽル可カラス若シ助役數名ナルトキハ上席者代理ヲナスヘキモノトス而シテ其町村長ノ代理トナリテ行ヒタル事務ニ付テ

ハ助役モ亦其責ニ任セサル可カラサルナリ

(問)助役ニシテ町村自治ノ事務ヲ分掌シ其事務ヲ行フニ當リ若シ町村長ト協議シ町村長ノ意見ニ從ヒタルニ拘ハラス過誤失策ヲ生シ爲メニ責ヲ負フ可キ場合ニ於テハ何レカ其責ニ任ス可キ乎

(答)町村長ハ町村行政事務ヲ管理スルモノナレハ假令他ニ責任者アルモ尙其事務ヲ監督シ町村ノ不利益ヲ豫防セサル可カラス從ツテ其責任者ヨリ協議アリタル場合ニ於テハ公平ニ自己ノ意見ヲ陳述セサル可カラス然リト雖モ責任者ハ各獨立ノ權力アリテ必シモ町村長ノ意見ニ從ハサル可カラサルモノニアラス然ルニ町村長ノ意見ヲ善シトシ之ニ從ヒタルハ自己ノ意見ヲ以テ爲シタルニ異ナラス故ニ其過失ニ對スル直接ノ責任者ハ助役ナリトス然レ𪜈町村長亦過失アルモノナレハ懲戒處分ヲ免カル丶コトヲ得サルナリ

(問)本條末項上席者之ヲ代理ス云々トアリ助役數名アルトキハ何レヲ上席者ト爲ス可キ乎

(答)數名ノ助役中何レヲ上席者ト爲ス可キヤ法律ニ明文ナシト雖同時ニ選擧セラレタルトキハ投票多數ノ者ヲ以テシ同數ナルトキハ年長ヲ取リ同年ナルトキハ町村長之ヲ定ムル乎又ハ抽籤ヲ以テスル乎ノ方法ヲ以テシ若シ選任時ヲ異ニスルトキハ先任者ヲ以テ代理者トスルヲ正當ト思考ス然レ𪜈此等ノ事ハ宜シク町村條例ヲ以テ規定スヘキモノナリ

第七十一條　町村收入役ハ町村ノ收入ヲ受領シ其費用ノ支拂ヲ爲シ其他會計事務ヲ掌ル

(註)町村ノ收入トハ使用料、手數料、過怠金、加入金、町村稅、町村財産ノ收益等凡ソ町村ノ歲入トナルヘキモノヲ云フ費用ノ支拂トハ事務取扱費、報酬、給料、起業費金等ヲ支拂フ可キヲ云フ則チ收入役ハ町村ノ歲入出ヲ掌理ス可キモノニシテ其收入支出ハ凡テ町村長ノ命令書ニ依リテ之ヲ扱フト雖モ其命令書ノ過誤越權等ナキヲ認ムルニアラサレハ收入支出スルコトヲ得サル可シ故ニ收

支ノ事務ハ固ヨリ收入役ノ責任ナリトス
其他會計事務云々トアルヲ以テ收入支出ノ事務ト異ナルヤノ惑ヒナキニアラサレ圧收入支出ハ是レ會計事務ノ重ナルモノニシテ其他云々ハ其他ノ會計事務ヲモ掌理ストノ意ニシテ例ヘハ決算報告書ヲ製スルカ如キ是レナリ
(問)收入役ハ國税地方税ヲモ收入支出スル乎
(答)本條ニハ町村ノ收入云々其費用云々ト規定シタルモノナレハ國税地方税ヲ收支セサルヤ明カナリ

第七十二條　書記ハ町村長ニ屬シ庶務ヲ分掌ス
(註)書記ハ獨立ノ職權ヲ有セス單ニ町村長ニ付屬シ諸般ノ庶務ヲ分掌スルモノトス

第七十三條　區長及其代理者ハ町村長ノ機關トナリ其指揮命令ヲ受ケテ區内ニ關スル町村長ノ事務ヲ補助執行スルモノトス
(註)區長及ヒ其代理者ハ町村長ノ機關タルヘキモノニシテ共ニ獨立ノ職權ヲ有スルモノニアラス單ニ町村長ノ事務ヲ補助ス可キモノトス之レニ反シ委員ハ町村行政事務ノ一部ヲ分掌シ又ハ營造物ヲ管理シ若クハ監督シ又ハ一時ノ委托ヲ以テ事務ヲ處辨スルモノニシテ其職務權限區町ノ比ニアラス於是乎余輩カ第六十五條ノ下ニ於テ注意ヲ加ヘタル區長ト委員トノ區別ハ彰乎トシテ其レ明カナランカ

第七十四條　委員(第六十五條)ハ町村行政事務一部ヲ分掌シ又ハ營造物ヲ管理シ若クハ監督シ又ハ一時ノ委托ヲ以テ事務ヲ處辨スルモノトス
委員長ハ委員ノ議決ニ加ハルノ權ヲ有ス助役ヲ以テ委員長ト爲ス場合モ町村長ハ隨時委員會ニ出席シ其ノ委員長ト爲リ幷ニ其議決ニ加ハルノ權ヲ有

ス

常設委員ノ職務權限ニ關シテハ町村條例ヲ以テ別段ノ規定ヲ設クルコトヲ得

(註)本條ハ委員ノ職權ヲ規定シタルモノナリ即チ委員ハ町村行政ノ一事ヲ分掌シ或ハ營造物ヲ管理シ若クハ監督シ又ハ一時ノ委托ヲ以テ事務ヲ處辨スルモノトス此一時委托云々ハ第六十五條ニ所謂臨時委員ニ適當スルモノナリ其委員ノ行フ可キ職務ノ如何ハ町村會ノ議決ヲ以テ之レヲ定ムルモノトス

委員長ニシテ委員ノ議決ニ加ハルコトヲ得ルノ規定アルハ町村行政事務ハ委ク町村長ノ管理ス可キモノナレハ假令委員ニ委任スルモ尚之ヲ監督セサル可カラス其監督ヲ行フニハ其會議ニ加ハルヲ以テ最モ便ナリトス加之其議決ハ忽チ町村ノ利害ニ影響スルモノナレハ町村理事者タル町村長若クハ其委任ヲ受ケタル助役ノ議決ニ加ハルハ必要ノコトナル可シ

本條末項常設委員ノ職務權限ニ關シテハ町村條例ヲ以テ別段ノ規定ヲ設クルコトヲ得ルトノ規定ハ正ニ第六十五條末項ト照應スルモノニシテ既ニ別段ノ規定ヲ以テ常設委員ノ組織ヲ定ムル以上ハ其職務權限ニ於テモ亦別段ニ之ヲ規定スルハ當然ナリ

(問)第六十五條及本條ニモ委員會議決法ノ規定ナシ果シテ如何ナル方法ヲ以テ議決ス可キ乎

(答)町村條例ニ於テ之レヲ規定スヘキナリ

第三欵　給料及給與

第七十五條　名譽職員ハ此法律中別ニ規定アルモノヲ除クノ外職務取扱ノ爲メニ要スル實費ノ辨償ヲ受クルコトヲ得

實費辨償額報酬額及書記料ノ額(第六十三條第一項)ハ町村會之ヲ議決ス

（註）名譽職員ハ本來無給ノモノナリト雖モ町村區長委員及ヒ或ル場合ニ於テノ助役報酬ヲ受ケ且實費辨償ヲ受クルコトヲ得ルハ前已ニ解説シタル所ナリ然レモ其他ノ名譽職員ニ對シテハ本條ヲ俟テ始メテ知ルコトヲ得可キナリ而シテ本條ニ於テ「別ニ規定アルモノヲ除クノ外」云々トアルヲ以テ一見此法律中ニ實費辨償ヲ爲サヽル場合アルカ如シト雖モ本條ハ決シテ如斯キ解釋ヲ下ス能ハス本條ノ意ハ此法律ニ於テ別ニ規定ナキトキト雖モ仍ホ本條ニ依リテ實費辨償ヲ受クルコトヲ得ルト云フニ在ルナリ

名譽職員ニ給ス可キ實費辨償額、報酬額及書記料ノ額ハ町村會ニ於テ之レヲ定ムルモノトス蓋シ町村會議員タルモノ此等ノ額ヲ議スルニ方リテハ一概ニ町村ノ負擔ヲ輕カラシメンヿヲ欲シテ之レヲ寡少ニシ爲メニ職員ノ私益ヲ害スルカ如キヿアルヘカラス又妄リニ其額ヲ多クシテ名譽職タルノ實ヲ失ハシムルカ如キヿアルヘカラス宜シク公私ノ利益ヲ併セテ存ルヿニ注意スヘキナリ

（問）收入寡少ナル町村ニ於テ町村長若クハ助役ヲシテ收入役ノ事務ヲ兼掌セシメタル場合ニシテ其報酬ヲ增シ或ハ其給料ヲ多クスルトキハ別段ノ規定ヲ要セスト雖モ若シ別途ノ手當支給スルカ如キコトアラハ町村條例ニ於テ其手當額ハ町村會ニ於テ議決スル旨ノ規定ヲ要スル乎

（答）然リ別途ノ手當ヲ支給ス可キコトヲ規定スレハ從ッテ其手當額ヲ議決スル權力ノ所在ヲ明示セサル可カラス

第七十六條　有給町村長有給助役其他有給吏員及使丁ノ給料額ハ町村會ノ議決ヲ以テ之ヲ定ム

町村會ノ議決ヲ以テ町村長及助役ノ給料額ヲ定ムルトキハ郡長ノ許可ヲ受クルコトヲ要ス郡長ニ於テ之ヲ許可ス可カラズト認ムルトキハ郡參事會ノ議決ニ付シテ之ヲ確定ス

(註)有給吏員ノ給料額ヲ定ムルニ付テハ町村會議員タルモノ充分ノ注意ヲ爲スヘキハ勿論ナリト雖モ特ニ町村長助役ノ給料ノ如キハ最モ注意ヲ要ス可キナリ何トナレハ若シ給料額多キニ過クレハ町村ノ負擔ヲ重クシ輕キニ過クレハ人材登用ノ途ヲ塞ケハナリ然レモ時ニ或ハ町村會ノ議決偏頗ニ渉ルナキヲ保セス故ニ町村會ノ議決ヲ以テ町村長助役ノ給料額ヲ定ムルトキハ郡長ノ認可ヲ受ク可キモノトス若シ郡長ニ於テ之レヲ許可スヘカラスト認ムルトキハ郡參事會ノ議決ニ付シ之レヲ確定スルモノトス是レ郡長ノ獨斷ニ任スルトキハ郡長モ亦偏頗ノ處置ヲナスコナキヲ保セサレハナリ故ニ若シ參事會ニシテ郡長ノ說ニ反對シテ町村會ノ議決ヲ正當ト爲ストキヘ郡長ハ其議決ニ從ハサル可カラス

(問)本條ニ於テ有給吏員ノ給料額ニ付テノ規定アリト雖モ職務取扱ニ要スル實費額ノ規定ナシ有給吏員中ニハ使丁ノ如キ實費ヲ要セサルモノアリト雖モ町村長ノ如キハ必スシモ職務取扱費ヲ要スル果メ如何シテ支給ス可キ乎

(答)有給吏員ノ職務取扱費ニ關シテ此法律中ニ規定アルコトナシ然レトモ名譽職タルト有給吏員タルトヲ問ハス苟クモ職務取扱費ヲ要スルニ至テハ一ナリ然ルニ之ヲ名譽職ニ給シテ有給職ニ給セサルノ道理アルヘカラス宜シク町村條例ヲ以テ之レヲ規定スヘキナリ

第七十七條　町村條例ノ規定ヲ以テ有給吏員ノ退隱料ヲ設クルコトヲ得

(註)本條ニ於テ有給吏員ニ退隱料ヲ給スルコトヲ規定シタルハ種々ナル弊害ヲ防キ町村ノ利益ヲ全フセントスルニ在リ蓋シ有給吏員中町村長助役ノ如キハ已ムヲ得ス之レヲ設クルモノニシテ人材ヲ登用スルノ便法ナリトス故ニ有給町村長助役ニ選擧スルニハ其才識如何ヲ顧ミルヲ主トシ財產如何ヲ顧ミサルナリ而シテ此等ノ選ニ當リタル人ハ一身ヲ公共事務ニ委シテ私巳ノ財產ヲ治ムル能ハサルモノ多キニ居ルベシ然ルニ若シ一朝任期ノ滿チテ其職ヲ失フニ至ツテハ忽チ活計ノ困

難ヲ生スルナキヲ保ス可カラス果シテ如此事情アラン乎再撰ヲ希望シテ町村會ノ鼻息ヲ窺ヒ獨立不羈町村會ヲ箝制シ町村ヲシテ眞正ノ幸福ヲ全セシメントスルノ勇氣ナク不公不正ノ精神ヲ以テ事ヲ處スルニ至テハ町村ノ不利益シ尠少ニアラサル可シ故ニ此法ヲ設ケテ安心事ニ處スルノ元氣ヲ持セシメサル可カラス

有給吏員ニ退隱料ヲ給スルノ法ヲ設ケタルハ單ニ退隱者ヲ保護スルノ意ニ出テタルモノニアラス有給吏員中町村長助役ノ如キハ實ニ已ムヲ得サルニ出タルモノニシテ之レヲシテ退職後安シテ生計ヲ營ムヿヲ得ルノ途ヲ設ケ置クニアラサレハ亦タ熱心シテ其任ニ當ルモノナキニ至リ結局町村ノ不利ヲ來スヿアレハナリ

說ヲ爲ス者アリテ曰ク有給吏員ハ辭職退職共ニ自由ナレハ若シ任滿チテ活計ノ困難アルヲ知レハ宜シク其撰ヲ辭スルモ可ナリ又任期中己レノ活路ヲ求メテ退職スルモ可ナリ何ソ故ラニ退隱料ヲ設ケテ町村ノ負擔ヲ重カラシムルノ拙策ヲ行フヲ要センヤト此說從フ能ハス成程論者ノ說ハ被選者自身ノ爲メニハ甚タ適當ナル忠告ナリト雖モ町村ヨリ之レヲ看レハ實ニ不幸ト云ハサルヲ得ス何トナレハ論者ノ說ノ如クスレハ町村ハ遂ニ人材ヲ登用スルノ途ヲ失フニ至ラサルヿナキヲ保セサレハナリ

第七十八條　有給吏員ノ給料退隱料其他第七十五條ニ定ムル給與ニ關シテ異議アルトキハ關係者ノ申立ニ依リ郡參事會之ヲ裁決ス其郡參事會ノ裁決ニ不服アル者ハ府縣參事會ニ訴願シ其府縣參事會ノ裁決ニ不服アル者ハ行政裁判所ニ出訴スルコトヲ得

(註)本條ハ別ニ解釋ヲ要セス

第七十九條　退隱料ヲ受クル者官職又ハ府縣郡市町村及公共組合ノ職務ニ就

キ給料ヲ受クルトキハ其間之ヲ停止シ又ハ更ニ退隱料ヲ受クルノ權ヲ得ルトキハ其額舊退隱料ト同額以上ナルトキハ舊退隱料ハ之ヲ廢止ス

(註)本條モ亦別ニ解釋ヲ要セス唯公共組合トハ行政上ノ組合ニシテ商工ノ組合ノ如キモノニアラサルヲ知リ又退隱料ヲ停止スル間ニ退隱料支給ノ期限終リタルトキハ更ニ支給スルヲ要セサルコトヲ知ルヲ以テ足レリトス

第八十條 給料退隱料報酬及辨償等ハ凡テ町村ノ負擔トス

(註)本條別ニ解説ヲ要セス

第四章 町村有財産ノ管理

第一欵 町村有財産及町村税

第八十一條 町村ハ其不動産積立金穀等ヲ以テ基本財産ト爲シ之ヲ維持スルノ義務アリ

臨時ニ収入シタル金穀ハ基本財産ニ加入ス可シ但寄附金等寄附者其使用ノ目的ヲ定ムルモノハ此限ニ在ラス

(註)本條ハ町村ヲシテ其資力ヲ鞏固ニシ活潑ナル運動ヲ爲サシメ延ヒテ國家ノ元氣ヲ養成保持セントスルニ在リ蓋シ町村ハ年々歳々其費用ヲ賦課徴收スルヲ得可キモノナレハ殊更ニ基本財産ヲ作ルノ必要ナキカ如シト雖モ年ニ豐凶アリテ凶歳ニハ町村民其費用ノ負担ニ堪ヘ能ハサルノ慘状ニ陷ルナキヲ保セス此時ニ當リ俄然費用ノ節減ヲ爲サント欲スルモ得可カラス故ニ豐年其他人民ノ財力富裕ナルトキニ當リテ基本財産ヲ設クルトキハ萬一ノ患ヲ防クニ足ル可シ之ヲ一個人ニ譬フレハ基本財産ヲ有スルハ猶ホ動産不動産等ヲ所持スル者ノ如ク極メテ安全ナリト雖モ年々費用ノミヲ徴收スルニ止マルトキハ恰モ日雇稼カ其日其日ノ糊口ヲ凌クカ如ク頗ル危險ナリト謂フベ

シ臨時ニ收入シタル金穀ハ基本財產ニ加入セサル可カラス臨時ニ收入シタル金穀トハ例之ハ寄附金ニシテ目的ヲ指定セサルモノヽ如キ又ハ風折若クハ朽枯シタル町村有森林ノ樹木ハ臨時ニ賣拂ヒタル代價ニシテ歲入豫算ニ入ラサルモノヽ如キ是レナリ之ニ反シ假令臨時ニ收入スルモ其支出ノ目的アルカ爲メニ徵收シタルモノヽ如キ又ハ使用ノ目的ヲ指定シタル寄附金ノ如キハ基本財產中ニ入ル、能ハス若シ使用ノ目的ヲ指定シタル寄附金ニシテ其指定外ニ使用スルトキハ寄附者ハ民法上之ヲ取戻スノ權利アリトス

第八十二條　凡町村有財產ハ全町村ノ爲メニ之ヲ管理シ及共用スルモノトス
但特ニ民法上ノ權利ヲ有スル者アルトキハ此限ニ在ラス

（註）町村有ノ財產ハ固ヨリ町村ナル無形人ノ有ニシテ其無形人ノ依テ以テ活動スル所ノ元氣則町村ノ血液ナレハ全町村ノ爲メニ之レヲ管理シ又全町村住民ノ共用ニ供ス可キモノニシテ假令住民權ヲ有スル者又ハ公民權ヲ有スル者ト雖モ擅マニ之ヲ使用ス可カラサルモノナリ然レトモ特ニ民法上ノ權利ヲ有スル者アルトキハ町村ノ權利ヲモ排除シテ其權利ヲ行フコトヲ得其民法上ノ權利ノ如何ナルヤハ第六條ニ於テ既ニ說述シタレハ宜シク參看スヘシ

第八十三條　舊來ノ慣行ニ依リ町村住民中特ニ其町村有ノ土地物件ヲ使用スル權利ヲ有スル者アルトキハ町村會ノ議決ヲ經ルニ非サレハ其舊慣ヲ改ムルコトヲ得ス

（註）本條ハ町村有ノ土地物件ニ對シ舊來ノ慣行上之レヲ使用スル權利ヲ有スル者アル片ハ其舊慣ヲ重シ輙ク之レヲ變易シ以テ使用權者ヲ害スルコナカラシムルニ在リ例ハ牧場ノ如キハ從來地方ノ慣行ニ於テ其住民中ノ一部分ノ者之レヲ專用シ町村共同牧場ノ名アリテ其實然ラサルモノ往々

ニシテ之レアリ然ルニ一朝其舊慣ヲ變シテ專用ヲ許サヽルカ如キコアラハ從來之レヲ專用シ來リタルモノハ忽チ困却セサルヲ得サルニ至ル是レ本條ニ於テ其舊慣ヲ改ムルニハ町村ノ議決ヲ經ルコヲ要スト定メタル所以ナリ

舊來ノ慣行ニヨリ有スル權利ト民法上期滿効ニ依リ得タル權利トハ之レヲ混同スヘカラスト雖ﾓ彼ノ井堰溜池溝渠等ノ如キ或ハ民法上ノ權利トナリ或ハ公法上ノ權利トナルモノアルヲ以テ實際上精密ナル調査ヲ遂クルニアラサレハ其區別判然シ難キモノトス

第八十四條　町村住民中特ニ其町村有ノ土地物件ヲ使用スル權利ヲ得ントスル者アルトキハ町村條例ノ規定ニ依リ使用料若クハ一時ノ加入金ヲ徴收シ又ハ使用料加入金ヲ共ニ徴收シテ之レヲ許可スルコトヲ得但特ニ民法上使用ノ權利ヲ有スル者ハ此限ニ在ラス

(註)町村住民ハ町村有財産ニ對シ共同使用ノ權アルコハ第六條ニ於テ既ニ解說セシ所タリ然リト雖ﾓ住民一般之レヲ共用スル能ハサルノ場合往々之レアルヲ以テ此場合ニ於テハ町村條例ノ規定ニ依リ使用料若クハ一時ノ加入金ヲ徴收シ又ハ使用料加入金ヲ共ニ徴收シテ住民中ノ一人若クハ數人ニ對シ特占使用權ヲ與フルコヲ得但特ニ民法上使用ノ權利ヲ有スル者アル以上ハ町村ハ其者ノ權利ヲ侵害スルコトヲ得ス故ニ此等ノ者ニ對シ新タニ使用料若クハ加入金ヲ徴收スルカ如キハ極メテ不當ノ事ナリトス

(問)本條及前條共ニ土地物件トアリ然ラハ造營物ハ包含セサル乎

(答)然リ營造物使用ノ方法ハ町村規則ヲ以テ定ムルモノナレハ本條及ヒ前條ノ土地物件中ニハ之レヲ包含セサルモノトス

第八十五條　使用權ヲ有スル者(第八十三條第八十四條)ハ使用ノ多寡ニ準シ

テ其土地物件ニ係ル必要ナル費用ヲ分擔ス可キモノトス

(註)第八十三條又ハ第八十四條ニ依リ町村有ノ土地物件ヲ使用ス可キ權利ヲ得タルモノハ修繕費ノ如キ總テ其土地物件ニ係ル必要ナル費用ヲ分担セサル可カラス尤モ第八十四條ニ依リ使用料ヲ納メタル者ハ恰カモ二重ノ負担タルカ如キ感想ヲ生ス可シト雖モ使用料ヲ納ムルノミヲ以テ其土地物件ノ修繕費等ヲモ免カレタリト云フ可カラス固ヨリ其分擔ノ割合、使用料ノ額ハ町村會ニ於テ之ヲ定ムルモノニシテ重キニ過クルトキハ二重ノ負擔タルカ如キ實ヲ生スルコトアルヘシト雖モ苟クモ其衡平ヲ得ルニ至ラハ決シテ斯カル憂ヘノ生スルコトナシ

第八十六條　町村會ハ町村ノ為メニ必要ナル場合ニ於テハ使用權(第八十三條第八十四條)ヲ取上ケ又ハ制限スルコトヲ得但特ニ民法上ノ權利ヲ有スル者ハ此限ニ在ラス

(註)民法上ノ使用權ヲ有スル者ハ町村ノ利益ノ為メニ制限又ハ剝奪セラルヽコトナシト雖モ第八十三條第八十四條ニ依リ使用權ヲ有スル者ハ素ト行政規則ニ依リ許可ヲ得タルモノナレハ又行政規則ニ依リ其許可ヲ取消シ又ハ之レヲ變更セラルヽモ故障ヲ述フルコトヲ得ス然レトモ此必要ナル文字ニ付テハ町村會議員タルモノ充分ノ注意ヲ為シ妄リニ使用者ノ權利ヲ害スルカ如キコトアルヘカラス故ニ此等ノ議決ハ第百二十七條第四ニ依リ郡參事會ノ許可ヲ受クルヲ要ス

(問)行政規則ニ依リ使用權ヲ得タルモノハ又行政規則ニ依リ變更シ剝奪セラルヽコトアルハ已ムヲ得スト雖モ若シ之カ為メ損害ノ生シタルトキト雖モ尚ホ其賠償ヲ受クルコトヲ得サル乎

(答)本條ノ規定シタル町村有ノ土地物件ハ町村ノ利益ノ為メ行政規則ヲ以テ一個人ニ使用ヲ許シタルモノナレハ又町村ノ利益ノ為メニ之ヲ制限シ又ハ剝奪スルコトヲ得ヘキハ勿論ナリト雖モ一個人則使用者ノ損害ヲ賠償スルヲ要セサルモノニアラス何人ト雖モ自己ノ所為ニ依リ他人ニ損害

チ加ヘタルモノハ其賠償チ爲スヘキハ正理ノ然ヲシムル所ナレハナリ然レ氏若シ使用者ニ於テ町村ノ不利チ來スノ所爲アリタルカ爲メ其權利チ制限セラレ又ハ剝奪セラレタルトキハ之レカ損害賠償チ要求スルノ權利チ失フノミナラス却テ町村ニ對シ賠償スヘキノ義務チ生スルモノトス

第八十七條　町村有財產ノ賣却貸與又ハ建築工事及物品調達ノ請負ハ公ケノ入札ニ付ス可シ但臨時急施チ要スルトキ及入札ノ價額其費用ニ比シテ得失相償ハサルトキ又ハ町村會ノ認許ヲ得ルトキハ此限ニ在ラス

(註)本條ハ町村有財產ノ賣却、貸與又ハ建築工事及ヒ物品調達ノ請負等ニ際シ其處分ノ公平チ維持シ偏頗ノ處置チ防クニ在リトス即チ此等ノ處分チ爲スニ當リテハ總テ公ノ入札ニ付シテ其最低價ノ者ニ請負ハシメ其最高價ノ者ニ賣却貸與スヘキナリ然レ氏洪水ノ爲メ堤防欠潰シ速ニ修繕チ施サスンハ大害將ニ來ラントスルカ如キ臨時急施チ要スル塲合又ハ入札ス可キ物ノ價額僅少ニシテ入札費却テ多額チ要シ入札法チ用ヒサルチ得策トスルカ如キ塲合若クハ町村會ニ於テ入札ニ附スルニ及ハサルコトチ認許スルトキ例之ハ某事件チ起スニ當リ巳ニ專任吏員ニ於テ確固タル見積ヲ立テ假令其見積ヨリ低價ニテ請負ハントスルモノアルモ特ニ人物チ要スル等ノ理由ニヨリ之ニ請負シムル能ハサル塲合ナキニアラス此等ノ塲合ニ於テハ町村長ノ獨斷チ以テ之レチ處分スルヿチ得セシメサルヘカラス是レ本條但書ノ規定アル所以ナリ

(問)本條但書以下ノ規定ハ之チ町村有財產賣却貸與ノトキニモ亦適用スルチ得可キ乎

(答)本條但書ニ規定シタル塲合即チ急施チ要スル時及ヒ町村會カ認許スル如キハ賣却貸與等苟モ高價チ欲スルモノニ適用ス可カラサルカ如シ然レ氏但書ハ唯物品調達其他請負ノ塲合ノミチ指シタルモノナリト云フチ得可カラサレハ町村長町村會ニシテ此等ノ塲合ニ適用スルモ亦已ムチ得サル可シ唯町村會町村長ニシテ之チ濫用セサルヿチ望ムノミ其他ノ塲合即チ入札ス可キ物ノ價額其

費用ニ比シテ得失相償ハサルトキノ一事ハ賣却貸與ノ場合ニ於テモ亦當然適用スルコトヲ得ヘキモノトス

(問)吏員ノ職務取扱ニ要スル筆紙墨買入等モ尚ホ本條入札法ヲ適用ス可キ乎

(答)筆紙墨等ハ職務取扱ノ實費ニ屬シ吏員ノ權内ニテ適宜ニ買入ルヽコトヲ得ルナリ

第八十八條　町村ハ其必要ナル支出及從前法律命令ニ依テ賦課セラレ又ハ將來法律勅令ニ依テ賦課セラルヽ支出ヲ負擔スルノ義務アリ

町村ハ其財産ヨリ生スル收入及使用料手數料(第八十九條)并科料過怠金其他法律勅令ニ依リ町村ニ屬スル收入ヲ以テ前項ノ支出ニ充テ猶不足アルトキハ町村税(第九十條)及夫役現品(第百一條)ヲ賦課徴收スルコトヲ得

(註)本條別ニ解説ヲ要セス

第八十九條　町村ハ其所有物及營造物ノ使用ニ付又ハ特ニ數個人ノ爲メニスル事業ニ付使用料又ハ手數料ヲ徴收スルコトヲ得

(註)第八十四條ニ於テ使用料加入金ニ關スル規定アリト雖モ唯町村有ノ土地物件ノミニ付規定シタルニ止マリ又第九十九條ニ於テ營造物ニ關スル規定アリト雖モ該條ハ使用料ニ關シ規定アルコトナシ然レトモ營造物ト雖モ使用料ヲ徴ス可キモノトス徴ス可カラサルモノトアル可シ又土地、物件、營造物、ノ三者ノ外ニ於テ町村有財産アルヘシ例之ハ賃貸ヲ目的トシタル建造物倉庫ノ如キハ決シテ營造物ニアラス然レトモ此建造物ニ付テハ使用料ヲ徴收スルノ必要アラン故ニ本條ハ使用料ニ付廣ク之ヲ規定シタルモノトス又特ニ數個人ノ爲メニスル事業例之ハ地目變換開墾等ニ際シ地主ニシテ其出願ノ手續ヲ爲ス能ハス又他ヨリ雇入ルヽノ便ヲ得サルトキ吏員ノ之ヲ爲スカ如キ若クハ一個人ニシテ某水利事業ヲ起サントスルニ方リ吏員ノ手ヲ借ルヲ要スルトキノ如キ場合ニ

於テハ是レ町村ノ公共ノ事務ニアラス又當然爲サヽル可カラサル官治ノ事務ニアラス即チ特ニ一個人ノ爲メニスル事務ナレハ手數料ヲ徵收シテ町村ノ收益ト爲シ以テ吏員カ公共ノ職務ヲ執ラサルヨリ生スル損失ヲ塡充セサルヘカラス

(問)建造物ハ悉ク營造物ト云フ能ハストスレハ營造物トハ如何ナルモノヲ云フ乎

(答)營造物ノ事ハ第六條ニ說キタリト雖モ今之ヲ復說スレハ營造物トハ土地ニ人工ヲ加ヘテ土地植作以外ノ目的ニ使用スルモノ例之ヘ池溝井堰水道ノ如キ又ハ建造物ニシテ或ル事業ノ目的ノ附着スルモノ例之ハ病院瓦斯局ノ如キヲ云フ

(問)一個人ノ爲メ吏員ノ手數ヲ要シ手數料ヲ徵收スルヲ得可キ場合ト公共事務トノ區域ハ如何ニシテ之ヲ別ツヲ得可キ乎

(答)其事務ヲ爲スニ非サレハ吏員ノ過失ト爲ル可キモノハ自治ノ事務ニ非サレハ官治ノ事務ナリ之ニ反スル場合ハ一私人ノ事務ナル可シ但法律ニ於テ之レカ例外ヲ規定シタルトキハ格別ナリトス

第九十條　町村稅トシテ賦課スルコトヲ得可キ目左ノ如シ

一國稅府縣稅ノ附加稅

二直接又ハ間接ノ特別稅

附加稅ハ直接ノ國稅又ハ府縣稅ニ附加シ均一ノ稅率ヲ以テ町村ノ全部ヨリ徵收スルヲ常例トス特別稅ハ附加稅ノ外別ニ町村限リ稅目ヲ起シテ課稅スルコトヲ要スルトキ賦課徵收スルモノトス

(註)本條ハ町村稅トシテ賦課スルヿヲ得ヘキ稅目ヲ定メタルモノニシテ其如何ナル場合ニ於テ町村稅ヲ賦課スヘキモノナリヤハ第八十八條ニ於テ之レヲ規定セリ本條ノ規定ニ依レハ町村稅トシ

テ賦課スルヿヲ得ヘキ目二アリ(一)附加税(二)特別税是レナリ附加税トハ直接國税又ハ直接府縣税ニ附加スルモノニメ此等ノ税ト同一ノ算法ヲ以テ同一ノ區域ニ之レヲ賦課スルヲ法トス例ヘハ地租壹圓ニ付町村税幾錢或ハ所得税壹圓ニ付町村税幾錢ト定メ賦課スルノ類是ナリ然レトモ第百二十七條第七ノ場合ニ於テハ均一ノ税率ニ依ラスシテ直接ノ國税府縣税ニ賦課スルヿヲ得例ヘハ營業税ヲ課スルニ府縣税ノ率ニ依ラスシテ其賦課法ヲ設クルカ如キ倘詳言セハ府縣税ニテハ賣上金高百圓以上百五十圓以下ハ幾圓百五十圓以上二百圓以下ハ幾圓トアルモ町村ニテハ其率ニ依ラス百圓以上二百圓以下ハ町村税何拾錢二百圓以上三百圓以下ハ何拾錢ト定ムルカ如キ是ナリ而メ此直税ノ附加税ハ地租ニ付加スルモノハ地租七分ノ一他ノ直税國税ニ附加スヘキモノハ百分ノ五十ヲ超過スヘカラス若シ之レヲ超過スルトキハ第百二十六條第三ニ依リ內務大藏兩大臣ノ許可ヲ受クヘキモノトス其已ムヲ得サル場合ニ於テハ同條第四ニ依リ兩大臣ノ許可ヲ得テ間接國税ニ附加税ヲ課スルヿヲ得

特別税トハ附加税ヲ賦課スルモ猶足ラサル件ニ於テ賦課スルモノニシテ反別割、町村限リ所得税、町村輸出入物品ニ賦課スル税、製造品税ノ如キ凡ソ國税府縣税ニ課目ナキモノニシテ町村ニ於テ適宜之レヲ設クルモノヲ云フ而シテ此特別税ニ直接、間接ノ二種アリ直接特別税トハ反別割所得税ノ如キヲ云ヒ間接特別税トハ輸出入税、製造品税ノ如キヲ云フ特別税ヲ賦課セントスルトキハ第百二十六條第二ニ依リ內務大藏兩大臣ノ許可ヲ受クヘキモノトス

第九十一條　此法律ニ規定セル條項ヲ除クノ外使用料手數料(第八十九條)特別税(第九十條第一項第二)及從前ノ町村費ニ關スル細則ハ町村條例ヲ以テ之ヲ規定ス可シ其條例ニハ科料壹圓九拾五錢以下ノ罰金ヲ設クルコトヲ得(一)科料ニ處シ及之ヲ徵收スルハ町村長之ヲ掌ル其處分ニ不服アル者ハ令狀交

付後十四日以内ニ司法裁判所ニ出訴スルヿヲ得

(註)附加税ハ直接ノ國税府縣税ニ附加スルト間接ノ國税府縣税ニ附加スルトヲ問ハス又均一ノ税率ニ據ルト否トニ拘ハラス國税府縣税徴收方法ニ依ルヲ得可シト雖モ使用料手數料特別税ヲ設ケ及從前ノ町村費ヲ保存セントスルニハ必ス町村條例ニ於テ其手續ヲ規定セサル可カラス例之ハ土地物品營造物貸渡ノ手續使用料納付ノ手續或ハ手數料ヲ徴收ス可キ場合特別税ニ付テハ製造品屆出輸出入者納税手續等從前ノ町村費ニ在リテモ亦同シ此等ノ事件ニ關シ此法律中ニハ唯使用料手數料特別税ヲ徴收スルヿヲ得ヘキ事幷新設增額ノトキ許可ヲ受ク可キコト滯納處分ハ國税滯納處分法ヲ用フ可キコトノ規定アルニ過キス故ニ此他諸般ノ事項ニ關シテハ町村條例ニ於テ詳細ニ規定セサル可カラス又從前ノ町村費トハ此法律實施前ニ於テ地方ニ依リテハ町村限リ特ニ税目ヲ起シタルモノナキニアラス若シ此等ノ税目アルモノハ之ヲ廢セスシテ永續セシムルノ主旨ニ出テタルモノナリ

本條ニ列擧シタル税目ニ付條例ヲ設クルトキハ其條例違背者ヲ制裁スル爲メニ科料一圓九十五錢以下ノ罰則ヲ設クルコトヲ得而シテ其科料ニ處スルノ權幷之ヲ徴收スルノ權ハ町村長ニ屬スルモノトス然レトモ若シ其處分ニ不服アルトキハ司法裁判所ニ訴フルヲ得ヘシ

(問)科料ニ處セラレタル者其期限内ニ納完セサルトキハ如何ス可キ乎

(答)町村ノ法律ニ違背シ科料ノ刑ニ處セラレタル者其納期内之ヲ納メサルトキハ町村ハ債主權ヲ有スルモノナレハ財産處分ヲ爲スコトヲ得若シ財産ナキトキハ刑法第二十七條ニ依リ換刑ノ處分ヲ爲ス可ク從ツテ町村長ハ之ヲ違警罪裁判所撿察官ニ具申セサル可カラス

(問)本條末項町村長ノ處分ニ不服アル者ハ之ヲ司法裁判所ニ訴フルコトヲ得トアリ然ラハ之ヲ民刑何レノ裁判所ニ訴フ可キヤ

（答）町村長ニ科料處分權ヲ委任シタルハ是レ則司法權ヲ委任シタルモノナリ而シテ其處分ハ違警罪即決ト同一ノモノナレハ其處分ニ對シ不服アル者ハ明治十八年第三十一號布告違警罪即決例ニ依リ違警罪裁判所（治安裁判所）ニ正式裁判ヲ求ムヘキナリ

第九十二條　三ケ月以上町村內ニ滯在スル者ハ其町村稅ヲ納ムルモノトス

但其課稅ハ滯在ノ初ニ遡リ徵收ス可シ

（註）町村ノ費用ヲ負担ス可キモノハ町村內ニ住居ヲ占メタル者則住民權ヲ有スル者ニ限ルト雖モ假令滯在者ト雖モ三ケ月以上繼續スルトキハ其町村ニ於テ利益ヲ得ルノミナラス其町村ノ保護ヲ受クルモノナレハ町村ノ費用ヲ負担セサル可カラス而シテ其負担ハ始メテ滯在シタル月ニ遡リテ徵收スヘキモノトス

（問）滯在三ケ月以上ニ至ル者アルヤ否ヤハ町村長ニ於テ之レカ調査ヲ爲ス可シト雖モ之レカ本人タル者若クハ滯在セシメタル者ヘ其旨ヲ屆出ツ可キノ義務アル可キヲ以テ之ヲ町村條例ニ規定シ必ス屆ケ出ツ可シト爲スハ町村ノ便益ナル可シ果シテ之ヲ條例ニ規定スルニ於テ差間ナキ乎

（答）町村條例ハ法律ニ於テ特例ヲ設クルコトヲ許シタルカ又ハ法律ニ明文ナキトキニ於テ法律命令ニ抵觸セサル限リハ之ヲ規定スルコトヲ得ルナリ今本問ノ如キハ法律ニ明文ナク又法律命令ニ抵觸セス故ニ之ヲ條例ニ規定スルニ於テ毫モ不都合ナカル可シ

第九十三條　町村內ニ住居ヲ構ヘス又ハ三ケ月以上滯在スルコトナシト雖モ町村內ニ土地家屋ヲ所有シ又ハ營業ヲ爲ス者（店舖ヲ定メサル行商ヲ除ク）ハ其土地家屋營業若クハ其所得ニ對シテ賦課スル町村稅ヲ納ムルモノトス其法人タルトキモ亦同シ郵便電信及官設鐵道ノ業ハ此限ニ在ラス

（註）町村內ニ住居ヲ占メ又ハ滯在シタル者ニ課スルハ其人ニ對シ課稅スルモノナリト雖モ假令其

人ハ町村内ニ在ラサルモ其財産アルカ若クハ營業ヲ爲スノ場合ニ於テハ其財産營業ニ對シ賦課シタル町村税ハ必ス之ヲ納メサル可カラス國家府縣郡市町村其他法人タルノ資格アル會社等ニシテ土地家屋ヲ有シ又ハ營業ヲ爲シタル者亦同シ然レトモ郵便電信業ノ爲メニスル土地家屋營業及所得ニ對シテハ町村税ヲ賦課スルコトヲ得ス官設鐵道亦同シ（私設鐵道ニ就テハ施行規則ヲ以テ定ム）是レ國家營利ノ事業上ナリト雖モ一般ノ公益ヲ增進スルノ目的ニ出ツルモノナレハ特ニ之レカ負担ヲ免シタルナリ故ニ此三事業ヲ除クノ外ハ假令政府ノ設置ニ係ルモ營業ニ係ルモ、所有ニ係ルモ第九十六七八條ノ規定以外ハ之ニ課税スルコトヲ得ルヤ明カナリ

第九十四條　所得税ニ附加税ヲ賦課シ及町村ニ於テ特別ニ所得税ヲ賦課セントスルトキハ納税者ノ町村外ニ於ケル所有ノ土地家屋又ハ營業（店舖ヲ定メサル行商ヲ除ク）ヨリ收入スル所得ハ之ヲ控除ス可キモノトス

（註）本條ハ所得税賦課法ノ公平ヲ保持スルカ爲メニ規定シタルモノナリ即チ現時ノ所得税法ニ依リ國税ト爲ル可キモノ假令一人ノ所得ノ數町村ヨリ入ルモ之ヲ一纏トシテ本籍町村ニ於テ徵收スルモ固ヨリ不公平アルコトナシ之ニ反シ町村ニ收入ス可キ所得ハ其財産則所得ノ現ニ收入スルヲ得可キ町村ニ於テ之ヲ賦課セサルヘカラス若シ本籍町村ノミ賦課ノ權利アリトスレハ他ノ土地家屋等在所ノ町村ハ實ニ不利益ヲ被ムルモノナリト云ハサルヘカラス一例ヲ擧ケテ之レヲ示サンニ某人アリ甲市ニ住居シ土地ヲ有シ其所得五十圓アリ乙村ニ土地及ヒ家屋ヲ有シ其所得百五十圓アリ丙町ニ製造所アリ其所得五十圓アリ此甲乙丙三ケ町村ノ所得ヲ合併スルトキハ三百圓トナルヲ以テ所得税法ニ依リ甲市則チ住居ノ地ニ於テ所得税三圓ヲ徵收セラルヽト雖モ若シ附加税ヲ課スルニハ甲市ハ所得税中己レノ市内ニ於ケル所得五十圓ニ對スル税額即チ五拾錢ニ附加ス可キモノトス然レトモ此旨意ヲ誤解シテ甲市ハ所得五十圓ナレハ所得税ヲ徵收スルノ額ニ滿タサルモノナリ

則チ甲市內ノミニテ三百圓ニ上ラサルトキハ附加税ヲ課スル能ハスト爲ス可カラス已ニ所得税ハ定マリタルモノニシテ之ニ附加スルニ止マルモノナレハナリ
町村限リ特別ニ所得税ヲ設クルトキハ固ヨリ所得税法ニ支配セラルヽモノニアラス假令所得五十圓ノ者ニ對シ賦課スルコトヲ得ルノ規定ヲ爲スモ敢テ差問アルコトナシ然レモ其所得ハ前例ニ依リ其町村內ノ現所得ヲ標準トセサル可カラス
店舖ヲ定メスシテ行商ヲ爲ス者ノ所得ハ其住居地ノ所得ニ算入セサル可カラス何トナレハ前條ニ於テモ唯行商ノ爲メ他町村ヨリ入込ム者ハ固ヨリ之ヲ營業者トシテ課税セサル規定アリ故ニ其住居地ニ於テ所得ニ算入スルモ決シテ二重ノ負擔ニ非ルヘシ
(問)行商ノミヲ營業ト爲ス者ト雖モ其住居地ニ於テ附加税又ハ特別營業税ヲ課スルヲ得ル乎
(答)行商ノミヲ爲ス者ト雖モ住居地ニ於テ國税府縣税ヲ納ムルトキハ附加税ヲ課スルヲ得又國税府縣税規則ニ該ラサル者ト雖モ町村限リ營業税ヲ起スヲ得可シ

第九十五條　數市町村ニ住居ヲ構ヘ又ハ滯在スル者ニ前條ノ町村税ヲ賦課スルトキハ其所得ヲ各市町村ニ平分シ其一部分ニノミ課税ス可シ但土地家屋又ハ營業ヨリ收入スル所得ハ此限ニ在ラス

(註)土地家屋營業ヨリ收入スル所得ハ各其土地家屋營業所屬ノ町村ニ於テ課税ス可キモノナリ
(本條但書ニ在リ)ト雖モ其他ノ所得ニシテ數市町村ニ跨ルモノ何レノ町村ニ於テノ所得ナルヤ判然セス例之ハ今某人アリ甲村ニ住居ヲ構ヘ乙町ニ三ケ月以上滯在シ又丙市ニ三ケ月以上滯在ス然ルニ此人ハ土地、家屋、營業、三者外ノ所得即チ公債ノ利子若クハ貸金利子ノ如キ所得アルトキハ其所得ハ何レノ市町村ニ屬スルヤヲ斷定セサルヘカラス是レ本條ノ規定アル所以ニシテ此場合ニ於テハ其甲乙丙ノ三市町村之ヲ平分シテ其一分ニノミ課税スルコトヲ得ルナリ

第九十六條　所得稅法第三條ニ揭クル所得ハ町村稅ヲ免除ス

(註)所得稅法第三條ニ曰ク左ニ揭クルモノハ所得稅ヲ課セス第一軍人從軍中ニ係ル俸給、第二官私ヨリ受クル旅費、傷痍疾病者ノ恩給金、及孤兒寡婦ノ扶助料、第三營利ノ事業ニ屬セサル一時ノ所得、第一第二ハ軍人ヲ優待シ疾病者孤獨者ヲ恤ムノ主旨ニ出テタルナリ而シテ第三ノ營利ニ屬セサル一時ノ所得トハ例之ハ買入レ置キタル麥ヲ都合ニ依リテ賣却シタルニ偶マ高額ニ賣シ若干ノ利益アリタルカ如キ概シテ云フトキハ偶然ノ所得ヲ云フ

第九十七條　左ニ揭クル物件ハ町村稅ヲ免除ス

一　政府府縣郡市町村及公共組合ニ屬シ直接ノ公用ニ供スル土地營造物及家屋

二　社寺及官立公立ノ學校病院其他學藝美術及慈善ノ用ニ供スル土地營造物及家屋

三　官有ノ山林又ハ荒蕪地但官有山林又ハ荒蕪地ノ利益ニ係ル事業ヲ起シ內務大臣及大藏大臣ノ許可ヲ得テ其費用ヲ徵收スルハ此限ニ在ラス

新開地又ハ開墾地ハ町村條例ニ依リ年月ヲ限リ免稅スルコトヲ得

(註)本條亦町村稅ヲ免除ス可キモノヲ列擧シタルナリ左ニ之レヲ分說セム

(一)第一ニ列擧シタルモノハ皆公共ノ利益ヲ增進スルノ用ニ供スルモノナレハ今之ニ對シ課稅ヲ許ス𪜈ハ右ニ之ヲ與ヘ左ニ之ヲ奪フカ如ク公益ヲ失フト公益ヲ得ルトヲ同時ニ爲スノ有狀ニ至レルナリ其政府府縣郡市町村直接ノ公用ニ供スルモノトハ例之ハ官省ノ敷地、家屋、倉庫、練兵場、府縣廳敷地、倉庫、裁判所、警察署、郡役所、市役所、町村役所、等ノ敷地家屋倉庫等苟モ政治行政ノ事務ヲ執ル可キ官署ハ勿論其他公用ニ供スル附屬ノ土地家屋ノ類ヲ云ヒ公共組合トハ水利土功組合、學

事組合ノ如キヲ云ヒ又營造物トハ瓦斯局、電氣局、印刷局、造船局等ヲ云フ但シ其營造物中直接公用ニ供スルモノタルコトヲ必要トス故ニ營利ノ事業ナルトキハ決シテ公用ニ供スト云フ可カラス例之ハ製紙所、製絨所、營利ニ屬スル電氣局ノ如キ是レナリ故ニ本項ノ眼目トスル所ハ直接公用ノ文字ニ在リトス

(二)第二ニ列擧シタルモノハ所謂國家覆育的ノ事業ニ屬シ公益上欠ク可カラサルモノナルヲ以テ課税ヲ免シタルモノナリ而シテ學藝美術慈善ノ用ニ供スル土地、營造物、家屋トハ博物館、書籍館、美術館、施療院、育兒院、感化院、盲啞學校、動物園、植物園等ノ敷地建造物等ヲ云フ

(三)第三ニ列擧シタル官有ノ山林ヲ免除スルハ山林保護ノ主旨ヨリ出テタルモノナリ又荒蕪地ハ固ヨリ無收益ノモノナレハ之ニ課税スヘカラサルハ至當ノコト、謂フ可シ然レトモ是等ノモノ、利益トナル可キ事業ヲ起シテ內務大藏兩大臣ノ許可ヲ得タルトキハ格別ナリトス溜池ヲ新設シタルカ爲メ其荒蕪地ヲ開墾シテ良田ト爲スコトヲ得ルニ至リタルカ如キ場合是レナリ

新開地、開墾地ハ其官有タルト民有タルトヲ問ハズ町村條例ヲ以テ年月ヲ限リ免税スルコトヲ得蓋シ此等ノ者タル永遠ノ事業ニ屬スルモノニシテ急速ニ其利益ヲ見ル能ハサレハナリ

(問)本條第一ニ列擧シタル土地營造物家屋ノ外ハ悉ク課税スルヲ得可キヤ例之ハ王子製紙所又ハ千住製絨所ノ如キモ是レ國家覆育ノ目的ヲ達スルノ用ニ供スルモノナレハ直接公用ニ供シタルモノナルヤ明カナル可シ然ルニ彼ノ造船所ノ如キヲ直接公用ニ供シタルモノトシ製紙所ノ如キヲ直接公用ニ供シタルモノニアラスト云フハ豈ニ矛盾ノ甚タシキニアラスヤ

(答)千住製絨所又ハ王子製紙所ノ如キ官立ノ製造所ハ一見直接ノ公用ニ供シタルカ如ク見ユト雖モ決シテ然ラス即チ日本國製絨製紙ノ摸範ヲ示ス爲メニ設ケタルモノニシテ之ヲ廢スルモ公用ヲ欠クモノニアラスト雖トモ造船所ノ如キハ海軍々制上ニ於テ必要廢ス可カラサルモノナレハナリ加

之若シ製絨所製紙所ヲモ尚ホ本條第一ニ包含スルモノトスレハ第九十三條ニ於テ郵便、電信官設鐵道ニ對シ課税ス可カラサルノ規定ヲ要セサル可シ故ニ製絨所製紙所ノ如キ類ハ直接公用ニ供シタルモノニアラストス

(問)本條第二學校病院ノ下其他云々トアリ其他以下ニ於テモ尚ホ官立公立ノ二種ニ限ル可キ乎

(答)本條第二ニ官立公立ノ學校病院トアリテ私立學校ヲ規定ス故ニ其他以下ノモノニ於テモ尚官立公立ニ屬スルコト必要トセサル可カラス

(問)本條第三荒蕪地トアルハ官有荒蕪地ヲ指シタルヤ將タ民有地ヲモ包含スル乎

(答)本項ハ官有荒蕪地ノミヲ指シタルモノナリ何トナレハ利益ニ係ル事業ヲ起シ內務大藏両大臣ノ許可ヲ受ケテ費用ヲ徵收スルハ固ヨリ官有ナラサル可カラス民有荒蕪地ニ對スルトキハ所有者ノ承諾ヲ經ルニ止マル可シ

(問)果シテ然ラハ民有荒蕪地ニ對スルモ尚課税ス可カラサルノ規定ナカルヘカラス然ルニ本條末項ニ新開地開墾地ハ年月ヲ限リ免税スルコトヲ得ルノ規定アリテ荒蕪地ヲ免税スルノ規定ナシ之レヲ換言スレハ幾分ノ利益ヲ得ル者ニ對シ免税スルノ特例アリテ毫毛ノ收益ナキモノニ對シ免税スルノ特典アルハ如何ナル理由ナル乎

(答)然リ甚タ撞着スルカ如シ然レ𪜈荒蕪地ハ素ト無税地ナレハ特別税ヲ起ス場合ハ格別附加税ハ之ヲ附加スルノ途ナキヲ以テ別段ノ規定ヲ爲サヽリシモノナラン然レ𪜈同一無税地ノ官有荒蕪地ニ付テ規定シタルモノナレハ何故ニ民有荒蕪地ニ付テ規定セサリシヤ其理由ヲ知ル能ハス故ニ民有荒蕪地ニ關シテハ町村條例ニ規定スルノ必要アル可シ

第九十八條　前二條ノ外町村税ヲ免除ス可キモノハ別段ノ法律勅令ニ定ムル所ニ從フ皇族ニ係ル町村税ノ賦課ハ追テ法律勅令ヲ以テ定ムル迄現今ノ例

ニ依ル
（註）本條ハ別ニ解說ヲ要セス
第九十九條　數個人ニ於テ專ラ使用スル所ノ營造物アルトキハ其修築及保存ノ費用ハ之ヲ其關係者ニ賦課ス可シ
町村內ノ一部ニ於テ專ラ使用スル營造物アルトキハ其部內ニ住居シ若クハ滯在シ又ハ土地家屋ヲ所有シ營業（店舖ヲ定メサル行商ヲ除ク）ヲ爲ス者ニ於テ其修築及保存ノ費用ヲ負擔ス可シ但其一部ノ所有財產アルトキハ其收入ヲ以テ先ツ其費用ニ充ツ可シ
（註）町村有ノ營造物ニシテ數個人又ハ町村內ノ一部ニ於テ專ラ使用シ町村全般ノ公共ノ用ニ供セサルモノ多シ例之ハ今溜池井堰ノ如キモノニシテ民法上ノ權利アルモノハ格別ナリト雖モ其他町村有ニシテ其實町村全般ニ使用セサルモノアルハ普通ノ有狀ナリ此等ノ塲合ニ於テ其使用者則チ俗ニ所謂池掛リ井堰掛リノ地所ヲ所有スル者ニ其修築保存ノ費用ヲ負担セシムルハ必要事トス而シテ此塲合ニ於テ尙使用料ヲ徵收スルヲ得可キヤ否ヤヲ考フルニ多クノ塲合ニ於テ使用料ヲ徵收スル能ハストハ雖モ當路者ハ能ク注意シ若シ本條ヲ適用スルトキハ第百二十七條第八ニ依リ郡參事會ノ許可ヲ受ケサル可カラス
第百條　町村稅ハ納稅義務ノ起リタル翌月ノ初ヨリ免稅理由ノ生シタル月ノ終迄月割ヲ以テ之ヲ徵收ス可シ
會計年度中ニ於テ納稅義務消滅シ又ハ變更スルトキハ納稅者ヨリ之ヲ町村長ニ屆出ツ可シ其屆出ヲ爲シタル月ノ終迄ハ從前ノ稅ヲ徵收スルコトヲ得
（註）本條ハ町村稅賦課ノ起算法ヲ示シタルモノナリ即チ納稅義務起リタルトキハ例之ハ住民權ヲ

得滯在三ヶ月以上ニ及ヒ土地ヲ買得シタル等ノ場合ニ於テハ其義務ノ生シタル月ハ之ヲ除キ翌月ヨリ起算ス而シテ其義務ノ消滅シタルトキ例之ハ住民權ヲ失ヒ滯在者ニシテ出發シ土地ヲ賣却シタルカ如キ場合ニ於テハ其義務ノ終リタル月割ハ納税セサル可カラス故ニ始終ヲ計算スルトキハ双方共ニ損益アルコトナシ

會計年度中ニ義務消滅シ變更シタルトキハ其旨ヲ町村長ニ届出テサルヘカラス年度ノ終リニ至レハ町村長ハ其職トシテ納税義務ノ發生消滅變更ヲ調査スト雖モ年度間ハ不斷其調査ヲ爲ス能ハス故ニ納税者ヨリ之ヲ届出ルハ當然ナリトス而シテ此消滅變更ノ届出ヲ爲シタルトキハ其翌月ヨリ削除シ又ハ變更スルモノトス若シ此届出ヲ爲ササルトキハ其年度間削除シ變更セラレサルモ自己ノ過失ナレハ之ヲ訴願スルノ途ナカル可シ

(問)本條第三項ノ届出ヲ爲スモ町村長之ヲ變更シ又ハ除却セサルトキハ訴願スルノ途アルヤ

(答)第百五條第一項ニ依リ訴願スルコトヲ得ルナリ

(問)本條第二項ニ消滅變更ノ場合ニ届出ツ可キノ規定アリト雖モ發生ノ場合ニ届出ツ可キ規定ナシ之ヲ町村條例ニ規定スルノ必要アルヤ否ヤ

(答)納税義務發生ノ場合ニ於テ本人ヨリ之ヲ届出ツ可キノ必要アルハ已ニ第九十二條ニ於テ之ヲ述ヘタリ故ニ本條モ亦之ヲ條例ニ規定セサル可カラス

第百一條　町村公共ノ事業ヲ起シ又ハ公共ノ安寧ヲ維持スルカ爲メニ夫役現品ヲ以テ納税者ニ賦課スルコトヲ得但學藝美術及手工ニ關スル勞役ヲ課スルコトヲ得ス

夫役及現品ハ急迫ノ場合ヲ除クノ外直接町村税ヲ準率ト爲シ且之ヲ金額ニ算出シテ賦課ス可シ

夫役ヲ課セラレタル者ハ其便宜ニ從ヒ本人自カラ之ニ當リ又ハ適當ノ代人ヲ出スコトヲ得又急迫ノ場合ヲ除クノ外金圓ヲ以テ之ニ代フルコトヲ得

(註)夫役現品ヲ賦課スルコトノ必要ニシテ且便益ナルコトハ本制附添ノ理由書ヲ一讀スレハ自カラ之ヲ知ルヲ得可シ而メ町村公共ノ事業ヲ起ストハ學校ヲ建築シ道路ヲ修築シ其他百般公益ノ事業ヲ起スヲ云ヒ安寧ヲ維持スルトハ多ク臨時ノ場合ニ起ルモノニメ彼ノ洪水氾濫シテ人畜ヲ流シ田野ヲ荒サントスルカ如キ若クハ大火災ノ爲メニ人民其居ヲ失ヒ道途ニ彷徨スル如キ危急ノ秋ニ於テ堤塘ヲ堅クシ掛小屋ヲ設クルカ如キハ皆是レ公共ノ安寧ヲ維持スルニ欠クヘカラサルモノナリ蓋シ斯クノ如キ場合ニ於テハ巨萬ノ財ヲ積マンヨリモ寧ロ數人ノ勞力ヲ盡スノ効益多キニ若カス是レ本條現品夫役ヲ賦課スルコトヲ得ルノ便法ヲ設ケタル所以ナリ然レ圧彼ノ特別ニ智能才力ヲ要スル學術家美術家其他ノ工藝家ヲシテ其學藝ヲ以テ役セシムルコト能ハス普通ノ勞力ノミヲ課スヘキナリ故ニ火災若クハ水災ニ際シ掛小屋ヲ爲スノ必要アルモ特ニ其町村內ニ住スル大工ニ課役シテ其築造ヲ擔當セシムル能ハス若シ大工ヲ要スルトキハ別ニ相當ノ賃錢ヲ拂ハサル可カラス

急迫ナル場合ノ外夫役現品ハ直接町村稅ノ納額ニ依リ之ヲ金額ニ算出シテ賦課セサル可カラス例之ハ直接町村稅ノ總額千圓アリトシ現品ヲ賦課スル價額ハ百圓ナリトセハ直接町村稅壹圓ヲ納ムル者ハ現品ノ價額拾錢ヲ納ムル割合ヲ以テ木材其他ノ物品ヲ供給セシムヘキナリ然レ圧急迫ノ場合ニ於テハ固ヨリ手數ヲ省カサル可カラサレハ神速ノ賦課方ヲ行ハサル可カラス

夫役ヲ課セラレタル者ハ平時ニ在テハ金圓ヲ以テ代納スルコトヲ得ルノミナラス其急迫ノ場合ト雖モ代人ヲ以テスルコトヲ得是レ强ヒテ本人ヲ出サシメントスルモ實際行フ可カラサル場合ナキニアラサルノミナラス平時ニ在テハ却テ細民ヲ助クルノ一方法トモナル可ケレハナリ然レトモ其

代人タルモノハ普通ノ勞力ニ堪ヘ得ルモノナラサルヘカラス是レ特ニ本條ニ適當ノ代人云々ト定メタル所以ナリ

(問)夫役ハ平時金圓ヲ以テ代納スルコトヲ得レハ現品モ亦金圓ヲ以テ代納スルコトヲ得可キヤ否ヤ

(答)本條ニ依ルトキハ現品ハ金圓代用ヲ認メサルカ如シ第二項ニ金額ニ算出シトアルヲ以テ金圓ニ代ヘ得ルモノト速了スル人アル可シト雖モ前述ノ如ク現品何程ハ金額何程ニ相當スルヲ示スノミニシテ金圓代用ヲ許シタルノ法文ニアラス次條則チ第百二條ニ於テ現品ニ代フル金圓ヲ認メサルヲ以テ看ルモ亦推知スルニ足ル然レ𪜈是レ實際不便利且差問ヲ生スルモノナレハ町村條例ニ於テ適宜ノ規定ヲ爲スヘキナリ

第百二條　町村ニ於テ徴收スル使用料手數料(第八十九條)町村税(第九十條)夫役ニ代フル金圓(第百一條)共有物使用料及加入金(第八十四條)其他町村ノ收入ヲ定期内ニ納メサルトキハ町村長ハ之ヲ督促シ猶之ヲ完納セサルトキハ國税滯納處分法ニ依リ之ヲ徴收ス可シ其督促ヲ爲スニハ町村條例ノ規定ニ依リ手數料ヲ徴收スルコトヲ得

納税者中無資力ナル者アルトキハ町村長ノ意見ヲ以テ會計年度内ニ限リ納税延期ヲ許スコトヲ得其年度ヲ超ユル塲合ニ於テハ町村會ノ議決ニ依ル

本條ニ記載スル徴收金ノ追徴期滿得免及先取特權ニ付テハ國税ニ關スル規則ヲ適用ス

(註)本條第一項ニ列擧シタル金圓即チ町村ニ收入ス可キ金圓ヲ納期内ニ納メサルトキハ町村長ハ之レヲ督促シ尚ホ納メサルトキニ於テ始メテ處分ニ着手ス可キモノトス然レトモ實際ニ於テ町村

長ハ怠納者ヲ生セサラシメンカ爲メ其注意ヲ以テ納期內ニ督促ヲ爲ス可キヲ以テ此督促ヲ以テ本條ニ所謂督促ト混視スルモノナキニアラサルヘシト雖圧注意上ヨリ生シタル督促ハ本條ノ督促ナル文字中ニ包含セサルコト知ルヘシ而シテ其督促ヲ爲スニハ特ニ手數ヲ要スルモノナレハ本人ヲシテ之ヲ辨償セシムル爲メ町村條例ニ於テ手數料ヲ定メ之レヲ徵收スルコトヲ得ルナリ

無資力ニシテ納稅スル能ハサル者アルトキハ町村長ハ自己ノ意見ヲ以テ其會計年度內ニ於テ延期ヲ許スコトヲ得然レ圧若シ年度內ニ返納スル能ハサル者ナルトキハ町村會ノ議決ヲ經サル可カラス

本條記載ノ徵收金ニ關シ追徵其他ノ處分ヲ要スルトキハ凡テ國稅規則ヲ適用ス可キナリ追徵トハ例之ハ土地ニ賦課シタル町村稅ニシテ其賦課ノ後他人之ヲ買受ケ讓受ケ若クハ書入質入ト爲シタルトキニ於テ其町村稅ヲ納メサルニ依リ買主讓受主又ハ債主ヲシテ辨納セシムルヲ謂フ又期滿得免トハ法律ニ定メタル處分期限中ニ處分セサルトキハ其處分權ヲ失ヒ從ツテ納稅義務ヲ免カル丶ヲ云フ先取特權トハ身代限又ハ財產處分ニ際シ他ノ特權ヲ有スル債主ヨリモ尙先取スルノ權ヲ云フナリ然レ圧國稅ニ關シテハ已ニ夫々法律ノ規定アルヲ以テ復タ爰ニ贅セス

(問)本條ニ於テ過怠金及ヒ科料ニ關シ規定ナシト雖モ其他町村ノ收入云々中ニ包含スルモノナル可シ而シテ過怠金科料金ノ納期如何

(答)科料金ハ刑法第二十七條ニ依リ裁判確定後一月以內トス過怠金ハ第五十條則議事規則ニ背キタル議員ニ科スヘキモノト懲戒處分ノ過怠金トノ二種アリ第五十條ノ塲合ニ於テハ議事規則ニ之ヲ規定スルコトヲ得懲戒處分ノ過怠金ハ一般ノ規則ニ從ハサル可カラス

第百三條 地租ノ附加稅ハ地租ノ納稅者ニ賦課シ其他土地ニ對シテ賦課スル町村稅ハ其所有者又ハ使用者ニ賦課スルコトヲ得

（註）地租ニ附加スル町村税ハ地租ノ納税者（所有者ニシテ納税者タルトキハ勿論質取主入額所得權者ノ如キモ亦地租ノ納税者ナリトス）ニ對シ賦課セサル可カラスト雖モ其他ノ場合即チ反別割等ニ於テハ納税者ニアラサル所有者又ハ其土地ヲ使用スル者ニ賦課スルコトヲ得ルナリ

第百四條　町村税ノ賦課ニ對スル訴願ハ賦課令狀ノ交付後三ケ月以内ニ之ヲ町村長ニ申立ツ可シ此期限ヲ經過スルトキハ其年度内減税免税及償還ヲ請求スルノ權利ヲ失フモノトス

（註）町村税ノ賦課ニ對シ訴願スルトキハ例之ハ其賦課額ノ相違アリ或ハ納税義務ナキ者ニ賦課シタルカ如キ場合ニ於テハ其令狀ヲ交付シタルヨリ三ケ月以内ニ於テ町村長ニ申立テザル可カラス若シ其期限内ニ申立テサルトキハ訴願權ヲ失ヒ其年度間ハ令狀ノ納額ヲ納メサル可カラス而シテ其年度間ト限リタルハ年度ノ終リニ至レハ町村長ハ納税額ヲ調査スルノミナラス歳入出豫算ヲ更定スルモノナレハナリ

（問）町村長ニ於テ賦課ヲ誤リタルトキハ關係者ハ直チニ訴願セサル可カラサルカ將タ其相違シタルコトヲ町村長ニ申立町村長ニ於テ其誤リヲ正シタルトキハ訴願スルヲ要セサル乎

（答）然リ訴願ハ双方ノ爭ヒヨリ生スルモノナレハ町村長ニ於テ其誤リヲ悟リ其申立ニ服シタルトキハ固ヨリ訴願スルノ要アラサルナリ

第百五條　町村税ノ賦課及町村ノ營造物町村有ノ財産幷其所得ヲ使用スル權利ニ關スル訴願ハ町村長之ヲ裁決ス但民法上ノ權利ニ係ルモノハ此限ニ在ラス

前項ノ裁決ニ不服アル者ハ郡參事會ニ訴願シ其郡參事會ノ裁決ニ不服アル者ハ府縣參事會ニ訴願シ其府縣參事會ノ裁決ニ不服アル者行政裁判所ニ出

訴スルコトヲ得

本條ノ訴願及訴訟ノ爲メニ其處分ノ執行ヲ停止スルコトヲ得ス

(註)本條第一項ニ規定シタル權利ノ爭ハ町村長ト一私人トノ間ニ起ルアリ或ハ私人相互ノ間ニ發スルアリ町村ノ賦課ニ對スル爭ノ如キハ町村長ト私人トノ間ニ起ル可キモノナリト雖モ營造物使用ノ權ノ如キハ私人間ニ起ルヿアルヘキナリ孰レノ場合ニ於テモ町村長ニ於テ之ヲ裁決ス可キモノナリトス而シテ本條ニ於テモ亦民法上ノ權利ト行政法上ノ權利トノ區別ヲ必要トス

本條末項處分ノ執行ヲ停止セサルハ第三十七條末項ト同シケレハ彼此參看シテ了解スヘキナリ

第百六條　町村ニ於テ公債ヲ募集スルハ從前ノ公債元額ヲ償還スル爲メ又ハ天災時變等已ムヲ得サル支出若クハ町村永久ノ利益トナル可キ支出ヲ要スルニ方リ通常ノ歳入ヲ增加スルトキハ其町村住民ノ負擔ニ堪ヘサル場合ニ限ルモノトス

町村會ニ於テ公債募集ノ事ヲ議決スルトキハ併セテ其募集ノ方法利息ノ定率及償還ノ方法ヲ定ム可シ償還ノ初期ハ三年以內ト爲シ年年償還ノ步合ヲ定メ募集ノ時ヨリ三十年以內ニ還了ス可シ

定期豫算內ノ支出ヲ爲スカ爲メ必要ナル一時ノ借入金ハ本條ノ例ニ依ラス其年度內ノ收入ヲ以テ償還ス可キモノトス

(註)本條ハ公債募集ノ方法手續ヲ示シ且其募集ス可キ場合ヲ制限シタルナリ其募集スヘキ場合ハ本條規定ノ如ク左ノ三個ノ場合ナリトス

一、從前ノ公債元額ヲ償還スル件

二、天災時變等ニ際シ已ムヲ得サル支出ヲ要スル件

三、町村永久ノ利益トナル可キ事業ヲ起ス件

公債募集ハ右三個ノ場合ニ就キ通常歳入ヲ増加シ能ハサル時ニ起スヘキモノトス蓋シ臨時多額ノ支出ヲ要スル場合ニ於テ公債ヲ募集スルハ最良ノ方法ナリト雖モ固ト公債法タル永年ニ亘リ義務ヲ負担スルモノナレハ充分ノ注意ヲ加ヘサル可カラス是レ本條ニ於テ三個ノ制限ヲ附シ且第百二十六條ニ於テ内務大藏兩大臣ノ許可ヲ受ク可キノ規定アル所以ナリ尤モ償還期限三年以内ノモノハ第百二十六條但書ニ依リ許可ヲ受クルヲ要セス由是觀之ハ多額ノ公債ヲ募集スルニ其償還期ヲ三年以内トスレハ町村會ハ自由ニ募集スルヲ得ルカ如シト雖モ實際町村ノ負担ニ堪ヘ能ハサル高額ナルトキハ町村長ハ勿論監督廳ニ於テ之ヲ默視セサルヤ必セリ

公債募集ノコトヲ議決スルトキハ其募集法、利息ノ割合、償還ノ方法、其償還ノ初期及償還年期ヲ定メサル可カラス公債募集法ニ三種アリ第一、競賣法則高額ニ買入ルヽ者ニ賣渡スヿ第二、某會社又ハ銀行等ヨリ金額ヲ借入之ニ公債ヲ渡シ其會社銀行ヲシテ之レヲ所有シ若クハ賣却スルノ自由ヲ得セシムルヿ第三、期限ヲ定メ申込高ニ依リ賣渡スヿ是レナリ而シテ償還法ニモ亦三種アリ第一、買戻法例ヘハ公債低落シタルトキハ其時ニ臨ンデ買得可キ丈ケ買戻スナリ第二、利息返還法例之ハ前公債ノ利子高貴ニシテ世間金融ノ利子低落ナルトキハ利子ノ安キ公債ヲ出シテ之ヲ賣却シ其金ヲ以テ前公債ト引換フルナリ第三、抽籤法例之ハ年々若干ノ金額ヲ定メ抽籤ヲ以テ返還スルヿ是レナリ

定額内ノ支出ヲ爲ス可キモノニシテ其徴收ヲ俟ツ能ハサル等ノ爲メ一時借入ヲ爲スコトアリ此場合ニ於テハ決シテ公債法ニ依ラス其年度ノ收入ヲ以テ返還セサル可カラス

(問)本條第一項ニ從前ノ公債元額云々トアリ若シ此法律實施前ニ於テ町村ニ若干ノ負債アリトセハ之レヲ償還スル爲メ公債募集ヲ爲スヲ得可キ乎

(答)公債募集ハ町村ノ利益ノ爲ニスルモノナレハ前負債ヲ償還スルノ町村ニ利益ヲ與フルモノト認ムルトキハ公債募集ヲ爲スコトヲ得ルヤ明カナリ

(問)本條第二項ニ償還初期ヲ三年還了期ヲ三十年トセリ其年限起算点ハ募集ノ時ニ在リト雖モ若シ數回ノ募集ナルトキハ何レノ時ヲ起算点トスルヤ又募集ヲ始メタルトキヲ以テスルヤ將タ募集ヲ終リタルトキヲ以テスル乎

(答)償還ノ初期ハ三年以內ト爲シ云々募集ノ時ヨリ三十年以內ニ云々トアリ依テ考フルニ最初募集ニ着手シタル時ヲ以テ起算点ト爲サヽル可カラス

第二款　町村ノ歳入出豫算及決算

第百七條　町村長ハ毎會計年度收入支出ノ豫知シ得可キ金額ヲ積リ年度前二ケ月ヲ限リ歳入出豫算表ヲ調製ス可シ但町村ノ會計年度ハ政府ノ會計年度ニ同シ

內務大臣ハ省令ヲ以テ豫算表調製ノ式ヲ定ムルコトヲ得

(註)町村長ハ町村會ノ議事ヲ準備ス可キノ職掌アリ其準備中歳入出豫算表ヲ調製スルヲ最要トス其歳入出豫算表ヲ調製スルニハ町村長ニ於テ其一ケ年度間町村ニ收入シ得可キ金額及ヒ支出セサル可カラサル金額ノ豫知シ得ルモノヲ見積ラサル可カラス今支出ニ付テ例セハ法律命令ニ依テ町村ノ負担トナリシモノハ勿論吏員ノ給料、退隱料、報酬、實費其他町村有財産ノ修築等ヲ云フ又收入ニ付テ例セハ使用料、手數料、町村税等ヲ云フナリ

豫算表ヲ調製スルハ次年度ニ遷ル二ケ月前ナラサル可カラス而シテ其會計年度トハ政府ノ會計年度(四月一日ニ始リ翌年三月三十一日ニ終ル)ニ從フ可キモノトス

內務大臣ハ豫算表調製式ヲ定メ省令ヲ以テ之ヲ公示スルコトヲ得此調製式ハ調査上ニ重大ノ關係ヲ來スモノナレハ良方法ヲ按出シ一定スルコトヲ要ス

(問)本條ノ規定ニ依レハ豫算表ヲ調製スルノ權ハ獨リ町村長ノミ之ヲ有スルモノヽ如シ然ラハ町村會議員ニシテ町村ノ利益ニ關スル事業ヲ起サントスレハ先ツ町村長ヲシテ豫算表ヲ調製セシメサル可カラス然レトモ町村長之ニ應セサルトキハ如何スル乎

(答)本問ハ實ニ之ニ答フルヲ要セサルカ如キモノナリト雖モ或ハ如斯疑惑ヲ有スル人ナキヲ保セサレハ單簡之ニ答ヘン本條ハ町村長ニ豫算表ヲ調製ス可キ義務アルコトヲ命令シタル法文ニシテ權利ヲ規定シタルモノニ非ス町村會ハ町村自治ノ事業ヲ起廢スルノ權利アレハ町村會議員ニシテ事業ノ目論見アルトキハ之ヲ議會ニ建議シ議會ニ於テ之ヲ容レタルトキハ町村長ヲシテ議案ヲ調製セシムルモ可ナリ議會ニ於テ委員ヲ撰任スルモ可ナリ何ツ町村長ノミ議案ヲ發スルノ權ヲ專有スルモノナランヤ

第百八條　豫算表ハ會計年度前町村會ノ議決ヲ取リ之ヲ郡長ニ報告シ幷地方慣行ノ方式ヲ以テ其要領ヲ公告ス可シ

豫算表ヲ町村會ニ提出スルトキハ町村長ハ併セテ其ノ町村事務報告書及財產明細表ヲ提出スヘシ

(註)前條ニ依リ豫算表ヲ調製シタルトキハ其次年度ニ遷ル前ニ於テ之ヲ町村會ニ提出シ其議決ヲ經サル可カラス而シテ其議決ハ之ヲ郡長ニ報告シ以テ監督ノ資ニ供シ之レヲ其町村慣行ノ式ニ依リテ公告シ以テ人民ヲシテ普ネク其議決ヲ知ラシムルモノトス

町村長カ豫算表ヲ町村會ニ提出シタルトキハ其町村事務ノ報告書及ヒ財產明細表ヲ提出セサルヘカラス報告書トハ則チ起業アレハ其事業ノ景狀幷ニ衞生、敎育、勸業其他財產管理等凡テ自治事務ノ狀況ヲ詳記シタル者ヲ云ヒ財產明細表トハ町村有ノ財產ハ勿論町村內各人ノ財產明細表ヲ云フ

(問)本條第一項ニ於テハ議決ヲ郡長ニ報告シ式ニ依リ公告シトアリ之ヲ公告スルハ可決シタルモノノミニテ足レリト雖モ郡長ニ報告スルハ可決シタルモノ及否決シタルモノヲモ共ニセサル可カラス然ラサレハ監督上大ニ便利ヲ失フ場合アラン本條所謂議決トハ可否決共ニ包含スルヤ將タ可決シタルモノノミナル乎

(答)議決トハ可否ヲ決スルノ謂ナレハ可否決共ニ郡長ニ報告スルハ勿論公告ニモ亦議決全体ヲ以テセサル可カラス是レ郡長ハ監督權ヲ行フニ必要ニシテ人民ハ町村會ノ意向ヲ知リ輿論ヲ喚起スルノ必要アルヲ以テナリ

第百九條　定額豫算外ノ費用又ハ豫算ノ不足アルトキハ町村會ノ認定ヲ得テ之ヲ支出スルコトヲ得

定額豫算中臨時ノ場合ニ支出スルカ爲メニ豫備費ヲ置キ町村長ハ豫メ町村會ノ認定ヲ受ケスシテ豫算外ノ費用又ハ豫算超過ノ費用ニ充ツルコトヲ得

但町村會ノ否決シタル費途ニ充ツルコトヲ得ス

(註)町村長ハ町村會ノ議決ヲ經ルニ非サレハ費用ヲ支出スルコトヲ得ザルハ言ヲ俟タス故ニ豫算外ノ支出ハ勿論豫算中ニ載セタル事項ノ不足額ト雖モ決シテ獨斷ヲ以テ收支スルヲ得ス必スヤ町村會ノ認定ヲ俟タサル可カラス

然レ𪜈支出ノ急劇ヲ要スル場合或ハ町村會ヲ開設スルノ却テ費用ヲ嵩ムノ場合ナキニアラス故ニ斯クノ如キ萬一ノ場合ヲ豫防スルカ爲メ豫備費ナルモノヲ置クコトヲ得其豫備費ハ町村長ニ於テ適宜ニ豫算外ノ費用豫算超過ノ費用ニ充ツルコトヲ得ルナリ然レ𪜈曩キニ町村會ニ於テ否決シタル費用ニ充ツルコトヲ得ス若シ之ヲ支出スルカ如キヿアラハ町村長ノ專橫之レヨリ太甚シキハナシ

（問）豫備費ハ否決シタル事項ニ用フルヲ禁スルノ外町村長ノ隨意ニ委シタルモノナル乎
（答）豫備費ヲ設クルノ主旨ハ前已ニ述ヘタルカ如シ而シテ豫算超過ノ場合ニ於テハ固ヨリ本條ニ制限ナキヲ以テ町村長ニ於テ隨意支出スルニトヲ得ト雖モ豫算外ノ支出ニ至テハ其事件ノ臨時ニ發生シ已ムヲ得サルニアラサレハ之レヲ支出スルコヽヲ得ス自カラ進ンテ或ル事業ヲ起シ豫備費ヲ濫用スルカ如キハ豫備費ヲ置クノ精神ニ反シ決シテ法律ノ許サヽル所ナリ
（問）町村會ニ於テ豫備費支出ニ關スル制限ヲ設クルコトヲ得可キ乎
（答）然リ町村會ニ於テハ豫算超過ノ支出ハ幾許豫算外ノ支出ハ幾許ヲ超過スルトキ町村會ノ認定ヲ經テ支出セサル可カラストノ制限ヲ設クルコヲ得ヘキナリ

第百十條　町村會ニ於テ豫算表ヲ議決シタルトキハ町村長ヨリ其謄寫ヲ以テ之ヲ收入役ニ交付ス可シ其豫算表中監督官廳若クハ參事會ノ許可ヲ受ク可キ事項アルトキハ（第百二十五條ヨリ第百二十七條ニ至ル）先ツ其許可ヲ受ク可シ
收入役ハ町村長（第六十八條第二項第三）又ハ監督官廳ノ命令アルニ非レハ支拂ヲ爲スコトヲ得ス又收入役ハ町村長ノ命令ヲ受クルモ其支出豫算表中ニ豫定ナキカ又ハ其命令第百九條ノ規定ニ依ラサルトキハ支拂ヲ爲スコトヲ得ス
前項ノ規定ニ背キタル支拂ハ總テ收入役ノ責任ニ歸ス
（註）收入役ノ職掌タル町村長ノ命令ニ依テ收入支出ヲ爲スニ止マラス尙其町村長ノ命令ハ豫算表ニ從フモノナルヤ否ヲ監督スル所以ノモノナレハ町村會ニ於テ豫算表ヲ議決シタルトキハ之ヲ謄寫シテ收入役ニ交付セサル可カラス然レモ其議決ニシテ許可ヲ受ク可キモノナルトキハ先ツ許可

ヲ得ルノ手續ヲ爲シ果シテ許可ヲ得タルトキニ於テ始メテ之ヲ收入役ニ交付ス可キモノトス

收入役ハ收支專務ノ職掌ヲ有スル者ナリト雖モ町村長ノ配下ニ屬スルモノタレハ其收支ヲ爲スニ方リテハ町村長又ハ町村長助役共ニ未定ナルカ若クハ第百二十二條ノ塲合ニ於テ町村長ノ命令ヲ俟ツ能ハサルトキ等ニ於テハ監督官廳ノ命令ヲ俟ツヿヲ要ス然レ𪜈假令町村長又ハ監督官廳ノ命令ナルモ收入役ハ豫算表ニ豫定ナキ費目ナルトキハ之レヲ支出スヘキモノニアラス又其命令第百九條ノ規定ニ背キタルトキ則チ豫算外ノ費目豫算超過ノ支出ニシテ町村會ノ認定ヲ經サルモノ又ハ豫備費ニシテ曩キニ否決シタル費目ニ支出シ又ハ町村會カ別段ニ規定シタル制限ニ背キタルトキハ決シテ支拂ヲ爲ス可カラス是レ收入役當然ノ職權ニシテ亦收入役ヲ設ケタル主旨ニ適合スルモノナリ

然ルニ若シ收入役ニシテ前項ノ主旨ニ背キタル支拂ヲ爲シタルトキハ其命令シタル者ハ勿論收入役モ亦其責ヲ免カルヽコト能ハス

第百十一條　町村ノ出納ハ每月例日ヲ定メテ撿查シ及每年少クモ一回臨時撿查ヲ爲スヘシ例月撿查ハ町村長又ハ其代理者之ヲ爲シ臨時撿查ハ町村長又ハ其代理者ノ外町村會ノ互撰シタル議員一名以上ノ立會ヲ要ス

(註)出納撿查ヲ爲ス目的ノ重ナルモノハ第一豫算表ト收支ト牴觸セサルヤ否ヤ第二命令ト實際ノ收支ト齟齬セサルヤ否ヲ明ラカニスルニ在リトス而シテ每月ノ撿查ハ町村長カ町村ノ出納其他會計事務ヲ監督スルニ出テ臨時撿查ハ町村會カ町村長收入役ノ財政整理方ヲ撿查スルニ在リ故ニ每月ノ撿查ハ町村長又ハ助役ニ任シ臨時撿查ハ町村長又ハ助役ト町村會ノ代理者トヲ以テスルモノナリ而シテ町村會ニ於テ撿查委員ヲ互撰スルハ可成其時ニ臨ミ撰定スルヲ得策トス

第百十二條　決算ハ會計年度ノ終ヨリ三ケ月以內ニ之ヲ結了シ證書類ヲモ併

セテ收入役ヨリ之ヲ町村長ニ提出シ町村長ハ之ヲ審査シ意見ヲ附シテ之ヲ町村會ノ認定ニ附ス可シ第六十二條第五項ノ場合ニ於テハ前例ニ依リ町村長ヨリ直ニ之ヲ町村會ニ提出ス可シ其町村會ノ認定ヲ經タルトキハ町村長ハ之ヲ郡長ニ報告ス可シ

(註)決算報告ハ其年度内ノ收入支出及町村ノ損失ニ歸シタル不納額延納額等ヲ詳密ニ記載シ支拂請取証書類ヲ附添シテ收入役ヨリ之ヲ町村長ニ提出スルトキハ町村長ハ之ヲ審査シ其可否ノ意見ヲ附シ町村會ニ提出シ認定ヲ受ケサル可カラス若シ第六十二條第五項ニ依リタルトキハ町村長ヨリ直ニ之ヲ町村會ニ提出スルモノトス而シテ町村會ニ於テ之ヲ正當トシ認定ヲ與ヘタルトキハ郡長ニ報告シ若シ又町村會ニ於テ不當ノ個所アリト認ムルトキハ之ヲ審査シ越權ノ所爲アルトキハ行政裁判ヲ受ケザル可カラス

(問)本條ノ規定ニ依レハ第六十二條ノ場合ニ於テハ町村長ヨリ直ニ之ヲ町村會ニ提出シ云々トアルヲ以テ町村長ハ自己ノ意見ヲ附添セサルヿ明カナリト雖𪜈助役ヲシテ收入役ノ事務ヲ扱ハシムル場合ニ於テハ町村長ハ其報告書ヲ審査シ意見ヲ添附スルノ必要アル可シ此場合ニ於テモ尚意見ヲ附スルヲ要セサル乎

(答)第六十二條ノ場合ニ於テハ之ヲ二個ニ區別セサル可カラス町村長收入役ノ事務ヲ兼掌シタルトキハ固ヨリ意見ヲ附ス能ハスト雖モ助役ヲシテ兼掌セシムル場合ハ助役ハ獨立ノ職權ヲ以テ行フモノナレハ其報告ニ對シ町村長ハ意見ヲ添附セサル可カラサルヤ明カナリ然ルニ本條此規定ナキハ法文ノ不備ト云ハサル可カラス然レ𪜈實際ニ至テハ町村長ノ意見ヲ附スルノ必要ヲ生ス可シ

第百十三條　決算報告ヲ為ストキハ第四十條ノ例ニ準シテ議長代理者共ニ故

障アルモノトス

（註）決算報告ヲ爲スハ行政事務ノ一部分ナリ而シテ町村長ハ理事者トシテ之ヲ行フモノニシテ即チ自己ノ身上ニ關スル事件ナレハ第四十條ニ依リ議長ヲ回避セサル可カラス即助役ハ第六十二條末項ニ依リ自己ノ担任シタル外ハ直接其責任者ニアラスト雖モ是亦理事者ノ一人ナレハ議長ヲ代理スル能ハス又町村長助役ニシテ議員ヲ兼ヌルトキハ第四十五條ニ依リ回避セサル可カラサルナリ

第五章　町村各部ノ行政

第百十四條　町村内ノ區（第六十四條）又ハ町村内ノ一部若クハ合併町村（第四條）ニシテ別ニ其區域ヲ存シテ一區ヲ爲スモノ特別ニ財產ヲ所有シ若クハ營造物ヲ設ケ其一區限リ特ニ其費用（第九十九條）ヲ負擔スルトキハ郡參事會ハ其町村會ノ意見ヲ聞キ條例ヲ發行シ財產及營造物ニ關スル事務ノ爲メ區會又ハ區總會ヲ設クルコトヲ得其會議ハ町村會ノ例ヲ適用スルコトヲ得

（註）町村ハ統一セサル可カラス町村ノ内部ハ一致結合セサル可カラス町村内ノ一部ニシテ獨立スルカ如キハ望ム可キニアラス然レトモ我國今日ノ狀況ハ決シテ此理論ヲ施ス能ハス此希望ヲ滿足スル能ハサルモノアリ何トナレハ町村内ノ部落ニシテ特ニ財產ヲ有シ其財產ヲ部落限リノ費用ヲ以テ修築保存シ若クハ收益シ使用シ處分スルノ權利ヲ有スル者往々ニシテ存在スレハナリ加之若シ合併町村ヲ設クルニ至テハ舊材則部落ニシテ特別ニ財產ヲ有シ全町村ト利害ヲ同フセサル者アルハ明カナレハナリ然ルニ若シ強ヒテ其獨立經理ノ權利ヲ奪ヒ町村全般ト混一スルニ至レハ其部落ノ不幸不利ヲ來シ自治ノ良元質ヲ失ヒ部落内ノ住民ハ全町村ノ犧牲ト爲ルニ至ラン是レ立法者ハ特ニ本條ニ於テ部落ノ特立ヲ許シタル所以ナリ然レトモ此事ヤ町村ト部落ト共ニ重大ノ關係ヲ來シ

町村ノ盛衰ニ關スルモノナレハ唯町村會ノミニ一任ス可カラス又上部機關ニノミ放任スヘカラス故ニ其處分權ヲ郡參事會ニ附與シ而シテ町村會ノ異見ヲ諮問スルコトヽ爲シタルナリ然レ𪜈一部落ヲシテ全ク町村ト分離セシムルノ主旨ニアラス唯其部落限リノ財產營造物等ニ關シ議政ノ權ヲ附與シタルニ止マルナリ是レ本條區會若クハ區總會ヲ設クルコトノ規定アル所以ナリ

第百十五條　前條ニ記載スル事務ハ町村ノ行政ニ關スル規則ニ依リ町村長之ヲ管理ス可シ但區ノ出納及會計ノ事務ハ之ヲ分別ス可シ

(註)已ニ前條ニ於テ述ヘタル如ク部落ヲシテ獨立セシムルモ唯其財產營造物ニ關スル議事ヲ掌ラシムルモノナレハ理事ハ町村長之ヲ爲サヽル可カラス故ニ町村長カ其區會若クハ區總會ニ對スル權利其他ノ職掌ハ町村會ニ對スルト異ナルコトナシ但別ニ條例ニ規定スルコトモ亦郡參事會ノ權內ニ在リ

然レ𪜈已ニ財產處分ニ付獨立權ヲ附與シタルモノナレハ出納其他ノ會計事務ハ町村全般ト混合スルコトナク劃然區別ヲ立テサル可カラス其出納會計事務ハ町村收入役ヲシテ兼掌セシムルモ敢テ差閊ナキノミナラス其費用ヲ節スルノ一端トモナルヘシ

第六章　町村組合

第百十六條　數町村ノ事務ヲ共同處分スル爲メ其協議ニ依リ監督官廳ノ許可ヲ得テ其町村ノ組合ヲ設クルコトヲ得

法律上ノ義務ヲ負擔スルニ堪フ可キ資力ヲ有セサル町村ニシテ他ノ町村ト合併(第四條)スルノ協議整ハス又ハ其事情ニ依リ合併ヲ不便ト爲ストキハ郡參事會ノ議決ヲ以テ數町村ノ組合ヲ設ケシムルコトヲ得

(註)本條第一項ト第二項トハ等シク町村組合ノ事ヲ規定シタルモノナリト雖モ其性質大ニ異ナル

モノトス第一項ニ於テ謂フ所ノ町村ハ獨立自治ノ資力ヲ有スル町村ヲ見認メタルモノニシテ其獨立シ得可キ町村ニシテ尚組合セサル可カラサル場合即チ數町村ニ跨カル水利土功若クハ教育事業又ハ警察區域ノ如キ其組合ヲ要スル場合ニ於テ之ヲ設クルコトヲ云フ

第二項ハ之ニ異ナリ獨立維持ノ資力ヲ有セサル町村ニシテ他ノ町村ト合併スルノ必要アリト雖モ合併ノ協議整ハサルカ或ハ其他ノ事情即チ舊怨ニ由リ互ニ敵視シ若クハ人情風俗營生習慣等ヲ異ニシ其利害ノ關係相反スルカ如キ又ハ地形ノ合併ヲ妨クル等ノ場合ニ依リ町村ノ公益ト國家ノ公益ヲ全フスル爲メ强ヒテ組合ヲ設ケシメ其組合ニテ連帶スルヲ得可キ事件ノ生スルニ方リ之ヲ連帶セシムルヲ云フ故ニ第一項ノ場合ハ其事業ノ必要上町村ヨリ進ンテ組合ヲ設クルモノニシテ監督廳ノ許可ヲ受ク可ク第二項ハ町村ノ維持ト國家ノ公益上已ムヲ得ス組合ヲ爲ス可キモノニシテ郡參事會ニ於テ議決ス是レ第一項第二項ト相似テ同シカラサル所以ナリ

（問）本條第二項郡參事會ノ議決ハ上官廳ノ認可ヲ受クヘキモノナルヤ

（答）否ナ本條ニ於テハ郡參事會ニ專決議權ヲ與ヘタルモノニシテ何レノ許可ヲモ受クルヲ要セサルナリ

第百十七條　町村組合ヲ設クルノ協議ヲ爲ストキハ（第百十六條第一項）組合會議ノ組織事務ノ管理方法幷其費用ノ支辨方法ヲ併セテ規定ス可シ

前條第二項ノ場合ニ於テハ其關係町村ノ協議ヲ以テ組合費用ノ分擔法等其他必要ノ事項ヲ規定ス可シ若シ其協議整ハサルトキハ郡參事會ニ於テ之ヲ定ム可シ

（註）本條第一項ハ前條第一項ノ組合ニ對シ規定シ第二項ハ前條第二項ノ組合ニ對シ規定シタルモノニシテ組合ヲ設ケタルトキハ其會議ノ組織等ヲ協議規定スルノ必要アルハ言ヲ俟タス而シテ本

條第一項即チ前條第一項ノ組合ニ於テハ各獨立ノ町村組合ナレハ其組合會議ノ組織ハ第一組合會議員ヲ直接ニ撰擧スルカ第二町村會議員ヲシテ委員則議會ノ代表者ヲ互撰セシメ其委員ヲ以テ組織スルカ第三各町村會ハ各其議決ヲ爲シ議決ノ一致ヲ以テ組合ノ議決トナスカ第四各町村會ヲ合併シテ組合會議ヲ開クヤノ四方法ナリトス然レトモ第三法ハ言フ可クシテ行ハル可カラス第四法ハ紛雜ニシテ整理スル能ハサル恐レアリ故ニ第一第二ノ兩法何レカニ依ルヲ可ナリトス又其理事者ヲ定ムルハ第一組合各町村長ヲシテ交番其事務ヲ理メシムルヤ第二委員若干名ヲ直撰スルカ第三町村長ヲシテ互撰セシムルヤノ三方法ニ過キサル可シ又其費用負擔ハ第一組合費トシテ直接ニ徵收スルヤ第二組合會議ニ於テハ各町村ノ負擔額ヲ定メ各町村會ニ於テ適宜賦課法ヲ定ムルヤノ二方法ナリト雖モ前者ハ簡易ナルモ公平ヲ保ツコトヲ得ス後者ハ複雜ナルモ公平ヲ得ルノ益アリ其他理事者ノ權限議會ノ權限等必要ノ事項ヲ規定セサル可カラス

第二項ノ塲合ニ於テモ固ヨリ第一項ト異ナルコトナシト雖モ第二項ニ在ツテハ其組合ノ成立スル原由町村ノ獨立ヲ全フセントスルニ在リ故ニ可及的此主旨ヲ基礎トシテ議會ノ組織理事者ノ撰任費用ノ分擔等ヲ規定セサル可カラス固ヨリ獨立町村ナレハ假令ヒ貧弱ナルモ各町村ニ於テハ町村吏員ヲ設ケテ行政ヲ掌ラシメ町村會若クハ町村總會ヲ設ケテ議政ヲ掌ラシメサル可カラス然リト雖モ組合ノ協議一致スルニ於テハ町村長其他ノ吏員ハ組合共同シテ之ヲ設クルトキハ大ニ其費用ヲ節スルニ至ル可シ

(問)本條ニ規定シタル組合會議ノ組織其他ノ方法ハ何人カ之レヲ定ムルヤ又其定メタルモノハ町村條例ナルヤ將タ組合ノ契約ニ止マルヤ

(答)本條ニ於テハ唯規定ス可シト在リテ町村條例ニ規定ス可キノ法文ヲ見ス然ラハ組合町村ノ契約ニ止マル可キモノト謂ハサル可カラス而シテ組合會議ノ組織ヲ規定スルハ何人ノ任ナルヤハ事

實ノ問題ニシテ豫メ一定スル能ハストモ思フニ前條第一項ノ如ク共同處分ヲ要スル事業ノ生シタルトキハ外部ニ對シ町村ヲ代表スルノ權アル町村長ノ會議ヲ開キ先ツ組合ヲ設クルヤ否ヤニ付各町村會ノ意見ヲ聞クノ手續ヲ爲サヽル可カラス果シテ組合ヲ設クルニ決シタルトキハ次ニ議會組織事務管理等ニ關スル諸般ノ事ハ町村長ノ協議ヲ以テ起草シ各町村會ノ議定ヲ經テ之ヲ定ムル乎或ハ各町村會ニ於テ組合諸般ノ組織ヲ議定スルノ委員ヲ出サシムル乎ヲ各町村會ニ諮リ其町村會ノ意見ニ從フ可キヲ順序ナリト信ス

(問)前條第一項ノ組合ニ於テハ監督官廳ノ認可ヲ受ク可キノ規定アリ而シテ本條第一項ニ於テ組合ノ協議ヲ爲ストキハ組合會議ノ組織ヲモ併セテ規定ス可シトアリ然ラハ組合ヲ設クルノ認可ヲ受ク可キハ勿論會議ノ組織法等モ併セテ認可ヲ受ク可キモノナルヤ

(答)會議ノ組織其他ノ事件ハ併セテ規定ス可シト云フニ止リ監督廳ノ認可ヲ受クルヲ要セサルヘシ何トナレハ前條第二項ノ組合ハ公益上強制シテ之ヲ設クルモノナルモ尚ホ其會議ノ組織其他ノ事件ハ町村ノ協議ニ任セリ然ルニ前條第一項ノ組合ニ對シ其組織法等ヲモ認可ヲ受ク可シトノ強制ヲ爲スヘキ道理アラサレハナリ

第百十八條 町村組合ハ監督官廳ノ許可ヲ得ルニ非レハ之ヲ解クコトヲ得ス

(註)町村組合ハ公益上ノ必要ヨリ生シタルモノナレハ監督官廳ノ認可ヲ得ルニアラサレハ其組合ヲ設クルコトヲ得サルモノナレハ之ヲ解クニモ亦監督官廳ノ許可ヲ得サル可カラサルハ當然ノ事トス然レトモ第百十六條第二項ノ組合ニ於テハ郡參事會ノ議決ヲ以テ之ヲ解ク可キモノナレハ町村ニ於テ之レヲ解クノ利益ヲ看出ストキハ郡參事會ニ請求スルノ外途アルコトナシ

第七章 町村行政ノ監督

第百十九條 町村ノ行政ハ第一次ニ於テ郡長之ヲ監督シ第二次ニ於テ府縣知

事之ヲ監督シ第三次ニ於テ内務大臣之ヲ監督ス但法律ニ指定シタル場合ニ於テ郡參事會府縣參事會ノ參與スルハ別段ナリトス

（註）本條ハ其町村行政監督者ノ段階ヲ定メタルモノナリ今其町村行政ヲ監督スルノ標準トスル所ヲ擧クレハ

一、法律勅令ヲ遵守スルヤ否ヤ

二、官廳ノ命令若クハ權内ノ處分ニ服スルヤ否ヤ

三、公益ヲ害スルノ所爲ナキヤ否ヤ

四、町村ノ資力ヲ維持スルヤ否ヤ

五、事務ノ錯亂澁滯等ナキヤ否ヤ

等ノ點是レナリ而シテ町村長助役收入役ノ撰擧ヲ認可シ有給町村長助役ノ給料ヲ認可スルカ如キハ此法律中所々ニ規定アルヲ以テ爰ニ贅セス然レ𪜈此法律規定外ニ於テ實際ニ監督ス可キ場合多々生ス可キヲ以テ監督者ハ臨機ノ處分ヲ要ス可シ郡長ノ監督ニ對シ郡參事會ノ參與スル場合ハ第六十二條第七十六條ノ如キヲ云ヒ府縣知事ノ監督處分ニ對シ府縣參事會ノ參與スルハ第六十條ノ如キヲ云フナリ

第百二十條　此法律中別段ノ規定アル場合ヲ除クノ外凡町村ノ行政ニ關スル郡長若クハ郡參事會ノ處分若クハ裁決ニ不服アル者ハ府縣知事若クハ府縣參事會ニ訴願シ其府縣知事若クハ府縣參事會ノ裁決ニ不服アル者ハ内務大臣ニ訴願スルコトヲ得

町村ノ行政ニ關スル訴願ハ處分書若クハ裁決書ヲ交付シ又ハ之ヲ告知シタル日ヨリ十四日以内ニ理由ヲ具シテ之ヲ提出ス可シ但此法律中別ニ期限ヲ

定ムルモノハ此限ニ在ラス
此法律中ニ指定スル場合ニ於テ府縣知事若クハ府縣參事會ノ裁決ニ不服アリテ行政裁判所ニ出訴セントスル者ハ裁決書ヲ交付シ又ハ之ヲ告知シタル日ヨリ二十一日以内ニ出訴ス可シ
行政裁判所ニ出訴スルコトヲ許シタル場合ニ於テハ内務大臣ニ訴願スルコトヲ得ス
訴願及訴訟ヲ提出スルトキハ處分又ハ裁決ノ執行ヲ停止ス但此法律中別ニ規定アリ又ハ當該官廳ノ意見ニ依リ其ノ停止ノ爲メニ町村ノ公益ニ害アリト爲ストキハ此限ニ在ラス
(註)本條ハ町村行政ニ關スル訴願ノ範圍訴願ノ順序訴願ノ期限等ヲ規定シタルモノナリ請フ之レヲ左ニ分説セム
(一)第一項ニ於テ此法律中別段ノ規定アル場合トアルハ第五條第八條第三十七條第六十八條第七十八條等ノ如キ規定アル場合ヲ云フ此場合ヲ除クノ外町村ノ行政ニ關スル郡長ノ處分ニ對シテハ府縣知事ニ訴願シ其知事ノ裁決ニ不服アル者ハ内務大臣ニ訴願シ郡參事ノ處分若クハ裁決ニ對シテハ府縣參事會ニ訴願シ其參事會ノ裁決ニ不服アルトキハ内務大臣ニ訴願スルコトヲ得ルモノトス故ニ郡長郡參事會ノ處分若クハ議決ニ對シテハ一般ニ訴願ヲ許シタルモノナリト雖トモ町村長其他ノ吏員及町村會ノ處分若クハ裁決ニ對シテハ法律ニ規定アル場合ノ外訴願スルコトヲ許サス蓋シ町村吏員町村會等カ權内ニテ施シタル處分ニ對シ凡テノ場合ニ訴願スルコトヲ得可キモノトスレハ行政事務ヲ澁滯セシムルノミナラス殆ンド行政事務ヲ執ル能ハサルニ至ルヘキナリ(第二十九條第三十七條第百四條等參看)然レトモ町村吏員又ハ町村會ニ於テ權限ヲ越ヘテ又ハ法律ニ背キ

ヲ施シタル處分ニ依リ損害ヲ受ケタル者ハ一般行政ノ規則ニ依リ訴願スルコトヲ得ルノミナラス其越權違法ノ處分ハ當然無効ニ屬ス可キモノナリトス又町村長カ第六十九條ニ掲クル事務ヲ行フニ付越權違法其他人民ノ權利ヲ害スルノ行爲アルトキハ關係者ハ一般行政ノ法則ニ從ヒ訴願スルコトヲ得ルナリ

(二)第二項ニ於テハ訴願セントスル者ハ此法律中別段ノ規定(第十八條第二十九條第百四條等)アル場合ヲ除クノ外處分書又ハ裁決書ヲ交付シタル日又ハ告知シタル日ヨリ十四日以内ニ其理由ヲ具シテ訴願ス可キコトヲ規定セリ然レ圧府縣知事若クハ府縣參事會ノ裁決ニ對シ不服アリテ行政裁判所ニ出訴スル場合ニ於テハ裁決書ヲ交付シ又ハ告知シタル日ヨリ二十一日以内ニ出訴スルコトヲ得可キノ規定アリ(第三項)是レ行政裁判所ハ終審裁判ニシテ且其出訴ス可キ事件ハ權利ノ爭ニ屬シ其利害ノ及ホス所殊ニ大ナルヲ以テナリ

(三)第四項ハ終審裁判ノ區別ヲ嚴格ニシタルモノニシテ此法律中ニ於テ行政裁判所ニ出訴ス可キコトヲ規定シタル場合ニ於テハ内務大臣ニ訴願スルコトヲ許サス是レ裁判ノ組織其他大ニ異ナル所アルヲ以テナリ

第五項ハ訴願及訴訟ヲ提出スルトキハ處分又ハ裁決ハ其裁判確定スルニアラサレハ執行セサルコトヲ規定シタルモノナリ蓋シ其處分若クハ裁決ニ對シ訴願若クハ訴訟ノアリタルトキハ其處分若クハ裁決タル未タ以テ正當ノモノト推測スル能ハス然ルニ直チニ之ヲ執行スルモノト爲スニ至テハ啻ニ道理ニ反スルノミナラス後ノ裁決ニ於テ前ノ處分又ハ裁決ヲ不當ナリト爲シタルトキニ於テ已ニ執行シ終リタルトキハ之ヲ取消スノ途ナキニ至ラン是レ本條ニ於テ其原則ヲ掲ケ以テ法律中ニ於テ例外ヲ設ケタル場合(第三十七條第百五條ノ如キ)ハ公益上特ニ之レヲ執行スルノ必要アリテ其之ヲ執行セサルトキハ行政上重大ノ損害ヲ來ス可キヲ以テナリ其他當該官廳即チ其處分ヲ

爲シタル官廳ニ於テ停止ノ爲メ町村ノ公益ヲ害スト認ムルカ如キ場合ニ於テモ亦之レヲ執行スルコトヲ得ルナリ

(問)本條ニ於テ府縣知事ノ裁決ニ不服アル場合ハ訴願スルノ途ヲ指定セシト雖モ府縣知事ノ處分ニ對シテハ訴願スルノ途ナキカ如シ府縣知事ト雖モ已ニ第六十條ノ處分アルノミナラス又監督上ノ處分ナキニアラス此等ノ場合ニ處スルニハ如何ナル法ヲ以テスヘキ乎

(答)本條第一項ヲ見ルニ府縣知事ノ處分ニ對シ訴願訴訟ノ途ヲ指示セス然レモ已ニ府縣知事ノ裁決ニ對シ訴願スルノ途ヲ指定セル以上ハ知事ノ處分ニ對シ訴訟及ヒ訴願ヲ爲ス可カラサルノ道理アルヘカラス

第百廿一條　監督官廳ハ町村行政ノ法律命令ニ背戾セサルヤ其事務錯亂澁滯セサルヤ否ヲ監視ス可シ監督官廳ハ之カ爲メニ行政事務ニ關シテ報告ヲ爲サシメ豫算及決算等ノ書類帳簿ヲ徵シ幷實地ニ就テ事務ノ現況ヲ視察シ出納ヲ撿閱スルノ權ヲ有ス

(註)本條以下ニ於テハ第百十九條ノ適用中重ナルモノヲ指定シタルモノナリ而シテ本條ニ所謂監督官廳トハ第一次二次三次ノ官廳ヲ總テ包含ス而シテ第一次二次三次ト三段階ヲ設ケタリト雖モ三次トモニ直接監督ノ權ヲ有スルモノナレハ第一次ノ監督者ニ於テ町村ノ行爲ハ正當ト認ムルモ第二次監督者ニ於テ不當ト認ムルトキハ第一次監督者ニ指揮シ若クハ直接町村ニ對シ處分スルコトアル可シ

第百廿二條　町村又ハ其組合ニ於テ法律勅令ニ依テ負擔シ又ハ當該官廳ノ職權ニ依テ命令スル所ノ支出ヲ定額豫算ニ載セス又ハ臨時之ヲ承諾セス又ハ實行セサルトキハ郡長ハ理由ヲ示シテ其支出額ヲ定額豫算表ニ加ヘ又ハ臨

時支出セシム可シ町村又ハ其組合ニ於テ前項ノ處分ニ不服アルトキハ府縣參事會ニ訴願シ其府縣參事會ノ裁決ニ不服アルトキハ行政裁判所ニ出訴スルコトヲ得

（註）町村ノ負擔ス可キ費用三種アリ第一、隨意費用、第二、必要費用、第三、義務費用是レナリ隨意費用トハ町村自治ノ事務ニシテ且其費用ヲ廢スルモ直接一般ノ公益ヲ害スルコトナキモノヲ云フ例之ハ土木事業ノ如キ是レナリ必要費用トハ町村自治ニ屬スルモノナリト雖モ法律勅令ニ依テ必ス支出セサル可カラサルモノヲ云フ例之ハ町村吏員ノ給料及ヒ報酬ノ如キモノ是レナリ義務費用トハ官治ノ費用ニシテ町村自治ノ費用ニアラスト雖モ法律勅令又ハ當該官廳ノ職權ニ依テ命令スル費用ヲ云フ例令ハ警察費、郡費、教育費ノ如キ是レナリ此三者ノ區別ハ甚タ必要ナリトス現ニ本條ニ所謂法律勅令ニ依テ云々當該官廳ニ於テ云々トアルハ此第二第三ノ費用ヲ指シタルモノニシテ第一ノ費用ニ至テハ其町村ノ維持上ニ困難ヲ來ストキニアラサレハ監督權ヲ施行スルコトナシ定額豫算表ニ載セストハ町村歳入出定額豫算表ヲ整理スルニ當リ町村長ニ於テ之ヲ組入レス又豫算表ニ在リタルモ町村會之ヲ議決セサルトキ若クハ否決シタルトキヲ云フ臨時ニ之ヲ承認セストハ豫算表ヲ調製議決シタル後臨時ニ生シタル場合ニ於テ承認セサルヲ云ヒ又實行セサルトキハ承認ノミニシテ實際ニ支出セサルヲ云フ斯クノ如キ場合ニ於テハ一般ノ公益ヲ害スルコト少カラサルヲ以テ監督官廳ハ强制權ヲ以テ定額豫算表ニ加ヘ又ハ臨時ニ支出セシムルコトヲ得蓋シ已ムヲ得サルナリ然レトモ郡長ニシテ此强制權ヲ行ハントスルニハ必ス其理由ヲ示サヽル可カラス是レ其專横ヲ豫防スルニ於テ必要ナルノミナラス本條第二項ニ於テハ倘訴願訴訟等ノ方法ヲ規定シタル所以ナリ

第百二十三條　凡町村會ニ於テ議決ス可キ事件ヲ議決セサルトキハ郡參事會

代テ之ヲ議決ス可シ

(註)町村會ハ町村ノ代表者ニシテ議政ヲ掌ルモノトス故ニ議案ヲ否決スルハ固ヨリ其權內ニ屬ス可シト雖モ其之レヲ拋棄シテ顧ミサルニ於テハ啻ニ其職分ニ背クノミナラス町村一般ノ公益ヲ害スルヿモ亦大ナリ之カ專橫ヲ防止スルノ方法ヲ設クハ必要ノ事ナリトス是レ本條ノ規定アル所以ナリ然レトモ本條ニ所謂議決セサル云々ト前條ニ所謂豫定表ニ載セス云々又ハ實行セス云々ト同一視ス可カラス前條ノ場合ハ其區域廣クシテ町村會カ否決シタルトキヲモ包含スト雖モ本條ハ唯町村會ニ於テ可否ヲ決セサルトキニノミ適用スルモノナリ故ニ前條ノ場合ト雖モ町村會ニ於テ議決セサル場合ニ於テハ本條ニ依リ郡參事會ノ議決ヲ以テスルコトヲ得ルナリ或ハ曰ク本條所謂議決セサルトキハ前條ニ所謂法律勅令又ハ命令ニ依テ支出セサル可カラサルモノ即チ議決ス可キ事件ヲ否決シタル場合ヲモ包含スルモノナレハ前條ノ監督權ヲ行フニハ必スシモ本條ニ依リ參事會ノ議決ヲ以テス可キモノナリト、是レ本條ニ所謂議決ス可キ事件トアルノ文字ヲ當然可決セサル可カラサルモノヲ指シタルモノナリト解釋シタルヨリ生スル謬說タルニ過キス夫レ町村會ハ議政ノ機關ナリ原案ニ發シタルモノハ可否何レニカ決セサル可カラス然ルニ之ヲモ議決セサルハ議決ス可キ事件ヲ議決セサルモノニアラスシテ何ソヤ若シ本條ニ所謂議決ス可キ事件トアルヲ以テ前條ニ所謂法律勅令又ハ命令ニ依テ支出スヘキ費用ヲ豫算表ニ載セス云々ノ場合ニモ亦適用ス可キモノナリトスレハ前條ニ於テ郡長ニ與ヘタル職權及ヒ第二項ニ規定シタル訴願手續ハ之ヲ適用ス可キ場合ナキニ至ル可シ故ニ本條ニ所謂議決ス可キ事件トハ町村會ニ於テ可否何レニカ決ス可キモノヲ決セサル場合ヲ指シタルモノナルヤ明カナリ

第百二十四條　內務大臣ハ町村會ヲ解散セシムルコトヲ得解散ヲ命シタル場合ニ於テハ同時ニ三ヶ月以內更ニ議員ヲ改撰ス可キコトヲ命ス可シ但改撰

町村會ノ集會スル迄ハ郡參事會町村會ニ代テ一切ノ事件ヲ議決ス

(註)本條ハ第百十九條監督權中ノ最モ强大ナルモノヲ規定シタルモノナリ余輩ハ今一々本條適用ノ場合ヲ枚擧スルノ勞ヲ執ラスト雖モ要スルニ讀者ハ法律勅令又ハ命令ニ依テ當然議定ス可キ事件ヲ議定セス或ハ法律勅令ニ背キ議定ス可カラサル議定ヲ爲シタルトキ或ハ町村會ノ議決却テ公益ヲ害スルトキ等已ムヲ得サル場合ニ於テ之レヲ適用スルモノナリト知ル可シ而シテ余輩ハ又當局者ニ望ム斯クノ如キ重大ナル處分ハ深ク利害ヲ鑑ルニアラスンハ容易ニ實行セサランコトヲ

第百二十五條　左ノ事件ニ關スル町村會ノ議決ハ内務大臣ノ許可ヲ受クルコトヲ要ス

一町村條例ヲ設ケ幷改正スル事

二學藝美術ニ關シ又ハ歷史上貴重ナル物品ノ賣却讓與質入書入交換若クハ大ナル變更ヲ爲ス事

前項第一ノ場合ニ於テ人口一萬以上ノ町村ニ係ルトキハ勅裁ヲ經テ之ヲ許可ス可シ

(註)本條以下第百二十七條ニ至ルマテハ其事件重大ニシテ町村及ヒ國家ノ公益ニ關係ヲ及ホスモノナルヲ以テ其最モ重大ナルモノハ内務大藏兩大臣ノ許可ヲ受ケ其他ハ郡參事會ノ許可ヲ受クルコトヲ規定シタルモノナリ本條第一項第二學術美術ニ關シ又ハ歷史上貴重ナル物品トハ動產不動產ノ總テヲ包含シタルモノニシテ例之ハ古代ノ建造物古代ノ器物古代ノ書畫等苟モ學術工藝美術ノ進步ヲ助クル物品又ハ歷史ノ証明ヲ與フル物品等ヲ云フ

第百二十六條　左ノ事件ニ關スル町村會ノ議決ハ内務大臣及大藏大臣ノ許可ヲ受クルコトヲ要ス

一新ニ町村ノ負擔ヲ起シ又ハ負債額ヲ增加シ及第百六條第二項ノ例ニ違フモノ但償還期限三年以內ノモノハ此限ニ在ラス
二町村特別稅幷使用料手數料ヲ新設シ增額シ又ハ變更スル事
三地租七分ノ一其他直接國稅百分ノ五十ヲ超過スル附加稅ヲ附加スル事
四間接國稅ニ附加稅ヲ賦課スル事
五法律勅令ノ規定ニ依リ官廳ヨリ補助スル步合金ニ對シ支出金額ヲ定ムル事

（註）第一、新ニ町村ノ負債ヲ起シ若クハ負債額ヲ增額スルトキハ第百六條ニ謂フ所ノ公債ヲ云フ又第百六條第二項ノ例ニ違フトハ該條ノ規定ニ依レハ公債ハ募集ヨリ三年以內ニ償還ヲ始メ三十年以內ニシテ償還シ了ラサル可カラス然ルニ其償還初期ヲ三年以後トシ又ハ償還終期ヲ三十年以後ト爲ストキノ如キヲ云フ然レトモ三年以內ニ償還シ了ルモノナレハ本條ノ許可ヲ受クルコトヲ要セサルナリ
第二、第三ハ解說ヲ要セス
第四、間接國稅トハ地租所得稅ヲ除キタル其他ノ國稅ヲ云フ間接國稅ニ附加稅ヲ賦課スル場合ハ直接國稅ニ附加稅ヲ賦課シテ尙ホ不足ヲ生スルトキ若クハ其費用ノ種類ニ依リヲ間接國稅ニ賦課スルヲ正當トスルトキノ如キ是レナリ
第五、ハ備荒儲蓄若クハ補助ヲ受ク可キ治水費ノ如キヲ云フ

第百二十七條　左ノ事件ニ關スル町村會ノ議決ハ郡參事會ノ許可ヲ受クルコトヲ要ス
一町村ノ營造物ニ關スル規則ヲ設ケ幷改正スル事

二基本財産ノ處分ニ關スル事（第八十一條）
三町村有不動産ノ賣却讓與并質入書入ヲ爲ス事
四各個人特ニ使用スル町村有土地使用法ノ變更ヲ爲ス事
五各種ノ保證ヲ與フル事
六法律勅令ニ依テ負擔スル義務ニ非スシテ向五ケ年以上ニ亘リ新ニ町村住民ニ負擔ヲ課スル事
七均一ノ税率ニ據ラスシテ國税府縣税ヲ附加スル事（第九十條第二項）
八第九十九條ニ從ヒ數個人又ハ町村內ノ一部ニ費用ヲ賦課スル事
九第百一條ノ準率ニ據ラスシテ夫役及現品ヲ賦課スル事

（註）第一、營造物ニ關スル規則トハ管理方法使用方法等ヲ規定シタルモノニシテ前已ニ之ヲ述ヘタリ
第二、基本財産處分トハ賣却、讓與、交換、質入、書入等ヲ云フ
第三、町村有不動産云々町村有ノ不動産等ハ概ネ基本財産ニ組入ル可シト雖モ或ハ組入ル可カラサル不動産ナキニアラス故ニ本項不動産トハ基本財産外ノモノナルコトヲ記憶セサル可カラス
第四、別ニ解説ヲ要セス
第五、各種ノ保證ヲ與フルトハ一己人ニシテ某事業ヲ起シ町村ニ利益ヲ與フト雖モ創業ノ間利益ヲ得サルカ爲メ之ヲ永續スル能ハサル等ノ場合ニ於テ之ヲ保護シテ若干利益ノ保證ヲ與フルモノヲ云フ
第六、別ニ解説ヲ要セス
第七、均一ノ税率ニ據ラスト云々トハ例之ハ戶數割ヲ賦課スルニ府縣税ノ率ニ據ラスシテ等級ヲ設

ケテ賦課スルカ如キヲ云フ(第九十條註釋參看)

第八、九ハ別ニ解說ヲ要セス

第百二十八條　府縣知事郡長ハ町村長、助役、委員、區長其他町村吏員ニ對シ懲戒處分ヲ行フコトヲ得其懲戒處分ハ譴責及過怠金トス郡長ノ處分ニ係ル過怠金ハ拾圓以下府縣知事ノ處分ニ係ルモノハ貳拾五圓以下トス

追テ町村吏員ノ懲戒法ヲ設クル迄ハ左ノ區別ニ從ヒ官吏懲戒令ヲ適用ス可シ

一町村長ノ懲戒處分(第六十八條第二項第五)ニ不服アル者ハ郡長ニ訴願シ其郡長ノ裁決ニ不服アル者ハ府縣知事ニ訴願シ其府縣知事ノ裁決ニ不服アル者ハ行政裁判所ニ出訴スルコトヲ得

二郡長ノ懲戒處分ニ不服アル者ハ府縣知事ニ訴願シ府縣知事ノ懲戒處分及其裁決ニ不服アル者ハ行政裁判所ニ出訴スルコトヲ得

三本條第一項ニ揭載スル町村吏員職務ニ違フコト再三ニ及ヒ又ハ其情狀重キ者又ハ行狀ヲ亂リ廉恥ヲ失フ者財產ヲ浪費シ其分ヲ守ラサル者又ハ職務擧ラサル者ハ懲戒裁判ヲ以テ其職ヲ解クコトヲ得其隨時解職スルコトヲ得可キ者ハ(第六十七條)懲戒裁判ヲ以テスル限ニ在ラス

總テ解職セラレタル者ハ自己ノ所爲ニ非スシテ職務ニ堪ヘサルカ為メ解職セラレタル場合ヲ除クノ外退隱料ヲ受クルノ權ヲ失フモノトス

四懲戒裁判ハ郡長其審問ヲ為シ郡參事會之ヲ裁決ス其裁決ニ不服アル者ハ府縣參事會ニ訴願シ其府縣參事會ノ裁決ニ不服アル者ハ行政裁判所ニ出

訴スルコトヲ得
監督官廳ハ懲戒裁判ノ判決前吏員ノ停職ヲ命シ幷給料ヲ停止スルコトヲ得
(註)本條ハ懲戒處分ノ方法ヲ規定シタルモノナリ抑モ懲戒裁判ナルモノハ行政吏員ニシテ其職務上ノ過失職務ノ澁滯其他不正不品行ノ行爲アリタルトキニ於テ之ヲ行フモノニシテ自己ノ處分シタル事件ニ關シ行政裁判ヲ受ケ敗訴シタリト雖必シモ更ニ懲戒處分ヲ受ルコトヲ免カルヽモノニアラス

第百二十九條　町村吏員及使丁其職務ヲ盡サス又ハ權限ヲ越ヘタル事アルカ爲メ町村ニ對シテ賠償ス可キコトアルトキハ郡參事會之ヲ裁決ス其裁判ニ不服アル者ハ裁決書ヲ交付シ又ハ告知シタル日ヨリ七日以內ニ府縣參事會ニ訴願シ其府縣參事會ノ裁決ニ不服アル者ハ行政裁判所ニ出訴スルコトヲ得但訴願ヲ爲シタルトキハ郡參事會ハ假ニ其財產ヲ差押フルコトヲ得
(註)本條ハ町村吏員等ノ町村ニ對シ賠償ス可キ場合ニ於ケル裁判權ノ所在ヲ示シタルモノナリ而シテ郡參事會ハ町村ノ訴願ヲ俟チテ裁決ス可キモノナルヤ將之ヲ知リタルトキハ訴願ノ有無ニ拘ハラス裁決ス可キモノナルヤ判然タラスト雖モ町村ノ訴願ヲ俟ツモノトスレハ實際弊害ヲ生スルノ恐レアルヘキヲ以テ郡參事會ハ假令如何ナル方法ヲ以テ聞知スルモ之レヲ議決ス可キ職權ヲ有スルモノト解セサルヘカラス

第八章　附則

第百三十條　郡參事會府縣參事會及行政裁判所ヲ開設スル迄ノ間郡參事會ノ職務ハ郡長府縣參事會ノ職務ハ府縣知事行政裁判所ノ職務ハ內閣ニ於テ之ヲ行フ可シ

第百三十一條　此法律ニ依リ初テ議員ヲ選擧スルニ付町村長及町村會ノ職務幷町村條例ヲ以テ定ム可キ事項ハ郡長又ハ其指命スル官吏ニ於テ之ヲ施行ス可シ

（註）右二條ハ別ニ解釋ヲ與ヘス

第百三十二條　此法律ハ北海道沖繩縣其他勅令ヲ以テ指定スル島嶼ニ之ヲ施行セス別ニ勅令ヲ以テ其制ヲ定ム

（註）北海道其他本條ニ規定シタル土地ハ民情風俗同シカラサルヲ以テ之ヲ除キ別段ノ勅令ヲ以テ其制ヲ定メラルヽモノトス

第百三十三條　前條ノ外特別ノ事情アル地方ニ於テハ町村會及町村長ノ具申又ハ郡參事會ノ具申ニ依リ勅令ヲ以テ此法律中ノ條規ヲ中止スルコトアル可シ

（註）本條ハ前條取除ノ外特別ノ事情アリテ悉ク此法律ヲ施行シ難キ地方ニ在リテハ之ヲ施行スルヿヲ得可キ地位ニ達スル迄特ニ本法中ノ或ル條目ノ施行ヲ中止スル旨ヲ定メラレタルモノニシテ今日ニ於テハ盖シ亦止ムヲ得サルコトヽ謂フヘシ

第百三十四條　社寺宗教ノ組合ニ關シテハ此法律ヲ適用セス現行ノ例規及其他ノ習慣ニ從フ

第百三十五條　此法律ニ記載セル人口ハ最終ノ人口調査ニ依リ現役軍人ヲ除キタル數ヲ云フ

第百三十六條　現行ノ租稅中此法律ニ於テ直接稅又ハ間接稅トス可キ類別ハ內務大臣及大藏大臣之ヲ告示ス

第百三十七條　此法律ハ明治二十二年四月一日ヨリ地方ノ情況ヲ裁酌シ府縣知事ノ具申ニ依リ内務大臣ノ指揮ヲ以テ之ヲ施行ス可シ

(註)以上四ヶ條ハ別ニ解釋ヲ與ヘス

第百三十八條　明治九年十月第百三十號布告各區町村金穀公借共有物取扱土木起功規則、明治十一年七月第十七號布告郡區町村編制法第六條及第九條但書、明治十七年五月第十四號布告區町村會法、明治十七年五月第十五號布告、明治十七年七月第二十三號布告、明治十八年八月第二十五號布告其他此法律ニ抵觸スル成規ハ此法律施行ノ日ヨリ總テ之ヲ廢止ス

(註)本條ハ此法律ノ施行ニ依リ從前ノ布告達ト牴觸スルモノヲ廢止スルノ主旨ニ出タルモノニシテ別ニ解説ヲ要スルコトナシ

第百三十九條　内務大臣ハ此法律實行ノ責ニ任シ之カ爲メ必要ナル命令及訓令ヲ發布ス可シ

(註)此法律施行ニ付テハ施行細則ヲ要スルノミナラス施行以前ニ於テ命令訓令ノ發布ヲ要スルコトモ亦往々之レアルヘシ其施行細則ヲ設ケ且命令訓令ヲ發スルハ内務大臣ノ任ニシテ且内務大臣ハ此法律實行ノ責ニ當ルヘキモノトス是レ蓋シ當然ノ規定ナリトス

市制註釋

市制

市制ノ町村制ニ於ケル同一ノ主旨ニ出テ其注文ノ如キモ亦甚シキ異同アルヲ見ス隨テ一ヲ説ケハ他ハ自ラ領解スルコヲ得ルモノ概シテ皆然リ故ニ余ハ玆ニ複説ノ繁ヲ省キ毎條下ニ參考條ヲ付シ特ニ其町村制ト異ナル点ノミニ就キ多少ノ説明ヲ與ヘントス是レ敢テ其勞ヲ厭フニアラス讀者ノ嫌厭ヲ來サンコトヲ恐ルレハナリ

第一章　總則

第一欵　市及其區域

第一條　此法律ハ市街地ニシテ郡ノ區域ニ屬セス別ニ市ト爲スノ地ニ施行スルモノトス（町、一）

第二條　市ハ法律上一個人ト均シク權利ヲ有シ義務ヲ負擔シ凡市ノ公共事務ハ官ノ監督ヲ受ケテ自ラ之レヲ處理スルモノトス（町、貳）

第三條　凡市ハ從來ノ區域ヲ存シテ之レヲ變更セス但將來其變更ヲ要スルコトアルトキハ此法律ニ準據ス可シ（町、參）

第四條　市ノ境界ヲ變更シ又ハ町村ヲ市ニ合併シ及ヒ市ノ區域ヲ分割スルコトアルトキハ町村制第四條ヲ適用ス

第五條　市ノ境界ニ關スル爭論ハ府縣參事會之ヲ裁決ス其府縣參事會ノ裁決ニ不服アル者ハ行政裁判所ニ出訴スルコトヲ得（町、五）

第二欵　市住民及權利義務

第六條　凡市內ニ住居ヲ占ムル者ハ總テ其市住民トス

凡市住民タル者ハ此法律ニ從ヒ公共ノ營造物幷市有財產ヲ共用スルノ權利ヲ有シ及市ノ負擔ヲ分任スルノ義務ヲ有スルモノトス但特ニ民法上ノ權利及義務ヲ有スル者アルトキハ此限ニアラス(町、六)

第七條　凡帝國臣民ニシテ公權ヲ有スル獨立ノ男子二年以來(一)市ノ住民トナリ(二)其市ノ負擔ヲ分任シ及(三)其市內ニ於テ地租ヲ納メ若クハ直接國稅年額貳圓以上ヲ納ムル者ハ其市公民トス其費ヲ以テ救助ヲ受ケタル後二年ヲ經サル者ハ此限ニ在ラス但場合ニ依リ市會ノ議決ヲ以テ本條ニ定ムル二ヶ年ノ制限ヲ特免スルヿヲ得

此法律ニ於テ獨立ト稱スルハ滿二十五歲以上ニシテ一戶ヲ構ヘ且治產ノ禁ヲ受ケル者ヲ云フ(町、七、市、一二)

第八條　凡市公民ハ市ノ撰擧ニ參與シ市ノ名譽職ニ撰擧セラルヽノ權利アリ又其名譽職ヲ擔任スルハ市公民ノ義務ナリトス(町、八)

左ノ理由アルニ非レハ名譽職ヲ拒辭シ又ハ任期中退職スルコトヲ得ス

一　疾病ニ罹リ公務ニ堪ヘサル者

二　營業ノ爲メ常ニ其市內ニ居ルコトヲ得サル者

三　年齡六十歲以上ノ者

四　官職ノ爲メニ市ノ公務ヲ執ルコトヲ得サル者

五　四年間無給ニシテ市吏員ノ職ニ任シ爾後四年ヲ經過セサル者及六年間市會議員ノ職ニ居リ爾後六年ヲ經過セサル者

六　其他市會ノ議決ニ於テ正當ノ理由アリト認ムル者

前項ノ理由ナクシテ名譽職ヲ拒辭シ又ハ任期中退職シ若クハ無任期ノ職務ヲ少クモ三年間擔當セス又ハ其職務ヲ實際ニ執行セサル者ハ市會ノ議決ヲ以テ三年以上六年以下其市公民タルノ權ヲ停止シ且同年期間其負擔ス可キ市費ノ八分一乃至四分一ヲ増課スルコトヲ得

前項市會ノ議決ニ不服アル者ハ府縣參事會ニ訴願シ其府縣參事會ノ裁決ニ不服アル者ハ行政裁判所ニ出訴スルコトヲ得

第九條　市公民タル者第七條ニ揭載スル要件ノ一ヲ失フトキハ其公民タルノ權ヲ失フモノトス（町、九）

市公民タル者身代限處分中又ハ公權ノ剝奪若クハ停止ヲ附加ス可キ重輕罪ノ爲メ裁判上ノ訊問若クハ拘留中又ハ租税滯納處分中ハ其公民タル權ヲ停止ス

陸海軍ノ現役ニ服スル者ハ市ノ公務ニ參與セサルモノトス

市公民タル者ニ限リテ任スヘキ職務ニ在ル者本條ノ場合ニ當ルトキハ其職務ヲ解クヘキモノトス

第三款　市條例

第十條　市ノ事務及市住民ノ權利義務ニ關シ此法律ニ明文ナク又ハ特例ヲ設クルコトヲ許セル事項ハ各市ニ於テ特ニ條例ヲ設ケテ之レヲ規定スルコトヲ得（町、一〇市、一一、四九、六九、七三、七七、八四、九一、九七、一〇二）

市ニ於テハ其市ノ設置ニ係ル營造物ニ關シ規則ヲ設クルコトヲ得

市條例及規則ハ法律命令ニ牴觸スルコトヲ得ス且之ヲ發行スルトキハ地方

慣行ノ公告式ニ依ルヘシ

第二章　市會

第一欵　組織及撰擧

第十一條　市會議員ハ其市ノ撰擧人其被撰擧權アル者ヨリ之ヲ撰擧ス其定員ハ人口五万未滿ノ市ニ於テハ三十人トシ人口五萬以上ノ市ニ於テハ三十六人トス(町、一一)

人口十萬以上ノ市ニ於テハ人口五萬ヲ加フル每ニ人口二十萬以上ノ市ニ於テハ人口十萬ヲ加フル每ニ議員三人ヲ增シ六十人ヲ定限トス

議員ノ定員ハ市條例ヲ以テ特ニ之ヲ增減スルコトヲ得但定限ヲ超ユルコトヲ得ス

第十二條　市公民(第七條)ハ總テ撰擧權ヲ有ス但其公民權ヲ停止セラルヽ者(第八條第三項、第九條第二項)及陸海軍ノ現役ニ服スル者ハ此限ニ在ラス(町、一二)

凡內國人ニシテ公權ヲ有シ直接市稅ヲ納ムル者其額市公民ノ最多ク納稅スル者三名中ノ一人ヨリモ多キトキハ第七條ノ要件ニ當ラスト雖トモ撰擧權ヲ有ス但公民權ヲ停止セラルヽ者及陸海軍ノ現役ニ服スル者ハ此限ニ在ラス

法律ニ從テ設立シタル會社其他法人ニシテ前項ノ場合ニ當ルトキモ亦同シ

第十三條　撰擧人ハ分テ三級トス(町、一三)

撰擧人中直接市稅ノ納額最多キ者ヲ合セテ撰擧人總員ノ納ムル總額ノ三分

一ニ當ル可キ者ヲ一級トス
一級撰擧人ノ外直接市税ノ納額多キ者ヲ合セテ撰擧人總員ノ納ムル總額ノ三分一ニ當ル可キ者ヲ二級トシ爾餘ノ撰擧人ヲ三級トス
各級ノ間納税額兩級ニ跨ル者アルトキハ上級ニ入ルヘシ又兩級ノ間ニ同額ノ納税者二名以上アルトキハ其市ニ住居スル年數ノ多キ者ヲ上級ニ入ル若シ住居ノ年數ニ依リ難キ片ハ年齡ヲ以テシ年齡ニモ依リ難キトキハ市長抽籤ヲ以テ之ヲ定ムヘシ
撰擧人每級各別ニ議員ノ三分一ヲ撰擧ス其被撰擧人ハ同級內ノ者ニ限ラス三級ニ通シテ撰擧セラルヽコトヲ得

第十四條　區域廣濶又ハ人口稠密ナル市ニ於テハ市條例ヲ以テ撰擧區ヲ設クルヿヲ得但特ニ二級又ハ三級撰擧ノ爲メ之ヲ設クルモ妨ケナシ（町、一四）
選擧區ノ數及其區域幷各選擧區ヨリ選出スル議員ノ員數ハ市條例ヲ以テ選擧人ノ員數ニ準シ之ヲ定ム可シ
選擧人ハ其住居ノ地ニ依テ其所屬ノ區ヲ定ム其市內ニ住居ナキ者ハ課税ヲ受ケタル物件ノ所在ニ依テ之ヲ定ム若シ數選擧區ニ亘リ納税スル者ハ課税ノ最多キ物件ノ所在ニ依テ之ヲ定ム可シ
選擧區ヲ設クルトキハ其選擧ニ於テ選擧人ノ等級ヲ分ツ可シ被撰擧人ハ其撰擧區內ノ者ニ限ラサル者トス

第十五條　撰擧權ヲ有スル市公民（第十二條第一項）ハ總テ撰擧權ヲ有ス（町、一五）

左ニ掲クル者ハ市會議員タルコトヲ得ズ

一　所屬府縣ノ官吏
二　有給市吏員
三　檢察官及警察官吏
四　神官僧侶及其他諸宗教師
五　小學校教員

其他官吏ニシテ當撰シ之ニ應セントスルトキハ所屬長官ノ許可ヲ受クヘシ

代言人ニ非スシテ他人ノ爲メニ裁判所又ハ其他ノ官廳ニ對シテ事ヲ辨スルヲ以テ業ト爲ス者ハ議員ニ撰擧セラルヽコトヲ得ス

父子兄弟タルノ緣故アル者ハ同時ニ市會議員タルコトヲ得ス其同時ニ撰擧セラレタルトキハ投票ノ數ニ依テ其多キ者一人ヲ當撰トシ若シ同數ナレハ年長者ヲ當撰トス其時ヲ異ニシテ撰擧セラレタル者ハ後者議員タルコトヲ得ス

市參事會員トノ間父子兄弟タルノ緣故アル者ハ之ト同時ニ市會議員タルコトヲ得ス若シ議員トノ間ニ其緣故アル者市參事會員ノ任ヲ受クルトキハ其緣故アル議員ハ其職ヲ退ク可シ

第十六條　議員ハ名譽職トス其任期ハ六年トシ毎三年各級ニ於テ其半數ヲ改選ス若シ各級ノ議員二分シ難キトキハ初回ニ於テ多數ノ一半ヲ解任セシム初回ニ於テ解任スヘキ者ハ抽籤ヲ以テ之ヲ定ム（町、一六）

退任ノ議員ハ再撰セラルヽコトヲ得（町、一六）

第十七條　議員中闕員アルトキハ毎三年定期改撰ノ時ニ至リ同時ニ補闕撰擧ヲ行フヘシ若シ定員三分ノ一以上闕員アルトキ又ハ市會市參事會若クハ府縣知事ニ於テ臨時補闕ヲ必要ト認ムルトキハ定期前ト雖モ其補闕撰擧ヲ行フ可シ（町、一七）

補闕議員ハ其前任者ノ殘任期間在職スルモノトス

定期改撰及補闕撰擧トモ前任者ノ撰擧セラレタル撰擧等級及撰擧區ニ從テ之カ撰擧ヲ行フ可シ

第十八條　市長ハ撰擧ヲ行フ毎ニ其撰擧前六十日ヲ限リ撰擧原簿ヲ製シ各撰擧人ノ資格ヲ記載シ此原簿ニ據リテ撰擧人名簿ヲ製スヘシ（町、一八）

撰擧人名簿ハ七日間市役所又ハ其他ノ場所ニ於テ之レヲ關係者ノ縱覽ニ供ス可シ若シ關係者ニ於テ訴願セントスルコトアルトキハ同期限内ニ之ヲ市長ニ申立ツ可シ市長ハ市會ノ裁決（第三十五條）第一項ニ依リ名簿ヲ修正スヘキトキハ撰擧前十日ヲ限リテ之ニ修正ヲ加ヘテ確定名簿ト爲シ之レニ登錄セラレサル者ハ何人タリトモ撰擧ニ關スルコトヲ得ス

本條ニ依リ確定シタル名簿ハ當撰ヲ辭シ若クハ撰擧ノ無効トナリタル場合ニ於テ更ニ撰擧ヲ爲ストキモ亦適用ス

第十九條　撰擧ヲ執行スルトキハ市長ハ撰擧ノ場所日時ヲ定メ及撰擧スヘキ議員ノ數ヲ各級各區ニ分チ撰擧前七日ヲ限リテ之ヲ公告スヘシ

各級ニ於テ撰擧ヲ行フノ順序ハ先ツ三級ノ撰擧ヲ行ヒ次ニ二級ノ撰擧ヲ行ヒ次ニ一級ノ選擧ヲ行フ可シ（町、一九）

第二十條　選擧掛ハ名譽職トシ市長ニ於テ臨時ニ撰擧人中ヨリ二名若クハ四名ヲ撰任シ市長若クハ其代理者ハ其掛長トナリ撰擧會ヲ開閉シ其會場ノ取締ニ任ス但撰擧區ヲ設クル時ハ毎區各別ニ撰擧掛ヲ設ク可シ（町、二〇）

第二十一條　撰擧開會中ハ撰擧人ノ外何人タリトモ撰擧會場ニ入ルコトヲ得ス撰擧人ハ撰擧會場ニ於テ協議又ハ勸誘ヲ爲スコトヲ得ス（町、二一）

第二十二條　選擧ハ投票ヲ以テ之ヲ行フ投票ニハ被選擧人ノ氏名ヲ記載シ封緘ノ上選擧人自カラ掛長ニ差出ス可シ但選擧人ノ氏名ハ投票ニ記入スルコトヲ得ス

選擧人投票ヲ差出ストキハ自已ノ氏名及住所ヲ掛長ニ申立テ掛長ハ選擧人名簿ニ照シテ之ヲ受ケ封緘ノ儘投票函ニ投入ス可シ但シ投票箱ハ投票ヲ終ル迄之ヲ開クコトヲ得ス（町、二二）

第二十三條　投票ニ記載ノ人員其選擧ス可キ定數ニ過キ又ハ不足アルモ其投票ヲ無効トセス其定數ニ過クルモノハ末尾ニ記載シタル人名ヲ順序ニ棄却ス可シ（町、二三）

左ノ投票ハ之ヲ無効トス

一　人名ヲ記載セス又ハ記載セル人名ノ讀ミ難キモノ

二　被選擧人ノ何人タルヲ確認シ難キモノ

三　被選擧權ナキ人名ヲ記載セルモノ

四　被選擧人氏名ノ外他事ヲ記入スルモノ

投票ノ受理并効力ニ關スル事項ハ選擧掛假リニ之ヲ議決ス可否同數ナルト

キハ掛長之ヲ決ス

第二十四條　選擧ハ選擧人自ラ之ヲ行フ可シ他人ニ托シテ投票ヲ差出スコトヲ許サス（町、二四）

第十二條第二項ニ依リ選擧權ヲ有スル者ハ代人ヲ出シテ選擧ヲ行フコトヲ得若シ其獨立ノ男子ニ非サル者又ハ會社其他法人ニ係ルトキハ必ス代人ヲ以テス可シ其代人ハ內國人ニシテ公權ヲ有スル獨立ノ男子ニ限ル但一人ニシテ數人ノ代理ヲ爲スヿヲ得ス但代人ハ委任狀ヲ選擧掛ニ示シテ代理ノ証トス可シ

第二十五條　議員ノ選擧ハ有効投票ノ多數ヲ得ル者ヲ以テ當選トス投票ノ數相同キモノハ年長者ヲ取リ同年ナルトキハ掛長自カ抽籤ヲ以テ其當選ヲ定ム（町、二六）

同時ニ補闕員數名ヲ選擧スルトキハ（第十七條）投票數ノ最多キ者ヲ殘任期ノ最長キ前任者ノ補闕ト爲シ其數相同キトキハ抽籤ヲ以テ其順序ヲ定ム

第二十六條　選擧掛ハ選擧錄ヲ製シテ選擧ノ顚末ヲ記錄シ選擧ヲ終リタル後之ヲ朗讀シ選擧人名簿其他關係書類ヲ合綴シテ之ニ署名ス可シ（町、二七）

投票ハ之ヲ選擧錄ニ付屬シ選擧ヲ結了スルニ至ル迄之ヲ保存ス可シ

第二十七條　選擧ヲ終リタル後選擧掛長ハ直ニ當選者ニ其當選ノ旨ヲ告知ス可シ其當選ヲ辭セントスル者ハ五日以內ニ之ヲ市長ニ申立ツ可シ（町、二八）

一人ニシテ數級又ハ數區ノ選擧ニ當リタルトキハ同期限內何レノ選擧ニ應スヘキコトヲ申立ツ可シ

其期內ニ之ヲ申立テサル者ハ總テ選擧ヲ辭スル者トナシ第八條ノ處分ヲ爲ス可シ

第二十八條　選擧人選擧ノ効力ニ關シテ訴願セントスルトキハ選擧ノ日ヨリ七日以內ニ之ヲ市長ニ申立ルコトヲ得(第三十五條第一項)

市長ハ選擧ヲ終リタル後之ヲ府縣知事ニ報告シ府縣知事ニ於テ選擧ノ効力ニ關シ異議アルトキハ訴願ノ有無ニ拘ラス府縣參事會ニ付シテ處分ヲ行フコトヲ得

選擧ノ定規ニ違背スルコトアルトキハ其選擧ヲ取消シ又被選擧人中其資格ノ要件ヲ有セサル者アルトキハ其人ノ當選ヲ取消シ更ニ選擧ヲ行ハシム可シ(町、二九)

第二十九條　當選者中其資格ノ要件ヲ有セサル者アルコトヲ發見シ又ハ就職後其要件ヲ失フ者アルトキハ其人ノ當選ハ効力ヲ失フ者トス其要件ノ有無ハ市會之ヲ議決ス(町、三〇)

第二款　職務權限及處務規程

第三十條　市會ハ其市ヲ代表シ此法律ニ準據シテ市ニ關スル一切ノ事件幷從前特ニ委任セラレ又ハ將來法律勅令ニ依テ委任セラルヽ事件ヲ議決スルモノトス(町、三一)

第三十一條　市會ノ議決ス可キ事件ノ概目左ノ如シ(町、三二)

一　市條例及規則ヲ設ケ幷改正スル事

二　市費ヲ以テ支辨ス可キ事業但第七十四條ニ掲クル事務ハ此限ニアラス

三　歳入出豫算ヲ定メ豫算外ノ支出及豫算超過ノ支出ヲ認定スル事
四　決算報告ヲ認定スル事
五　法律勅令ニ定ムルモノヲ除クノ外使用料、手數料、市税及夫役現品ノ賦課徴收ノ法ヲ定ムル事
六　市有不動産ノ賣買交換讓受讓渡質入書入ヲ爲ス事
七　基本財産ノ處分ニ關スル事
八　歳入出豫算ヲ以テ定ムルモノヲ除クノ外新ニ義務ノ負擔ヲ爲シ及權利ノ棄却ヲ爲ス事
九　市有財産及ヒ營造物ノ管理方法ヲ定ムル事
十　市吏員ノ身元保證金ヲ徴シ幷其金額ヲ定ムル事
十一　市ニ係ル訴訟及和解ニ關スル事

第三十二條　市會ハ法律勅令ニ依リ其職權ニ屬スル市吏員ノ選擧ヲ行フヘシ
（町、三四市、三七、五一、五八、六〇）

第三十三條　市會ハ市ノ事務ニ關スル書類及計算書ヲ撿閲シ市長ノ報告ヲ請求シ事務ノ管理議決ノ施行幷收入支出ノ正否ヲ監査スルノ職權ヲ有ス（町、三五）

第三十四條　市會ハ官廳ノ諮問アルトキハ意見ヲ陳述ス可シ（町、三六）
市會ハ市ノ公益ニ關スル事件ニ付意見書ヲ監督官廳ニ差出スコトヲ得

第三十五條　市住民及公民タルノ權利ノ有無選擧權及被選擧權ノ有無選擧人名簿ノ正否幷其等級ノ當否代理ヲ以テ執行スル選擧權（第十二條第二項）及

市會議員選擧ノ効力(第二十八條)ニ關スル訴願ハ市會之ヲ裁決ス(町、三七)市會ノ裁決ニ不服アル者ハ府縣參事會ニ訴願シ其府縣參事會ノ裁決ニ不服アル者ハ行政裁判所ニ出訴スルコトヲ得

本條ノ事件ニ付テハ市長ヨリモ亦訴願及訴訟ヲ爲スコトヲ得

本條ノ訴願及訴訟ノ爲メニ其執行ヲ停止スルコトヲ得ス但判決確定スルニ非レハ更ニ選擧ヲ爲スコトヲ得ス

第三十六條　凡議員タル者ハ選擧人ノ指示若クハ委囑ヲ受クヘカラサルモノトス(町、三八)

第三十七條　市會ハ毎歴年ノ初メ一周年ヲ限リ議長及其代理者各一名ヲ互選ス(町、三九)

第三十八條　會議ノ事件議長及其父母兄弟若クハ妻子ノ一身上ニ關スル事アルトキハ議長ニ故障アルモノトシテ其代理者之ニ代ル可シ(町、四〇)議長代理者共ニ故障アルトキハ市會ハ年長ノ議員ヲ以テ議長ト爲ス可シ

第三十九條　市參事會員ハ會議ニ列席シテ議事ヲ辨明スルコトヲ得(町、四一)

第四十條　市會ハ會議ノ必要アル毎ニ議長之ヲ招集ス若シ議員四分ノ一以上ノ請求アルトキ又ハ市長若クハ市參事會ノ請求アルトキハ必ス之ヲ招集ス可シ其招集幷會議ノ事件ヲ告知スルハ急施ヲ要スル場合ヲ除クノ外少クモ會議ノ三日前タル可シ但市會ノ議決ヲ以テ豫メ會議日ヲ定ムルモ妨ケナシ(町、四二)

市參事會員ヲ市會ノ會議ニ招集スルトキモ亦前項ノ例ニ依ル

第四十一條　市會ハ議員三分ノ二以上出席スルニ非サレハ議決スルコトヲ得ス但同一ノ議事ニ付招集再會ニ至ルモ議員猶三分ノ二ニ滿タサルトキハ此限ニ在ラス(町、四三)

第四十二條　市會ノ議決ハ可否ノ多數ニ依リ之ヲ定ム可否同數ナルトキハ再議々決ス可シ若シ猶同數ナルトキハ議長ノ可否スル所ニ依ル(町、四四)

第四十三條　議員ハ自已及其父母兄弟若クハ妻子ノ一身上ニ關スル事件ニ付テハ市會ノ議決ニ加ハルコトヲ得ス(町、四五)

議員ノ數此除名ノ爲メニ減少シテ會議ヲ開クノ定數ニ滿タサルトキハ府縣參事會市會ニ代テ議決ス

第四十四條　市會ニ於テ市吏員ノ選擧ヲ行フトキハ其一名毎ニ匿名投票ヲ以テ之ヲ爲シ有効投票ノ過半數ヲ得ル者ヲ以テ當選トス若シ過半數ヲ得ル者ナキトキハ最多數ヲ得ル者二名ヲ取リ之ニ就テ更ニ投票セシム若シ最多數ヲ得ル者三名以上同數ナルトキハ議長自ラ抽籤シテ其二名ヲ取リ更ニ投票セシム此再投票ニ於テモ猶過半數ヲ得ル者ナキトキハ抽籤ヲ以テ當選ヲ定ム其他ハ第二十二條第二十三條第二十四條第一項ヲ適用ス(町、四六)

前項ノ選擧ニハ市會ノ議決ヲ以テ指名推選ノ法ヲ用フルコトヲ得

第四十五條　市會ノ會議ハ公開ス但議長ノ意見ヲ以テ傍聽ヲ禁スルコトヲ得(町、四七)

第四十六條　議長ハ各議員ニ事務ヲ分課シ會議及選擧ノ事ヲ總理シ開會閉會幷延會ヲ命シ議場ノ秩序ヲ保持ス若シ傍聽者ノ公然賛成又ハ擯斥ヲ表シ又

ハ喧擾ヲ起スモノアルトキハ議長ハ之ヲ議場外ニ退出セシムルコトヲ得
(町、四八)

第四十七條　市會ハ書記ヲシテ議事錄ヲ製シテ其議決及選擧ノ顚末幷出席議員ノ氏名ヲ記錄セシム可シ議事錄ハ會議ノ末之ヲ朗讀シ議長及議員二名以上之ニ署名ス可シ

市會ハ議事錄ノ謄寫又ハ原書ヲ以テ其議決ヲ市長ニ報告ス可シ(町、四九)

市會ノ書記ハ市長之ヲ選任ス

第四十八條　市會ハ其會議細則ヲ設クヘシ其細則ニ違背シタル議員ニ科ス可キ過怠金二圓以下ノ罰則ヲ設クルコトヲ得(町、五〇)

第三章　市行政

(註)本章ハ市行政ニ關スル事項ヲ規定シタルモノニシテ全章ヲ三款ニ分チ第一款ニ市參事會及市吏員ノ組織撰任第二款ニ市參事會及市吏員ノ職務權限及處務規程第三款ニ給料及給與ノ事ヲ規定セリ

抑モ行政ニ獨任、集議ノ二制アリテ獨任制トハ行政ノ事ヲ擧ケテ理事者一人ノ專行獨斷ニ任スヲ云ヒ集議制トハ集議ヲ經テ決行スルモノニシテ一人ノ專行獨斷ヲ許サヽルモノヲ云フトノコトハ町村行政ヲ説クニ方リ余輩ノ既ニ解説シタル所ナリ而シテ町村行政ニハ獨任制ヲ用ヒ市制ニハ集議制ヲ用ヒタルコトモ亦當時已ニ説述シタル所ナリト雖モ畢竟兩制相岐ルヽ所ハ唯此一點ニ在テ存スルカ故余輩ハ此ニ多少説明ノ勞ヲ執ルヿヲ辭セサルナリ

蓋シ主法者カ町村ニ獨任制ヲ用ヒ市ニ集議制ヲ用ヒタル所以ノモノハ町村ハ其區域狹少ニシテ集議制ヲ組織スルニ必要ナル人士ヲ得難キノ恐レアルノミナラス町村行政ノ事務タル專ラ簡易迅速

ヲ要スルヲ以テ若シ集議制ヲ用フルトキハ繁雜ニシテ且不便ナル所アリ之レニ反シ市ニ於テハ其區域モ廣ク事務モ重大ニシテ一人ノ獨斷ニ任スヘカラサルモノアルニ由リ集議制ヲ用ヒタルモノナリ今左ニ此兩制間ニ於ケル異點ヲ列擧セン

(一)町村行政ノ機關タル者ハ町村長ノミナリト雖モ市行政ノ機關タル者ハ市長及ヒ市參事會員ナリトス

(二)町村行政ハ獨任制ナルヲ以テ參事會ナルモノナシ市行政ハ集議制ナルヲ以テ市參事會ナルモノアリ

(三)第二ノ如キ差アルヲ以テ町村長ハ其事務ヲ執ルニ方リ助役ノ意見ヲ聽クコアリト雖モ必シモ之ニ從フノ義務ナシ之レニ反シ市長ハ一ニ參事會ノ議決スル所ニ依リ其意見ニ從ヒ事務ヲ處辨セサルヘカラス

(四)町村長ハ名譽職ニシテ其任期ハ四年トシ町村會ノ撰任スル所ナリト雖モ市長ハ有給吏員ニシテ其任期ハ六年トシ內務大臣市會ヲシテ候補者三名ヲ推撰セシメ上奏裁可ヲ經テ之レヲ任スルモノトス

此他猶多小ノ差異ナキニアラスト雖モ要スルニ其採ル所ノ制ヲ異ニスルヨリ生スルモノナレバ讀者自ラ之レヲ推知スヘキナリ

第一欵　市參事會及市吏員ノ組織選任

第四十九條　市ニ市參事會ヲ置キ左ノ吏員ヲ以テ之ヲ組織ス(町、五二)

一　市長　一名

二　助役　東京ハ三名京都大坂ハ各二名其他ハ一名

三　名譽職參事會員　東京ハ十二名京都大坂ハ各九名其他ハ六名

第五十條　助役及名譽職參事會員ハ市條例ヲ以テ其定員ヲ增減スルコトヲ得
市長ハ有給吏員トス其任期ハ六年トシ內務大臣市會ヲシテ候補者三名ヲ推薦セシメ上奏裁可ヲ請フ可シ若シ其裁可ヲ得サルトキハ再推薦ヲ爲サシム可シ再推薦ニシテ猶裁可ヲ得サルトキハ追テ推薦セシメ裁可ヲ得ルニ至ルノ間內務大臣ハ臨時代理者ヲ選任シ又ハ市費ヲ以テ官吏ヲ派遣シ市長ノ職務ヲ管掌セシム可シ（町、五三、五四、五五）

第五十一條　助役及名譽職參事會員ハ市會之ヲ選擧ス其選擧ハ第四十四條ニ依テ行フ可シ但投票同數ナルトキハ抽籤ノ法ニ依ラス府縣參事會之ヲ決ス可シ（町、五三）

第五十二條　助役ハ有給吏員トシ其任期ハ六年トス
助役ノ選擧ハ府縣知事ノ認可ヲ受クルコトヲ要ス若シ其認可ヲ得サルトキハ再選擧ヲ爲ス可シ再選擧ニシテ猶其認可ヲ得サルトキハ追テ選擧ヲ行ヒ認可ヲ得ルニ至ルノ間府縣知事ハ臨時代理者ヲ選任シ市費ヲ以テ官吏ヲ派遣シ助役ノ職務ヲ管掌セシム可シ（町、五四）

第五十三條　市長及助役ハ其市公民タル者ニ限ラス但其任ヲ受クルトキハ其公民タルノ權ヲ得（町、五六）

第五十四條　名譽職參事會員ハ其市公民中年齡滿三十歲以上ニシテ選擧權ヲ有スル者ヨリ之ヲ選擧ス其任期ハ四年トス任期滿限ノ後ト雖モ後任者就職ノ日迄在職スルモノトス（町、五三）
名譽職參事會員ハ毎二年其半數ヲ改選ス若シ二分シ難キトキハ初回ニ於テ

多數ノ一半ヲ退任セシム初回ノ退任者ハ抽籤ヲ以テ之ヲ定ム但退任者ハ再選セラルヽコトヲ得(町、五四)

第五十五條　若シ闕員アルトキハ其殘期ヲ補充スル爲メ直ニ補闕選擧ヲ爲ス可シ

市長及助役其他參事會員ハ第十五條第二項ニ揭載スル職ヲ兼ヌルコトヲ得ス同條第四項ニ揭載スル者ハ名譽職參事會員ニ選擧セラルヽコトヲ得ス(町、五三)

父子兄弟タルノ緣故アル者ハ同時ニ市參事會員タルコトヲ得ス若シ其緣故アル者市長ノ任ヲ受クルトキハ其緣故アル市參事會員ハ其職ヲ退ク可シ其他ハ第十五條第五項ヲ適用ス

市長及助役ハ三ケ月前ニ申立ツルトキハ隨時退職ヲ求ムルコトヲ得此場合ニ於テハ退隱料ヲ受クルノ權ヲ失フモノトス(町、五七)

第五十六條　市長及助役ハ他ノ有給ノ職務ヲ兼任シ又ハ株式會社ノ社長及重役トナルコトヲ得ス其他ノ營業ハ府縣知事ノ認可ヲ得ルニ非レハ之ヲ爲スコトヲ得ス(町、五八)

第五十七條　名譽職參事會員ノ選擧ニ付テハ市參事會自カラ其効力ノ有無ヲ議決ス(町、五九)

當選者中其資格ノ要件ヲ有セサル者アルコトヲ發見シ又ハ就職後其要件ヲ失フ者アルトキハ其人ノ當選ハ効力ヲ失フモノトス其要件ノ有無ハ市參事會之ヲ議決ス其議決ニ不服アル者ハ府縣參事會ニ訴願シ其府縣參事會ノ裁決ニ不服アル者ハ行政裁判所ニ出訴スルコトヲ得其他ハ第三十五條末項ヲ

適用ス(町、六〇六)

第五十八條　市ニ收入役一名ヲ置ク收入役ハ市參事會ノ推薦ニ依リ市會之ヲ選任ス(町、六二)

收入役ハ市參事會員ヲ兼ヌルコトヲ得ス

收入役ノ選任ハ府縣知事ノ認可ヲ受クルコトヲ要ス其他ハ第五十一條第五十二條第五十三條第五十五條及第七十六條ヲ適用ス

收入役ハ身元保證金ヲ出ス可シ

第五十九條　市ニ書記其他必要ノ附屬員幷使丁ヲ置キ相當ノ給料ヲ給ス其人員ハ市會ノ議決ヲ以テ之ヲ定メ市參事會之ヲ任用ス(町、六三)

第六十條　凡市ハ處務便宜ノ爲メ市參事會ノ意見ヲ以テ之ヲ數區ニ分チ毎區區長及其代理者各一名ヲ置クコトヲ得區長及其代理者ハ名譽職トス但東京京都大坂ニ於テハ區長ヲ有給吏員ト爲スコトヲ得

區長及其代理者ハ市會ニ於テ其區若クハ隣區ノ公民中選擧權ヲ有スル者ヨリ之ヲ選擧ス區會(第百十三條)ヲ設クル區ニ於テハ其區會ニ於テ之ヲ選擧ス但東京京都大坂ニ於テハ市參事會之ヲ選任ス(町、六四)

東京京都大坂ニ於テハ前條ニヨリ區ニ附屬員幷使丁ヲ置クコトヲ得

第六十一條　市ハ市會ノ議決ニ依リ臨時又ハ常設ノ委員ヲ置クコトヲ得其委員ハ名譽職トス(町、六五)

委員ハ市參事會員又ハ市會議員ヲ以テ之ニ充テ又ハ市參事會員及市會議員ヲ以テ之ヲ組織シ又ハ會員議員ト市公民中選擧權ヲ有スル者トヲ以テ之ヲ

組織シ市參事會員一名ヲ以テ委員長トス
委員中市會議員ヨリ出ツル者ハ市會之ヲ選擧シ選擧權ヲ有スル公民ヨリ出ツル者ハ市參事會之ヲ選擧シ其他ノ委員ハ市長之ヲ選任ス
常設委員ノ組織ニ關シテハ市條例ヲ以テ別段ノ規則ヲ設クルコトヲ得
第六十二條　區長及委員ニハ職務取扱ノ爲メニ要スル實費辨償ノ外市會ノ議決ニ依リ勤勞ニ相當スル報酬ヲ給スルコトヲ得(町、六六)
第六十三條　市吏員ハ任期滿限ノ後再選セラルヽコトヲ得(町、六七)
市吏員及使丁ハ別段ノ規定又ハ規約アルモノヲ除クノ外隨時解職スルコトヲ得

第二欵　市參事會及市吏員ノ職務權限及處務規程

第六十四條　市參事會ハ其市ヲ統轄シ其行政事務ヲ擔任ス(町、六八)
市參事會ノ擔任スル事務ノ概目左ノ如シ
一　市會ノ議事ヲ準備シ及其議決ヲ執行スル事若シ市會ノ議決其權限ヲ越エ法律命令ニ背キ又ハ公衆ノ利益ヲ害スト認ムルトキハ市參事會ハ自己ノ意見ニ依リ又ハ監督官廳ノ指揮ニ由リ理由ヲ示シテ議決ノ執行ヲ停止シ之ヲ再議セシメ猶其議決ヲ更メサルトキハ府縣參事會ノ裁決ヲ請フ可シ其權限ヲ越エ又ハ法律勅令ニ背クニ依テ議決ノ執行ヲ停止シタル場合ニ於テ府縣參事會ノ裁決ニ不服アル者ハ行政裁判所ニ出訴スルコトヲ得
二　市ノ設置ニ係ル營造物ヲ管理スル事若シ特ニ之カ管理者アルトキハ其事務ヲ監督スル事

三　市ノ歳入ヲ管理シ歳入出豫算表其他市會ノ議決ニ依テ定マリタル收入支出ヲ命令シ會計及出納ヲ監視スル事

四　市ノ權利ヲ保護シ市有財産ヲ管理スル事

五　市吏員及使丁ヲ監督シ市長ヲ除クノ外其他ニ對シ懲戒處分ヲ行フ事其懲戒處分ハ譴責及拾圓以下ノ過怠金トス

六　市ノ諸證書及公文書類ヲ保管スル事

七　外部ニ對シテ市ヲ代表シ市ノ名義ヲ以テ其訴訟幷和解ニ關シ又ハ他廳若クハ人民ト商議スル事

八　法律勅令ニ依リ又ハ市會ノ議決ニ從テ使用料手數料市稅及夫役現品ヲ賦課徵收スル事

九　其他法律命令又ハ上司ノ指令ニ依テ市參事會ニ委任シタル事務ヲ處理スル事

第六十五條　市參事會ハ議長又ハ其代理者及名譽職會員定員三分ノ一以上出席スルトキハ議決ヲ爲スコトヲ得其議決ハ可否ノ多數ニ依リ之ヲ定ム可否同數ナルトキハ議長ノ可否スル所ニ依ル（町、四三、四四）

議決ノ事件ハ之ヲ議事錄ニ登記ス可シ（町、四九）

市參事會ノ議決其權限ヲ越エ法律命令ニ背キ又ハ公衆ノ利益ヲ害スト認ムルトキハ市長ハ自己ノ意見ニ由リ又ハ監督官廳ノ指揮ニ由リ理由ヲ示シテ議決ノ執行ヲ停止シ府縣參事會ノ裁決ヲ請フ可シ其權限ヲ越エ又ハ法律勅令ニ背クニ依テ議決ノ執行ヲ停止シタル場合ニ於テ府縣參事會ノ裁決ニ不

服アル者ハ行政裁判所ニ出訴スルコトヲ得

第六十六條　第四十三條ノ規定ハ市參事會ニモ亦之ヲ適用ス但同條ノ規定ニ從ヒ市參事會正當ノ會議ヲ開クコトヲ得サルトキハ市會之ニ代テ議決スルモノトス

第六十七條　市長ハ市政一切ノ事務ヲ指揮監督シ處務ノ澁滯ナキコトヲ務ム可シ

市長ハ市參事會ヲ召集シ之カ議長トナル市長故障アルトキハ其代理者ヲ以テ之ニ充ツ

市長ハ市參事會ノ議事ヲ準備シ其議決ヲ執行シ市參事會ノ名ヲ以テ文書ノ往復ヲ爲シ及之ニ署名ス

第六十八條　急施ヲ要スル場合ニ於テ市參事會ヲ召集スルノ暇ナキトキハ市長ハ市參事會ノ事務ヲ專決處分シ次回ノ會議ニ於テ其處分ヲ報告ス可シ

第六十九條　市參事會員ハ市長ノ職務ヲ補助シ市長故障アルトキハ之ヲ代理ス（町、七〇）

市長ハ市會ノ同意ヲ得テ市參事會ヲシテ市行政事務ノ一部ヲ分掌セシムルコトヲ得此場合ニ於テハ名譽職會員ハ職務取扱ノ爲メニ要スル實費辨償ノ外勤務ニ相當スル報酬ヲ受クルコトヲ得

市條例ヲ以テ助役及名譽職會員ノ特別ナル職務并市長代理ノ順序ヲ規定ス可シ若シ條例ノ規定ナキトキハ府縣知事ノ定ムル所ニ從ヒ上席者之ヲ代理ス可シ

第七十條　市收入役ハ市ノ收入ヲ受領シ其費用ノ支拂ヲ爲シ其他會計事務ヲ掌ル（町、七一）

第七十一條　書記ハ市長ニ屬シ庶務ヲ分掌ス（町、七二）

第七十二條　區長及其代理者（第六十條）ハ市參事會ノ機關トナリ其指揮命令ヲ受ケテ區內ニ關スル市行政事務ヲ補助執行スルモノトス（町、七三）

第七十三條　委員ハ（第六十一條）市參事會ノ監督ニ屬シ市行政事務ノ一部ヲ分掌シ又ハ營造物ヲ管理シ若クハ監督シ又ハ一時ノ委託ヲ以テ事務ヲ處辨スルモノトス（町、七四）

市長ハ隨時委員會ニ列席シテ議決ニ加ハリ其議長タルノ權ヲ有ス常設委員ノ職務權限ニ關シテハ市條例ヲ以テ別段ノ規定ヲ設クルコトヲ得

第七十四條　市長ハ法律命令ニ從ヒ左ノ事務ヲ管掌ス（町、六九）

一　司法警察補助官タルノ職務及法律命令ニ依テ其管理ニ屬スル地方警察ノ事務但別ニ官署ヲ設ケテ地方警察事務ヲ管掌セシムルトキハ此限ニ在ラス

二　浦役場ノ事務

三　國ノ行政幷府縣ノ行政ニシテ市ニ屬スル事務但別ニ吏員ノ設ケアルトキハ此限ニ在ラス

右三項中ノ事務ハ監督官廳ノ許可ヲ得テ之ヲ市參事會員ノ一名ニ分掌セシムルコトヲ得

本條ニ掲載スル事務ヲ執行スルガ爲メニ要スル費用ハ市ノ負擔トス

第三款　給料及給與

第七十五條　名譽職員ハ此法律中別ニ規定アルモノヲ除クノ外職務取扱ノ爲メニ要スル實費ノ辨償ヲ受クルコトヲ得(町、七五)
實費辨償額及報酬額ハ市會之ヲ議決ス

第七十六條　市長助役其他有給吏員及使丁ノ給料額ハ市會ノ議決ヲ以テ之ヲ定ム(町、七六)
市會ノ議決ヲ以テ市長ノ給料額ヲ定ムルトキハ内務大臣ノ許可ヲ受クルコトヲ要ス若シ之ヲ許可ス可カラスト認ムルトキハ内務大臣之ヲ定ム
市會ノ議決ヲ以テ助役ノ給料額ヲ定ムルトキハ府縣知事ノ許可ヲ受クルコトヲ要ス府縣知事ニ於テ之ヲ許可ス可カラスト認ムルトキハ府縣參事會ノ議決ニ付シテ之ヲ確定ス

市長助役其他有給吏員ノ給料額ハ市條例ヲ以テ之ヲ規定スルコトヲ得

第七十七條　市條例ノ規定ヲ以テ市長其他有給吏員ノ退隱料ヲ設クルコトヲ得(町、七七)

第七十八條　有給吏員ノ給料退隱料其他第七十五條ニ定ムル給與ニ關シテ異議アルトキハ關係者ノ申立ニ依リ府縣參事會之ヲ裁決ス其府縣參事會ノ裁決ニ不服アル者ハ行政裁判所ニ出訴スルコトヲ得(町、七八)

第七十九條　退隱料ヲ受クル者官職又ハ府縣郡市町村及公共組合ノ職務ニ就キ給料ヲ受クルトキハ其間之ヲ停止シ又ハ更ニ退隱料ヲ受クルノ權ヲ得ルトキハ其額舊退隱料ト同額以上ナルトキハ舊退隱料ハ之ヲ廢止ス(町、七九)

第八十條　給料退隱料報酬及辨償ハ凡テ市ノ負擔トス（町、八〇）

第四章　市有財産ノ管理

第一欵　市有財産及市税

第八十一條　市ハ其不動産積立金穀等ヲ以テ基本財産ト爲シ之ヲ維持スルノ義務アリ（町、八一）

臨時ニ收入シタル金穀ハ基本財産ニ加入ス可シ但寄附金等寄附者使用ノ目的ヲ定ムルモノハ此限ニ在ラス

第八十二條　凡市有財産ハ全市ノ爲メニ之ヲ管理シ及共用スルモノトス但特ニ民法上ノ權利ヲ有スル者アルトキハ此限ニ在ラス（町、八二）

第八十三條　舊來ノ慣行ニ依リ市住民中特ニ其市中ノ土地物件ヲ使用スルノ權利ヲ有スルモノアルトキハ市會ノ議決ヲ經ルニ非サレハ其舊慣ヲ改ムルコトヲ得ス（町、八三）

第八十四條　市住民中特ニ市有ノ土地物件ヲ使用スルノ權利ヲ得ントスル者アルトキハ市條例ノ規定ニ依リ使用料若クハ一時ノ加入金ヲ徴収シ又ハ使用料加入金ヲ共ニ徴收シテ之ヲ許可スルコトヲ得但特ニ民法上ノ權利ヲ有スル者ハ此限ニ在ラス（町、八四）

第八十五條　使用權ヲ有スル者（第八十三條第八十四條）ハ使用ノ多寡ニ準シテ其土地物件ニ係ル必要ナル費用ヲ分擔ス可キモノトス（町、八五）

第八十六條　市會ハ市ノ爲メニ必要ナル場合ニ於テハ使用權（第八十三條第八十四條）ヲ取上ケ又ハ制限スルコトヲ得但特ニ民法上使用ノ權利ヲ有ス

ル者ハ此限ニ在ラス(町、八六)

第八十七條　市有財産ノ賣却貸與又ハ建築工事及物品ノ調達請負ハ公ケノ入札ニ付ス可シ但臨時急施ヲ要スルトキ及入札ノ價額其費用ニ比シテ得失相償ハサルトキ又ハ市會ノ認許ヲ得ルトキハ此限ニ在ラス(町、八七)

第八十八條　市ハ其必要ナル支出及從前法律命令ニ依テ賦課セラレ又ハ將來法律勅令ニ依テ賦課セラルヽ支出ヲ負擔スルノ義務アリ(町、八八)

市ハ其財産ヨリ生スル收入及使用料手數料(第八十九條)幷科料過怠金其他法律勅令ニ依リ市ニ屬スル收入ヲ以テ前項ノ支出ニ當テ猶不足アルトキハ市稅(第九十條)及夫役現品(第百一條)ヲ賦課徵收スルコトヲ得

第八十九條　市ハ其所有物及營造物ノ使用ニ付又ハ特ニ數個人ノ爲メニスル事業ニ付使用料又ハ手數ヲ徵收スルコトヲ得(町、八九)

第九十條　市稅トシテ賦課スルコトヲ得可キ目左ノ如シ(町、九〇)

一　國稅府縣稅ノ附加稅

二　直稅又ハ間接ノ特別稅

附加稅ハ直接ノ國稅又ハ府縣稅ニ附加シ均一ノ稅率ヲ以テ市ノ全部ヨリ徵收スルヲ常例トス特別稅ハ附加稅ノ外別ニ市限リ稅目ヲ起シテ課稅スルコトヲ要スルトキ賦課徵收スルモノトス

第九十一條　此法律ニ規定セル條項ヲ除クノ外使用料手數料(第八十九條)特別稅(第九十條第一項第二)及從前ノ區町村費ニ關スル細則ハ市條例ヲ以テ之ヲ規定ス可シ其條例ニハ科料金壹圓九拾五錢以下ノ罰則ヲ設クルコトヲ

得(町、九一)

科料ニ處シ及之ヲ徴收スルハ市參事會之ヲ掌ル其處分ニ不服アル者ハ令狀交付後十四日以內ニ司法裁判所ニ出訴スルコトヲ得

第九十二條　三ケ月以上市內ニ滯在スルモノハ其市稅ヲ納ムルモノトス但其課稅ハ滯在ノ初ニ遡リ徴收ス可シ(町、九二)

第九十三條　市內ニ住居ヲ構ヘス又ハ三ケ月以上滯在スルコトナシト雖モ市內ニ土地家屋ヲ所有シ又ハ營業ヲ爲ス者(店舖ヲ定メサル行商ヲ除ク)ハ其土地家屋若クハ其所得ニ對シテ賦課スル市稅ヲ納ムルモノトス其法人タルトキモ亦同シ但郵便電信及官設鐵道ノ業ハ此限ニ在ラス(町、九三)

第九十四條　所得稅ニ附加稅ヲ賦課シ及市ニ於テ特別ニ所得稅ヲ賦課セントスルトキハ納稅者ノ市外ニ於ケル所有ノ土地家屋又ハ營業(店舖ヲ定メサル行商ヲ除ク)ヨリ收入スル所得ハ之ヲ控除ス可キモノトス(町、九四)

第九十五條　數市町村ニ住居ヲ構ヘ又ハ滯在スル者ニ前條ノ市稅ヲ賦課スルトキハ其所得ヲ各市町村ニ平分シ其一部分ニノミ課稅ス可シ但土地家屋又ハ營業ヨリ收入スル所得ハ此限ニ在ラス(町、五九)

第九十六條　所得稅法第三條ニ掲クル所得ハ市稅ヲ免除ス(町、九六)

第九十七條　左ニ掲クル物件ハ市稅ヲ免除ス(町、九七)

一　政府府縣郡市町村及公共組合ニ屬シ直接公用ニ供スル土地營造物及家屋

二　社寺及官立公立ノ學校病院其他學藝美術及慈善ノ用ニ供スル土地營造

物及家屋

三　官有ノ山林又ハ荒蕪地但官有山林又ハ荒蕪地ノ利益ニ係ル事業ヲ起シ内務大臣及大藏大臣ノ許可ヲ得テ其費用ヲ徵收スルハ此限ニ在ラス

新開地及開墾地ハ市條例ニ依リ年月ヲ限リ免税スルコトヲ得

第九十八條　前二條ノ外市税ヲ免除ス可キモノハ別段ノ法律勅令ニ定ムル所ニ從フ皇族ニ係ル市税ノ賦課ハ追テ法律勅令ヲ以テ定ムル迄現今ノ例ニ依ル（町、九八）

第九十九條　數個人ニ於テ專ラ使用スル所ノ營造物アルトキハ其修築及保存ノ費用ハ之ヲ其關係者ニ賦課ス可シ（町、九九）

市内ノ一區ニ於テ專ラ使用スル營造物アルトキハ其區内ニ住居シ若クハ滯在シ又ハ土地家屋ヲ所有シ營業（店舖ヲ定メサル行商ヲ除ク）ヲ爲ス者ニ於テ其修築及保存ノ費用ヲ負擔ス可シ但其一區ノ所有財產アルトキハ其收入ヲ以テ先ツ其費用ニ充ツ可シ（市、一一三、一一四、一二三、八）

第百條　市税ハ納税義務ノ起リタル翌月ノ初ヨリ免税理由ノ生シタル月ノ終迄月割ヲ以テ之ヲ徵收ス可シ（町、一〇〇）

會計年度中ニ於テ納税義務消滅シ又ハ變更スルトキハ納税者ヨリ之ヲ市長ニ屆出ツ可シ其屆出ヲ爲シタル月ノ終迄ハ從前ノ税ヲ徵收スルコトヲ得

第百一條　市公共ノ事業ヲ起シ又ハ安寧ヲ維持スルカ爲メニ夫役現品ヲ以テ納税者ニ賦課スルコトヲ得但學藝美術及手工ニ關スル勞役ヲ課スルコトヲ得ス（町、一〇一市、三一五、六四）

夫役及現品ハ急迫ノ場合ヲ除クノ外直接市税ヲ準率ト爲シ且之ヲ金額ニ算出シテ賦課ス可シ

夫役ヲ課セラレタル者ハ其便宜ニ從ヒ本人自ラ之ニ當リ又ハ適當ノ代人ヲ出スコトヲ得又急迫ノ場合ヲ除クノ外金圓ヲ以テ之ニ代フルコトヲ得

第百二條　市ニ於テ徴收スル使用料手數料(第八十九條)市税(第九十條)夫役ニ代フル金圓(第百一條)共有物使用料及加入金(第八十四條)其他市ノ收入ヲ定期内ニ納メサルトキハ市參事會ハ之ヲ督促シ猶之ヲ完納セサルトキハ國税滯納處分法ニ依リ之ヲ徴收ス可シ其督促ヲ爲スニハ市條例ノ規定ニ依リ手數料ヲ徴收スルコトヲ得(町、一〇二)

納税者中無資力ナル者アルトキハ市參事會ノ意見ヲ以テ會計年度内ニ限リ納税延期ヲ許スコトヲ得其年度ヲ越ユル場合ニ於テハ市會ノ議決ニ依ル

本條ニ記載スル徴收金ノ追徴期滿得免及先取特別權ニ付テハ國税ニ關スル規則ヲ適用ス

第百三條　地租ノ附加税ハ地租ノ納税者ニ賦課シ其他土地ニ對シテ賦課スル市税ハ其所得者又ハ使用者ニ賦課スルコトヲ得(町、一〇三)

第百四條　市税ノ賦課ニ對スル訴願ハ賦課令狀交付後三ヶ月以内ニ之ヲ市參事會ニ申立ツ可シ此期限ヲ經過スルトキハ其年度内減税免税及償還ヲ請求スルノ權利ヲ失フモノトス(町、一〇四)

第百五條　市税ノ賦課及市ノ營造物市有財産幷其所得ヲ使用スル權利ニ關スル訴願ハ市參事會之ヲ裁決ス但民法上ノ權利ニ係ルモノハ此限ニ在ラ

ス(町、一五〇)
前項ノ裁決ニ不服アル者ハ府縣參事會ニ訴願シ其府縣參事會ノ裁決ニ不服アルモノハ行政裁判所ニ出訴スルコトヲ得
本條ノ訴願及訴訟ノ爲メニ其處分ヲ停止スルコトヲ得ス
第百六條　市ニ於テ公債ヲ募集スルハ從前ノ元額ヲ償還スル爲メ又ハ天災時變等已ムヲ得サル支出若クハ市ノ永久ノ利益トナル可キ支出ヲ要スルニ當リ通常ノ歳入ヲ增加スルトキハ其市住民ノ負擔ニ堪ヘサルノ場合ニ限ルモノトス(町、一〇六)
市會ニ於テ公債募集ノ事ヲ議決スルトキハ併セテ其募集ノ方法ニ利息ノ定率及償還ノ方法ヲ定ム可シ償還ノ初期ハ三年以內ト爲シ年々償還ノ步合ヲ定メ募集ノ時ヨリ三十年以內ニ還了ス可シ
定額豫算內ノ支出ヲ爲スカ爲メ必要ナル一時ノ借入金ハ本條ノ例ニ依ラス其年度內ノ收入ヲ以テ償還ス可キモノトス但此場合ニ於テハ市會ノ議決ヲ要セス

第二款　市ノ歳入出豫算及決算

第百七條　市參事會ハ每會計年度收入支出ノ豫知シ得可キ金額ヲ見積リ年度前二ヶ月ヲ限リ歳入出豫算表ヲ調製ス可シ但市ノ會計年度ハ政府ノ會計年度ニ同シ(町、一〇七)
內務大臣ハ省令ヲ以テ豫算表調製ノ式ヲ定ムルコトヲ得
第百八條　豫算表ハ會計年度前市會ノ議決ヲ取リ之ヲ府縣知事ニ廣告シ幷地

方慣行ノ方式ヲ以テ其要領ヲ公告ス可シ（町、一〇八市一一八）
豫算表ヲ市會ニ提出スルトキハ市參事會ハ併セテ其市ノ事務報告書及財產明細表ヲ提出ス可シ
第百九條　定額豫算ノ費用又ハ豫算ノ不足アルトキハ市會ノ認定ヲ得テ之ヲ支出スルコトヲ得（町、一〇九）
定額豫算中臨時ノ場合ニ支出スルカ爲メニ豫備費ヲ置キ市參事會ハ豫メ市會ノ認定ヲ受ケスシテ豫算外ノ費用又ハ豫算超過ノ費用ニ充ツルコトヲ得
但市會ノ否決シタル費途ニ充ルコトヲ得ス
第百十條　市會ニ於テ豫算表ヲ議決シタルトキハ市長ヨリ其謄寫ヲ以テ之ヲ收入役ニ交付ス可シ其豫算表中監督官廳若クハ參事會ノ許可ヲ受ク可キ事項アルトキハ（第百二十一條ヨリ第百二十三條ニ至ル）先ツ其許可ヲ受ク可シ（町、一一〇）
收入役ハ市參事會（第六十四條第二項第三）又ハ監督官廳ノ命令アルニ非サレハ支拂ヲ爲スコトヲ得ス又收入役ハ市參事會ノ命令ヲ受クルモ其支出豫算表中ニ豫定ナキカ又ハ命令第百九條ノ規定ニ據ラサルトキハ支拂ヲ爲スコトヲ得ス
前項ノ規定ニ背キタル支拂ハ總テ收入役ノ責任ニ歸ス
第百十一條　市ノ出納ハ每月例日ヲ定メテ撿査シ及每年少クモ一回臨時撿査ヲ爲ス可シ例月撿査ハ市長又ハ其代理者之ヲ爲シ臨時撿査ハ市長又ハ其代理者ノ外市會ノ互撰シタル議員一名以上ノ立會ヲ要ス（町、一一一）

第百十二條　決算ハ會計年度ノ終ヨリ三ケ月以内ニ之ヲ結了シ證書類ヲ併セテ收入役ヨリ之ヲ市參事會ニ提出シ市參事會ハ之ヲ審査シ意見ヲ附シテ之ヲ市會ノ認定ニ附ス可シ其市會ノ認定ヲ經タルトキハ市長ヨリ之ヲ府縣知事ニ報告ス可シ(町、一一二)

決算報告ヲ爲ストキハ第三十八條及第四十二條ノ例ニ準シ市參事會故障アルモノトス(町、一一三)

第五章　特別ノ財産ヲ有スル市區ノ行政

第百十三條　市內ノ一區ニシテ特別ニ財産ヲ所有シ若クハ營造物ヲ設ケ其區限リ特ニ其費用(第九十九條)ヲ負擔スルトキハ府縣參事會ハ其市會ノ意見ヲ聞キ條例ヲ發行シ財産及營造物ニ關スル事務ノ爲メ一區會ヲ設クルコトヲ得其會議ハ市會ノ例ヲ適用スルコトヲ得(町、一一四)

第百十四條　前條ニ記載スル事務ハ市ノ行政ニ關スル規則ニ依リ市參事會之ヲ管理ス可シ但區ノ出納及會計ノ事務ハ之ヲ分別ス可シ(町、一一五市、九九)

第六章　市行政ノ監督

第百十五條　市行政ハ第一次ニ於テ府縣知事之ヲ監督シ第二次ニ於テ內務大臣之ヲ監督ス但法律ニ指定タシル場合ニ於テ府縣參事會ノ參與スルハ別段ナリトス(町、一一九、市、一一七、一〇六)

第百十六條　此法律中段別ノ規定アル場合ヲ除クノ外凡市ノ行政ニ關スル府縣知事若シクハ府縣參事會ノ處分若シクハ裁決ニ不服アル者ハ內務大臣ニ訴願スルコトヲ得(町、一二〇市、八四、二九、三五、六四一、七八、一〇五、一二四)

市ノ行政ニ關スル訴願ハ處分書若クハ裁決書ヲ交付シ又ハ之ヲ告知シタル日ヨリ十四日以內ニ其理由ヲ具シテ之ヲ提出ス可シ但此法律中別ニ期限ヲ定ムルモノハ此限ニ在ラス

此法律中指定スル場合ニ於テ府縣知事若クハ府縣參事會ノ裁決ニ不服アリテ行政裁判所ニ出訴セントスル者ハ裁決書ヲ交付シ又ハ之ヲ告示シタル日ヨリ三十一日以內ニ出訴ス可シ行政裁判所ニ出訴スルコトヲ許シタル場合ニ於テハ內務大臣ニ訴願スルコトヲ得ス

訴願及訴訟ヲ提出スルトキハ處分又ハ裁決ノ執行ヲ停止ス但此法律中別ニ規定アリ又ハ當該官廳ノ意見ニ依リ其停止ノ爲メニ市ノ公益ニ害アリト爲ストキハ此限ニ在ラス

第百十七條　監督官廳ハ市行政ノ法律命令ニ背戾セサルヤ其事務錯亂澁滯セサルヤ否ヲ監視ス可シ監督官廳ハ之カ爲メニ行政事務ニ關シテ報告ヲ爲サシメ豫算及決算等ノ書類帳簿ヲ徵シ幷實地ニ就テ事務ノ現況ヲ視察シ出納ヲ撿閱スルノ權ヲ有ス（町、一二一）

第百十八條　市ニ於テ法律勅令ニ依テ負擔又ハ當該官廳ノ職權ニ依テ命令スル所ノ支出ヲ定額豫算ニ載セス又ハ臨時之ヲ承認セス又ハ實行セサルトキハ府縣知事ハ理由ヲ示シテ其支出額ヲ定額豫算表ニ加ヘ又ハ臨時支出セシム可シ（町、一二二）

市ニ於テ前項ノ處分ニ不服アルトキハ行政裁判所ニ出訴スルコトヲ得

第百十九條　凡市會又ハ市參事會ニ於テ議決ス可キ事件ヲ議決セサルトキハ

府縣參事會代テ之ヲ議決ス可シ（町、一二三）

第百二十條　內務大臣ハ市會ヲ解散セシムルコトヲ得解散ヲ命シタル場合ニ於テハ同時ニ三ケ月以內更ニ議員ヲ改選ス可キコトヲ命ス可シ但改選市會ノ集會スル迄ハ府縣參事會市會ニ代テ一切ノ事件ヲ議決ス（町、一二四）

第百二十一條　左ノ事件ニ關スル市會ノ議決ハ內務大臣ノ許可ヲ受クルコトヲ要ス（町、一二五）

一　市條例ヲ設ケ幷改正スル事

二　學藝美術ニ關シ又ハ歷史上貴重ナル物品ノ賣却讓與質入書入交換若クハ大ナル變更ヲ爲ス事

前項第一ノ場合ニ於テハ勅裁ヲ經テ之ヲ許可ス可シ

第百二十二條　左ノ事件ニ關スル市會ノ議決ハ內務大臣及大藏大臣ノ許可ヲ受クルコトヲ要ス

一　新ニ一ノ負債ヲ起シ又ハ負債額ヲ增加シ及第百六條第二項ノ例ニ違フモノ但償還期限三年以內ノモノハ此限ニ在ラス（町、一二六）

二　市特別稅幷使用料手數料ヲ新設シ增額シ又ハ變更スル事

三　地租七分ノ一其他直接國稅百分ノ五十ヲ超過スル附加稅ヲ賦課スル事

四　間接國稅ニ附加稅ヲ賦課スル事

五　法律勅令ノ規定ニ依リ官廳ヨリ補助スル步合金ニ對シ支出金額ヲ定ムル事

第百二十三條　左ノ事件ニ關スル議決ハ府縣參事會ノ許可ヲ受クルコトヲ要

ス(町、一二七)

一　市ノ營造物ニ關スル規則ヲ設ケ幷改正スル事
二　基本財産ノ處分ニ關スル事(第八十一條)
三　市有不動産ノ賣却讓與幷質入書入ヲ爲ス事
四　各個人特ニ使用スル市有土地使用法ノ變更ヲ爲ス事(第八十六條)
五　各種ノ保證ヲ與フル事
六　法律勅令ニ依テ負擔スル義務ニ非スシテ向五ケ年以上ニ亘リ新ニ市住民ニ負擔ヲ課スル事
七　均一ノ税率ニ據ラスシテ國税府縣税ニ附加税ヲ賦課スル事(第九十條第二項)
八　第九十九條ニ從ヒ數個人又ハ市内一區ニ費用ヲ賦課スル事
九　第百一條ノ準率ニ據ラスシテ夫役及現品ヲ賦課スル事

第百二十四條　府縣知事ハ市長助役市參事會員委員區長其他市吏員ニ對シ懲戒處分ヲ行フコトヲ得其懲戒處分ハ譴責及過怠金トス其過怠金ハ二十五圓以下トス(町、一二八)

追テ市吏員ノ懲戒法ヲ設クル迄ハ左ノ區別ニ從ヒ官吏懲戒例ヲ適用ス可シ

一　市參事會ノ懲戒處分(第六十四條第二項第五)ニ不服アル者ハ府縣知事ニ訴願シ府縣知事ノ裁決ニ不服アル者ハ行政裁判所ニ出訴スルコトヲ得
二　府縣知事ノ懲戒處分ニ不服アル者ハ行政裁判所ニ出訴スルコトヲ得
三　本條第一項ニ掲載スル市吏員職務ニ違フコト再三ニ及ヒ又ハ其情狀重

キ者又ハ行狀ヲ亂リ廉恥ヲ失フ者財產ヲ浪費シ其分ヲ守ラサル者又ハ職務擧ラサル者ハ懲戒裁判ヲ以テ其職ヲ解クコトヲ得其隨時解職スルコトヲ得可キ者ハ(第六十三條)懲戒裁判ヲ以テスルノ限ニ在ラス

總テ解職セラレタル者ハ自己ノ所爲ニ非スシテ職務ヲ執ルニ堪ヘサルカ爲メ解職セラレタル塲合ヲ除クノ外退隱料ヲ受クルノ權ヲ失フモノトス

四 懲戒裁判ハ府縣知事其審問ヲ爲シ府縣參事會之ヲ裁決ス其裁決ニ不服アル者ハ行政裁判所ニ出訴スルコトヲ得

市長ノ解職ニ係ル裁決ハ上奏シテ之ヲ執行ス

監督官廳ハ懲戒裁判ノ判決前吏員ノ停職ヲ命シ幷給料ヲ停止スルコトヲ得

第百二十五條 市吏員及使丁其職務ヲ盡サス又ハ權限ヲ越エタル事アルカ爲メ市ニ對シテ賠償ス可キコトアルトキハ府縣參事會之ヲ裁決ス其裁決ニ不服アル者ハ裁決書ヲ交付シ又ハ之ヲ告知シタル日ヨリ七日以內ニ行政裁判所ニ出訴スルコトヲ得但出訴ヲ爲シタルトキハ府縣參事會ハ假ニ其財產ヲ差押フルコトヲ得(町、一二九)

第七章 附則

第百二十六條 此法律ハ明治二十二年四月一日ヨリ地方ノ情況ヲ裁酌シ府縣知事ノ具申ニ依リ內務大臣指定スル地ニ之ヲ施行ス

第百二十七條 府縣參事會及行政裁判所ヲ開設スル迄ノ間府縣參事會ノ職務ハ府縣知事行政裁判所ノ職務ハ內閣ニ於テ之ヲ行フ可シ

第百二十八條　此法律ニ依リ初テ議員ヲ選擧スルニ付參事會及市會ノ職務幷市條例ヲ以テ定ム可キ事項ハ府縣知事又ハ其指命スル官吏ニ於テ之ヲ施行ス可シ

第百二十九條　社寺宗教ノ組合ニ關シテハ此法律ヲ適用セス現行ノ例規及其地ノ習慣ニ從フ

第百三十條　此法律中ニ記載セル人口ハ最終ノ人口調査ニ依リ現役軍人ヲ除キタル數ヲ云フ

第百三十一條　現行ノ租稅中此法律ニ於テ直接稅又ハ間接稅トス可キ類別ハ內務大臣及大藏大臣之ヲ告示ス

第百三十二條　明治九年十月第百三十號布告郡區町村金穀公借共有物取扱土木起功規則明治十一年七月第十七號布告郡區町村編制法第四條明治十七年五月第十四號布告郡區町村會法明治十七年五月第十五號布告明治十七年七月第二十三號布告明治十八年八月第二十五號布告其他此法律ニ抵觸スル成規ハ此法律施行ノ日ヨリ總テ之ヲ廢止ス

第百三十三條　內務大臣ハ此法律實行ノ責ニ任シ之カ爲メ必要ナル命令訓令ヲ發布ス可シ

市町村制註釋終

○市制町村制理由　官報第千四百四十三號附錄

市制町村制理由

本制ノ旨趣ハ自治及分權ノ原則ヲ實施セントスルニ在リテ現今ノ情勢ニ照シ程度ノ宜キニ從ヒ以テ立法上其端緒ヲ開キタルモノナリ此法制ヲ施行セントスルニハ必先ツ地方自治ノ區ヲ造成セサル可カラス地方ノ自治區ハ特立ノ組織ヲ爲シ公法民法ノ二者ニ於テ共ニ一個人民ト權利ヲ同クシ之カ理事者タルノ機關ヲ有スルモノナリ其機關ハ法制ノ定ムル所ニ依テ組織シ自治躰ハ即チ之ニ依テ其意想ヲ發表シ之ヲ執行スルコヲ得ルモノトス故ニ自治區ハ法人トシテ財產ヲ所有シ之ヲ授受賣買シ他人ト契約ヲ結ヒ權利ヲ得義務ヲ負ヒ又其區域內ハ自ラ獨立シテ之ヲ統治スルモノナリ然リト雖モ其區域ハ素ト國ノ一部分ニシテ國ノ統轄ノ下ニ於テ其義務ヲ盡サヽルヲ得ス故ニ國ハ法律ヲ以テ其組織ヲ定メ其負擔ノ範圍ヲ設ケ常ニ之ヲ監督ス可キモノトス國內ノ人民各其自治ノ團結ヲ爲シ政府之ヲ統一シテ其機軸ヲ執ルハ國家ノ基礎ヲ鞏固ニスル所以ナリ國家ノ基礎ヲ固クセントセハ地方ノ區畫ヲ以テ自治ノ機躰ト爲シ以テ其部內ノ利害ヲ負擔セシメサル可ラス

現今ノ制ハ府縣ノ下郡區町村アリ區町村ハ稍自治ノ躰ヲ存スト雖モ未タ完全ナル自治ノ制アルヲ見ス郡ノ如キハ全ク行政ノ區畫タルニ過キス府縣ハ素ト行政ノ區畫ニシテ幾分カ自治ノ制ヲ兼ヲ有セルカ如シト雖モ是亦全ク自治ノ制アリト謂フ可カラス今前述ノ理由ニ依リ此區畫ヲ以テ悉ク完全ナル自治躰ト爲スヲ必要ナリトス即府縣郡市町村ヲ以テ三階級ノ自治躰ト爲サントス此階級ヲ設クルハ分權ノ制ヲ施スニ於テモ亦緊要ナリトス蓋自治區ニハ其自治躰共同ノ事務ヲ任ス可キノミナラス一般ノ行政ニ屬スル事ト雖モ全國ノ統治ニ必要ニシテ官府自ラ處理スヘキモノヲ除クノ外之ヲ地方ニ分任スルヲ得策ナリトス故ニ其町村ノ力ニ堪フル者ハ之ヲ其負擔トシ其力ニ堪ヘサル者ハ之ヲ郡

ニ任シ郡ノ力ニ及ハサル者ハ之ヲ府縣ノ負擔トス可シ是階級ノ重複スルヲ厭ハスシテ却テ利益アリト爲ス所以ナリ

維新ノ後政務ヲ集攬シテ一ニ之ヲ中央ノ政府ニ統ヘ地方官ハ各其職權アリト雖モ政府ノ委任ニ依テ代テ事ヲスルニ過キス今地方ノ制度ヲ改ムルハ即チ政府ノ事務ヲ地方ニ分任シ又人民ヲシテ之レニ參與セシメ以テ政府ノ繁雜ヲ省キ併セテ人民ノ本務ヲ盡サシメントスルニ在リ而シテ政府ハ政治ノ大綱ヲ握リ方針ヲ授ケ國家統御ノ實ヲ擧クルヲ得可ク人民ハ自治ノ責任ヲ分チ以テ專ラ地方ノ公益ヲ計ルノ心ヲ起スニ至ル可シ蓋人民參政ノ思想發達スルニ從ヒ之ヲ利用シテ地方ノ公事ニ練習セシメ施政ノ難易ヲ知ラシメ漸ク國事ニ任スルノ實力ヲ養成セントス是將來立憲ノ制ニ於テ國家百世ノ基礎ヲ立ツルノ根源タリ

故ニ分權ノ主義ニ依リ行政事務ヲ地方ニ分任シ國民ヲシテ共同ノ事務ヲ負擔セシメ以テ自治ノ實ヲ全カラシメントスルニハ技術專門ノ職若クハ常職トシテ任ス可キ職務ヲ除クノ外概ネ地方ノ人民ヲシテ名譽ノ爲メ無給ニシテ其職ヲ執ラシムルヲ要ス而シテ之ヲ擔任スルハ其地方人民ノ義務ト爲ス是國民タル者國ニ盡スノ本務ニシテ丁壯ノ兵役ニ服スルト原則ヲ同クシ更ニ一歩ヲ進ムルモノナリ然レトモ人民ヲシテ普ク此義務ヲ帶ハシムルトキハ其任又輕シト爲サス故ニ一朝ニシテ此制ヲ實行セントスルハ頗ル難事ニ屬スト雖モ其目的タル國家永遠ノ計ニ在リテ効果ヲ速成ニ期セス漸次參政ノ道ヲ擴張シテ公務ニ練熟セシメントスルニ在リ是ヲ以テ力メテ多ク地方ノ名望アル者ヲ擧ケテ此任ニ當ラシメ其地位ヲ高クシ待遇ヲ厚クシ無用ノ勞費ヲ負ハシメス倦怠ノ念ヲ生セサラシムルトキハ漸ク其責任ノ重キヲ知リ參政ノ名譽タルヲ辨スルニ至ラントス且本邦舊來ノ制ヲ考フルニ無給職ニシテ町村ノ事務ニ任スルノ例アリ各地方ノ習慣固ヨリ一定ナルニ非ス且維新後數次ノ變革ニ依テ頗ル此習慣ヲ破リタリト雖モ今日ニ及テ之ヲ襲用スルコト猶難カラサル可シ是此制ヲ實施スルニ方

テ多少ノ困難アルニ拘ラス漸次目的ヲ達セントコトヲ期シテ疑ハサル所以ナリ然レトモ他ノ一方ヨリ之ヲ見ルトキハ又地方ノ情況ニ依リ多少ノ酌量ヲ加ヘサルヲ得サルモノアリ是ヲ以テ町村長ハ公選ト爲スト雖モ其選擧宜キヲ得サルトキハ臨時官選ヲ許シ或ハ官吏ヲ派遣シテ其事務ヲ執ラシムルノ例アリ又嶋嶼ノ地其他特別ノ事情アリテ此制ヲ實施シ難キ地方ニハ之ヲ行ハサルヲ許スノ例アリ（町村制第六十一條百三十二條第百三十三條）其他十分ニ實地活用ノ方ヲ與ヘタレハ各地ノ實況ニ照シテ之ニ應スルノ便アルヲ信ス固ヨリ此等ノ法令ハ人民ノ情態ニ依リ智識ノ度ニ應シテ宜キヲ取ラサルヲ得ス徒ニ自治ノ理論ニ據テ俄ニ其完備ヲ求ムルカ如キハ立法者ノ愼重ヲ加フ可キ所ナリトス是本制多少ノ斟酌ナキヲ得サル所以ナリ

本制ヲ施行スルニ付テハ漸ヲ以テ郡府縣ノ制度ノ改正ニ及ハサルヲ得サルモノアリ今其概略ヲ擧クレハ郡ニ郡長ヲ置キ府縣ニ府縣知事ヲ置キ其選任組織等固ヨリ舊ノ如クシテ之ヲ改メスト雖モ府縣會ノ外新ニ郡會ヲ開キ府縣郡ニ各參事會ヲ設ケサルヲ得ス然レトモ是等ノ事ハ府縣郡制ノ制定アルヲ待テ始メテ定マル可キ事ニシテ今只之ヲ以テ本制ノ參考ニ供スルノミ

本制ニ制定スル市町村ハ共ニ最下級ノ自治躰ニシテ市ト云ヒ町村ト云ヒ都鄙ノ別ニ依テ其名ヲ異ニスルニ過キス其制度ヲ立ツルノ原質ニ至テハ彼此相異ナル所ナシ元來町ト村トハ人民生計ノ情態ニ於テ其趣ヲ同クセサルモノアリテ細カニ之ヲ論スレハ均一ノ準卒ニ依リ難キモノナキニ非スト雖モ本邦現今ノ狀況ヲ察シ舊來ノ慣習ニ依テ之ヲ考フルニ都會輻湊ノ地ヲ除クノ外宿驛ト稱シ町ト稱スルモノノ施政ノ大體ニ於テ村落ト異同アルコトナシ故ニ今之ヲ同一制度ノ下ニ立タシメントス其施治ノ細目ニ至テハ或ハ多少ノ差異ヲ見ルコトアルヘシト雖モ此等ハ制度ノ範圍内ニ於テ執行者ノ處分斟酌宜キヲ得ルト否トニ在ル可キモノトス然レトモ都會ノ地ニ至テハ大ニ人情風俗ヲ異ニシ經濟上自ラ差別アリ故ニ之ヲ分離シテ別ニ市制ヲ立テ機關ノ組織及行政監督ノ例ヲ異ニセリ是固ヨリ町村

制ト其性質ヲ異ニスルニ非ス其市民ノ便益ト實際ノ必要トニ出テ然ラサルヲ得サルナリ即現行ノ區制ニ繼續スル所ノモノナリト雖モ從來ノ區ハ郡ノ疆域ヲ離レスシテ行政上別ニ吏員ヲ置キ事務ヲ處理スルニ過キサリシモ今改メテ獨立分離セシメ從來區ノ下ニ町アリシモ之ヲ改メテ市ヲ最下級ノ自治躰ト爲サントス而シテ三府市街ノ如キハ其情況又他ノ都會ノ地ト同シカラサルモノアルヲ以テ市制中機關ノ組織等ニ於テ二三ノ特例ヲ設クルモノアリ今此市制ヲ施行セントスルモノハ三府其他人口凡二萬五千以上ノ市街地ニ在リトス尤郡制制定ノ時ニ至テ其要件ヲ確定スルコトアル可シト雖モ今内務大臣ノ定ムル所ニ從テ之ヲ施行セントス區ノ名稱ヲ改メテ市ト爲スハ三府ノ如キ一府内ノ區ト混同スルヲ避クルナリ町村ハ通シテ其組織ヲ同ス可キハ前述ノ如シト雖モ其大小廣狹ニ依リ又ハ貧富繁閑ニ依リテ自ラ事情ヲ異ニスルモノナキニ非ス故ニ或ハ一定ノ例規ヲ適用シ難キモノアリ是亦酌量ヲ加ヘ法律ノ範圍ヲ廣クシテ地方ノ便宜ヲ與ヘントスルナリ（町村制第十一條、第十四條、第二十五條、第三十一條、第五十二條、第五十六條、第五十九條、第六十三條、第六十四條、第百三十三條）

市制町村制第一章　總則

凡市町村ハ他ノ自治區ト同ク二箇ノ元素ヲ存セサル可カラス即チ疆土ト人民ト是ナリ此二者其一ヲ缺クトキハ市町村ノ自治躰ヲ爲スニ足ラサルナリ而シテ市町村ノ制度ハ法律ヲ以テ之ヲ定ムト雖モ或ル界限内ニ在テ市町村ニ自主ノ權ヲ付與スルモノトス是ヲ市町村ノ基礎トス

第一款ハ市制町村制ヲ施行スルノ地ヲ定メ（市制町村制第一條）法律上市町村ノ性質ヲ明ニシ（市制町村制第二條）次テ第一元素タル疆土ニ關スル條件ヲ定ム（市制町村制自第三條至第五條）

第二款ハ第二元素ニ關スル條件、住民權公民權ノ得喪及住民權公民權ヨリ生スル權利義務ヲ規定ス（市制町村制自第六條至第九條）

第三款ハ市町村ニ付與スル自主權ノ範圍ヲ示ス（市制町村制第十條）

第一欵　市町村及其區域

市町村ノ區域ハ一方ニ在テハ國土分畫ノ最下級ニシテ即國ノ行政區畫タリ一方ニ在テハ獨立シタル自治躰ノ疆土タリ其疆土ハ自治躰カ公法上ノ權利ヲ執行シ義務ヲ踐行スルノ區域ナリ故ニ市町村ノ區域ハ從來ノ成立ヲ存シテ之ヲ變更セサルヲ以テ原則トス然レトモ町村ノ力貧弱ニシテ其負擔ニ堪ヘス自ラ獨立シテ其本分ヲ盡スコト能ハサルモノアリ是其町村自己ノ不利タルノミナラス國ノ公益ニ非サルナリ是ヲ以テ有力ノ町村ヲ造成シ維持スルハ國ノ利害ニ關スル所ニシテ町村ノ廢置分合若クハ區域ノ變更等ニ付キ國ノ干渉ヲ要スルコト明ナリ固ヨリ關係アル土地ノ所有主及自治區ヲシテ利害ノ關スル所ニ依テ各其意見ヲ達スルノ機會ヲ得セシメ其意見一般ノ公益ヲ害セサル限リハ之ヲ採用セサル可カラス尤他ノ一方ヨリ論スルトキハ其關係者タルモノハ動モスレハ自己ノ利害ニ偏シ永遠ノ得失ヲ顧サルカ如キコトアルヲ免レス故ニ一ニ其承諾ニ依テ決スルコトヲ得ス假令其承諾ナキモ之ヲ斷行スルノ權力アルヲ要ス然レトモ此等ノ處置タルヤ地方ノ情況ニ通曉スルヲ要シ且公平ヲ示サンカ爲メニ高等自治區參事會ノ議決ニ任スルヲ至當トス（市制第四條、町村制第五條）

本制ハ町村ノ分合ニ就テ詳細ナル規則ヲ設ケス各地ノ情況ヲ斟酌スルノ餘地ヲ存スルナリ唯十分ノ資力ヲ有セサル町村ハ比隣相合併ス可キノ例ヲ設ク此ノ如キ町村ハ獨立ヲ有タシムルコトヲ得サルヲ以テ假令其承諾ナキモ他ノ町村ニ合併シ又ハ數個相合シテ新町村ヲ造成セサル可カラス固ヨリ本制ニ定ムルカ如ク各市町村從前ノ區域ヲ變更セサルハ其原因ナリト雖モ現今各町村ノ大半ハ狹小ニ過キ本制ニ據テ獨立町村タル資格ヲ有サルヲ得サルモノ蓋少カラス故ニ合併ノ處分ヲ爲スモ亦巳ムヲ得サル所ナリ然レトモ分合ノ例規ハ詳ニ之ヲ法律ニ制定セス其緩急ヲ行政廳ノ見ル所ニ任スルモノハ各地ノ地形人情及古來ノ沿革ヲ參酌スルノ自由ヲ得セシメントスルニ在リ若シ其實行ニ方テ執

行者ノ標準ヲ定ムルカ如キハ時ニ臨テ訓令ヲ發スルヿアル可シ之ヲ要スルニ町村ハ舊來ノ區域ヲ存シテ改メサルヲ原則トシ資力ナキモノハ之ヲ合併シテ以テ法律ノ冀望スル有力ノ町村ヲ造成センヿヲ期スルニ在リ又合併ノ爲メニ其區域廣濶ニ過キテ地形人情ノ自然ヲ失ヒ共有物ノ區域ヲ混シ其使用ノ便ヲ害スル等ノ事ナキヲ要ス然レトモ今日ニ在テハ事情已ムヲ得サルモノアリテ十全ノ合併ヲ爲スコトヲ得ス又ハ合併ヲ以テ不便ト爲スカ如キコトアルヘシ故ニ町村制第百十六條ニ於テ町村組合ヲ設クルノ便法ヲ存セリ其組合町村ハ各獨立ヲ保チ而シテ共同シテ一定ノ事務ヲ處辨スルモノナリ其共同事務ノ範圍等ハ實地ノ需要ニ依テ便宜之ヲ議定スルニ任ス

凡區域ヲ變更スルニ方テハ必關係者ノ協議ヲ以テ財產處分又ハ費用ノ分擔ヲ定ムルヲ要ス是亦一定ノ例規ヲ示サス蓋此等ノ處分ハ强テ法理ニ泥マス專ヲ情義ニ依ルヲ以テ穩當トス但其專斷偏私ノ弊ナカラシメンカ爲メ其處分ヲ參事會ニ任セリ而シテ其參事會ノ議決ニ對シテハ司法ノ裁判ヲ仰クヲ許サス

市町村經界ノ爭論ハ公法上ノ權利ノ廣狹ニ關スルヲ以テ公法ニ屬セリ故ニ此類ノ爭論ハ司法裁判ヲ求ムルヲ許サスシテ參事會ノ議決ニ付シ終審ニ於テハ行政裁判所ノ判決ニ任セリ（市制町村制第五條）若シ之ニ反シテ民法上ノ所有權若クハ使用權ニ關スル爭論ハ固ヨリ司法裁判ニ屬スヘキヲ以テ其爭論者ノ一方若クハ雙方トモ市町村ニ係ルト雖モ參事會ノ裁決ニ付セス行政裁判ニ屬セサルハ勿論ナリ

第二款　市町村住民籍及公民權

町村ト人民トノ關係ハ現行ノ法ニ於テ本籍寄留ノ別アリ現實ノ住居地ハ必シモ本籍地ナラス本籍ハ殆ント虛名ヲ存スルニ過キサルモノアリ而シテ府縣會議員ノ選擧ノ如キ公法上ノ權利ハ本籍ニ屬シテ寄留地ニ屬セサルモノアリ甚タ事實ト相適セス蓋公法上ノ權利ヲ行フハ現實ノ利害ニ基ク可クシ

テ處名ニ依ル可カラス故ニ本制ニ於テハ現行本籍寄留ノ法ニ依ラス凡市町村内ニ住居ヲ定ムル者ハ即市町村住民ニシテ本籍寄留ノ別アルコトナシ尤市町村住民籍即屬籍ノ例規ハ別ニ法令ヲ以テ之ヲ制定センコトヲ期ス故ニ玆ニ之ヲ詳述セスト雖モ要スルニ本制ノ行ハルヽ日ヨリ人民ト町村トノ關係即町村ノ屬籍ニ付テハ從來本籍寄留ノ例ヲ一變スルモノアリ但戸籍上ノ事即戸主家族ノ關係ニ於テハ之ト相關スルコトナク從前ノ戸籍法ヲ存シテ之ヲ變更セサルナリ

市町村住民ノ權利ハ市町村ノ營造物ヲ共用シ其財産所得ノ使用ニ參與スルニ在リ但法律及市町村ノ條例規則ニ據ル可キハ固ヨリ言ヲ俟タス其義務ハ市町村ノ負擔ヲ分任スルニ在リ其義務ノ生スルハ即市町村ニ住居ヲ定メ住民ト爲リシ時ニ起ル但シ市町村内ニ住居ヲ定メス一時滯在スル者即其市町村住民ニ非サル者ト雖モ其滯在ノ久キニ至テハ市町村ノ負擔ニ任セシムルヲ當然トス（市制町村制第九十二條）

故ニ身覊旅ニ在ル者ト一時ノ滯在者トヲ除クノ外凡市町村内ニ住居ヲ定ムル者ハ即皆市町村住民タリ軍人官吏ノ如キモ亦皆然リ然リト雖モ軍人官吏ハ公民權ヲ行ヒ及市町村ノ負擔ヲ分任スル上ニ於テ例外ニ置クヲ必要ト爲スノ條件アリ即市制第八條、第九條、第十二條、第十五條、第五十五條、第九十六條、町村制第八條、第九條、第十二條、第十五條、第五十三條、第九十六條ニ定ムル所ノ如シ又皇族ハ市町村ノ屬籍外タルコト勿論ナレハ敢テ本制ニ掲載セス

市町村住民中公務ニ參與スルノ權アリ又義務アル者ハ別ニ要件ヲ定メテ其資格ニ適フ者ニ限ル之ヲ公民トス（市制町村制第七條）

公民ハ住民中ニ在テ特別ノ權利ヲ有シ重大ノ負擔ヲ帶ヒタル者トス其資格ノ要件ハ自ヲ民度風俗ニ從ヒ各地方ノ情況ヲ酌ミ以テ其宜ヲ制スルヲ便ナリトス故ニ市町村ノ自主ノ權ニ任セ適宜之ヲ制定セシム可キカ如シト雖モ又一方ヨリ考フレハ各地方區々ニ出テ、權利上公平ヲ失スルノ恐ナキ能ハ

ス各國ノ例ヲ案スルニ是亦異同アリテ一定セス今本制ハ本邦ノ民度情躰ヲ察シ併セテ各國ノ制ヲ參酌シ之ヲ制定セリ

各國ノ例ヲ案スルニ大略二類アリ一ハ即市町村住民ニシテ法律上ノ要件ヲ適スルトキハ直ニ公民トナルノ法トシ一ハ即チ特別ノ手續ニ依テ公民權ヲ得ルノ法トス今第一ノ例ヲ以テ適當ト爲ス故ニ本制ハ市町村住民中市制町村制第七條ニ規定シタル要件ニ適スルトキハ直ニ公民タルヲ得ルモノトス外國人及公權ヲ有セサル者ニハ公民權ヲ與フ可カラサルコト疑ヲ容レス本制ニ於テハ婦人及獨立セサル者モ亦皆公民外ニ置クヲ通例トス但市制町村制第十二條、第二十四條ニ於テハ之ニ撰擧權ヲ與フルノ特例アリ官府其他總テ法人タル者モ亦之ニ準ス其他ハ一般ニ二年以來市制町村制第七條ニ列記シタル要件ヲ有スルヲ要ス然ルニ一般ニ二年以上ノ制限アルハ或ハ不公平ヲ生スルノ恐アリト雖モ市町村會ニ於テ之ヲ特免スルノ權利ヲ有スルヲ以テ其甚シキニ至ラサル可シ其他多額ノ納税者ニ就テモ亦之ニ類スル特例ヲ設ク（市制町村制第十二條）甲市町村ノ住民ニシテ乙市町村内ニ土地ヲ所有シ若クハ營業ヲ爲スカ爲メニ市制町村制第九十三條ニ從ヒ市町村税ヲ負擔スル者アリ此ノ如キ者ニハ固ヨリ完全ノ公民權ヲ與ヘスト雖モ市制町村制第十二條ニ從テ特ニ選擧權ヲ行ハシムルモノトス蓋本制ニ定ムル要件中納税額ノ制限ヲ設クル所以ハ市町村ヲ以テ其盛衰ニ利害ノ關係ヲ有セサル無智無産ノ小民ニ放任スルコトヲ欲セサルカ爲メナリ然レ𪜈本制ニ於テハ二級若クハ三級撰擧法ヲ行フニ依テ幸ニ小民ノ多數ヲ以テ資産者ヲ抑壓スルノ患ヲ免ル可キカ故ニ其制限ハ之ヲ低度ニ定ムルモ妨ケナシ元來撰擧權ヲ擴充シ以テ細民不滿ノ念ヲ絶タンコトヲ期スルハ此選擧法ノ他ニ優レリトスル所ナリ故ニ本制ニ於テハ二年以來町村内ニ於テ地租ヲ納ムル者ハ其制限額ヲ設ケス其他ノ納税者ハ二圓以上トセリ而シテ其税額直接國税ヲ標準ト爲シ市制町村制第十二條、第十三條ノ場合ノ如ク市町村税ヲ標準トセサル所以ノモノハ現今町村費ノ賦課法タル各地方異同アリテ未タ完全ノ域ニ達

セサルヲ以テ町村税ニ依リ其標準ヲ立ツルハ頗ル難事ニ屬スルヲ以テナリ
公民權ヲ得ルノ要件アル以上ハ其要件ヲ失フ者ハ又其權ヲ喪フ可シ(市制町村制第九條)即公民權ハ左ノ事件ト共ニ消滅スルモノトス
一國民籍ヲ失フ事
二公權ヲ失フ事
三市町村內ニ住居セサル事即住民權ヲ失フ事
四公費ヲ以テ救助ヲ受クル事
五獨立ヲ失フ事即一戶ヲ構フルコトヲ止メ又ハ治產ノ禁ヲ受クル事
六市町村負擔ノ分任ヲ止ムル事
七市町村內ノ所有地ヲ他人ニ讓リ又ハ直接國稅貳圓以上ヲ納メサル事
租稅滯納處分中ノ者ハ公民權ヲ喪失スルニアラスシテ停止セラル、モノナリ其他市制町村制第九條第二項ニ記載セル塲合ハ總テ之ニ同シ喪失ト停止トノ區別ハ停止ノ時ハ其權利ヲ存シテ只法律ニ定メタル事由ノ存スル間之カ執行ヲ止ムニ在リ
公民權ヲ有スル者ハ一方ニ在テハ選擧被選擧ノ權利ヲ有シ一方ニ在テハ市町村ノ代議及行政上ノ名譽職ヲ擔任ス可キ義務ヲ負フモノトス此義務ハ渾テ法律上ノ義務ニ於ケルカ如ク强制シテ之ヲ履行セシメサル可カラス固ヨリ直接ニ之ヲ强制スルヲ得スト雖モ故ナク名譽職ヲ拒辭シ退職シ又ハ實際執務セサル者ヲ懲罰スルニ公務ニ參與スルノ權ヲ停止シ並市町村稅ヲ增課スルノ例アルハ即間接ノ裁制ヲ存スル所以ナリ(市制町村制第八條)
其裁判ヲ行フノ權ハ之ヲ市町村會ニ付與シ、住民權公民權ノ有無等ニ關スル爭論モ亦之ヲ市町村會ノ議決ニ任シ(市制第三十五條町村制第三十七條)之ニ關スル訴願ハ參事會ノ議決ニ付シ行政裁判所

ニ出訴スルヲ許シテ以テ其權利ヲ保護スルハ皆本制大躰ノ精神ヨリ出ツル所ナリ

第三欵　自主ノ權

自主ノ權トハ市町村等ノ自治躰ニ於テ其内部ノ事務ヲ整理スルカ爲メニ法規ヲ立ツルノ權利ヲ謂フ所謂自治ノ義ト混同ス可カラス自治トハ國ノ法律ニ遵依シ名譽職ヲ以テ事務ヲ處理スルヲ謂フ元來法規ヲ立ツルハ國權ニ屬スルモノナリト雖モ或ル範圍内ニ於テ之ヲ自治區ニ付與スル所以ノモノハ一國ノ立法權ヲ以テ周ク地方ノ情況ヲ酌量シ其特殊ノ需要ニ應スルコト能ハサルニ因ル固ヨリ市町村ノ法規ハ其市町村ノ區域内ニ限リ且國ノ法律ヲ以テ其自主權ニ任シタル事件ニ限リ効力アルモノトス其委任ノ範圍ノ如キハ古來ノ沿革及人民政治上ノ教育ノ度ニ伴隨ス可キモノニシテ其範圍ノ廣狹ニ依テ利害ノ分ルヽ所立法官タル者最愼マサル可カラス今本邦各地方ノ情況ヲ裁酌シ自主ノ權ヲ適實ニ施行ス可キノ望ナキモノハ法律ヲ以テ之ヲ規定シ或ハ法律ヲ以テ摸範ヲ示シ猶地方ノ情況ニ依リ自主ノ權ヲ以テ之ヲ增減斟酌スルヲ許サントス

市町村ノ自主ノ權ヲ以テ設クル所ノ法規ニ條例及規則ノ別アリ規則トハ市町村ノ營造物（瓦斯局、水道、病院ノ類）ノ組織及其使用法ヲ規定スルモノヲ謂ヒ條例トハ市町村ノ組織又ハ市町村ト其住民トノ關係即市町村ノ組織中ニ在テ權利義務ヲ規定スルモノヲ謂フ其法律命令ニ抵觸スルヲ得サルハ二者共ニ相同シ但條例ニ在テハ此外猶制限アリ即法律ニ明文ヲ掲ケテ特例ヲ設クルコトヲ許シ或ハ法律ノ明條ナクシテ自主ノ權ヲ許シタル場合ニ限ルモノトス明文ヲ以テ條例ヲ設クルコトヲ許シタル場合ヲ列擧スレハ市制ニ在テハ第十一條、第四十九條、第六十九條、第七十三條、第七十七條、第八十四條、第九十一條、第九十七條、第百二條、町村制ニ在テハ第十一條、第十四條、第三十一條、第五十二條、第五十六條、第六十五條、第七十七條、第八十四條、第九十一條、第九十七條、第百二條、第百十四條トス其他本制ニ於テ條例ト謂ハスシテ條例ニ均シキ規定ヲ許シタル場合モ亦少カラス其條例ト明言

セサル所以ハ專ラ許可ヲ要セサルニ在リ(市制第四十條、第四十八條、第六十條、町村制第四十二條、第五十條、第六十四條)

條例規則ヲ新設改正スルハ市町村會之ヲ議決シ(市制第三十一條第一、町村制第三十三條第一)市制第百二十一條第一及第百三十三條第一、町村制第百二十五條第一及第百二十七條第一ニ依リ許可ヲ受ク可キモノトス但町村制第三十一條及第百十四條ニ於テハ特例トシテ之ヲ郡參事會ノ議決ニ委任セリ是町村會ニ於テ此議決ヲ爲スヲ得ス又其議決ノ偏頗ニ失スルノ恐アルヲ以テナリ又本制施行ノ當初未タ市町村會ヲ召集セサル間ニ於テ條例ヲ以テ規定ス可キ事項ノ處分法ハ市制第百二十八條及町村制第百三十一條ニ依ル其他條例規則ヲ論セス公布ヲ竢テ初メテ他人ニ對シテ効力ヲ有スルハ一般ノ法理ニ照シテ疑ナキ所ナリ

市制町村制第二章　市會町村會

市町村ハ法人タル者ナレハ之ニ代テ思想ヲ發露シ之ニ代テ業務ヲ行フ所ノ機關ナカル可カラス其機關ニ代議ノ機關ト行政ノ機關トノ二者アリ

代議ノ機關トハ即市會町村會ニシテ其沿革ノ詳ナルハ今姑ク措キ往時町村ノ寄合ト稱セシモノニ起リ維新後ニ至テ府縣會ト同ク各地方ニ町村會ヲ開キタリ然レトモ其法律ヲ以テ制定シタルハ即明治十三年ノ區町村會法ヲ創始トシ其後明治十七年ノ改正ヲ經テ今日ニ及ヘリ然レトモ其法律ハ會議ノ大則ヲ定メタルニ過キスシテ餘ハ之ヲ各地方ノ適宜定ムル所ニ任セタリ又全國ノ町村盡ク之ヲ開設スルニ非ス小町村ノ如キ會議ヲ設ケサルモ亦少シトセス今之ヲ改メテ會議ノ規則ヲ制定スト雖モ猶多少ノ酌量ヲ地方ニ任セ且小町村ノ如キハ代議會ヲ設ケサルヲ許シ代フルニ選擧人ノ總會ヲ以テセリ

第一款　組織及選擧

代議機關ハ完全ナル權利ヲ有セル市町村民ノ撰擧ニ出ツルモノトス其組織ノ方法ニ至テハ外國ノ例ヲ參考スルニ各多少ノ異同アリ蓋國ノ情況ニ適合スル完備ノ法ヲ立ツルハ易カラサル所ナリト雖モ今古來ノ沿革時勢人情ヲ考察シ傍ラ外國ノ例ヲ參酌シテ以テ其宜ヲ制定ス其要點左ノ如シ

一　撰擧權

撰擧權ハ素ヨリ完全ナル權利ヲ有スル公民ニ限リテ之ヲ有ス可シ然ルニ此權利ヲ擴張シ特例トシテ之ヲ公民ナラサル者ニ與フルコトアリ（市制町村制第十二條）是其人ノ利害ニ關スル所最厚ク且市町村稅負擔ノ最重キカ故ナリ此點ハ上ニ之ヲ詳述セリ

二　被撰擧權

被撰擧權ハ撰擧權ヲ有スル者ニ限リテ之ヲ有ス可シト雖モ其市町村ノ公民ニ非サル者ニ至テハ假令撰擧權ヲ有スルモ被撰擧權ヲ有セス其他被撰擧權ノ要件ヲ撰擧權ノ要件ニ同クシテ別ニ之カ制限ヲ設ケサルハ適任ノ人物ヲ撰擇スルノ區域ヲ徒ニ減縮セサランカ爲メナリ被撰擧權ヲ與ヘサル制限ハ或ハ外國ノ例ヲ參酌シテ之ヲ取ルモノアリ或ハ地方ノ情況ニ照シテ已ムヲ得サルモノアリ又本制ニ於テハ無給ノ市町村吏員ニ被撰擧權ヲ與ヘタリ市町村ノ行政事務ヲ掌ル名譽職ヲ擔任シ公共事務ニ從事スル者ヲ代議會ニ加フルヲ許スハ穩當ナラサルカ如シト雖モ地方ニ依リテハ多ク適任ノ人ヲ得可カラサルヲ以テナリ行政ト代議ト最利害ノ牴觸シ易キ場合ニ關シテハ市制第三十八條、第四十三條、第六十六條、町村制第四十條、第四十五條、第百十三條等ニ於テ豫メ之ニ處スルノ法ヲ設ケタリ

三　選擧等級

本制ニ於テハ納稅額ニ於テ選擧人ノ等級ヲ立テ選擧權ヲ以テ市町村稅負擔ノ輕重ニ伴隨セシム蓋名譽職ニ任スルハ町村公民ノ輕カラサル義務ナレハ資產アル者ニ非サレハ之ニ任スルコト能ハス又其稅額ノ多寡ハ姑ク之ヲ論セサルモ其專ラ自治ノ義務ヲ負擔スル者ニ相當ノ權力ヲ有セシムルハ固ヨ

リ當然ノ理ナリ今等級選擧法ヲ以テ常例トセルハ即此要旨ニ外ナラス等級選擧ノ例ハ本邦ニ於テハ創始ニ屬スト雖モ之ヲ外國ノ實例ニ照スニ明ニ其良結果アルヲ徵スルニ足ル本制被選擧權ノ資格ヲ廣クシテ而シテ其流弊ナキヲ信スル所以ノモノハ即此選擧法ニ依テ以テ細民ノ多數ニ制セラルヽノ弊ヲ防クニ足ルヘキヲ以テナリ

各地方ノ狀況ヲ見ルニ都鄙ニ依テ貧富ヲ異ニシ地形ニ依テ產業ニ別アリ故ニ各地ニ通スル一定ノ稅額ヲ設ケテ等級ヲ分ツコトヲ得ス又單ニ土地ノ所有ヲ以テ選擧權ノ標準ト爲スコトヲ得ス是ヲ以テ等級法ヲ立テント欲スルニハ市町村內ニ於テ徵收スル市町村稅ノ總額ヲ標準トシ各自納稅額ノ多寡ニ依テ其順序ヲ定メ等級ヲ立ツルノ外他ニ良法アルヲ知ラス然ルニ市ハ通シテ三級トシ町村ハ單ニ二級トセルハ市民ハ戶口多ク貧富ノ階級アルコト町村民ノ等差少キカ如キニ非サルヲ以テナリ（市制町村制第十三條）但町村ニシテ特別ノ事情アルモノアリ例ヘハ選擧人寡少ニシテ其稅額ノ等差モ亦少ク或ハ一二ノ納稅者アリテ非常ニ多額ノ稅ヲ納ムルカ或ハ大町村ニ於テ其納稅者ノ等差極メテ甚キノ類ニシテ二級選擧法ヲ適當トセサル場合モアル可シ此場合ニ於テハ町村條例ヲ以テ三級選擧法ヲ設クルコトアル可ク或ハ等級ヲ設ケス或ハ更ニ他ノ方法ヲ立ツルコトヲ得セシメントス尤二級若クハ三級選擧法ヲ以テ常例ト爲スカ故ニ不得已ノ事情アリテ許可ヲ受クルニ非サレハ此特例ヲ設クルコトヲ得サル可シ

被選擧人ハ其區內級內ノ者ニ限ラスト爲スハ（市制第十三條、第十四條、町村制第十三條）市町村會ノ議員ハ全市町村ノ代表者タルノ原則ヨリ出ツルモノニシテ是亦實際ノ便宜トスル所ナリ

四　選擧ノ手續

選擧ノ事務タル其關スル所輕カラサルヲ以テ其細則ニ至ルマテ法律ヲ以テ之ヲ規定スルヲ要ス其單ニ手續ニ屬スル事項ト雖モ力メテ法律ニ之ヲ制定スル所以ノモノハ選擧ノ公平確實ナルコトヲ保シ

行政廳ノ干涉ヲ防キ或ハ干涉ノ疑ヲ避ケンカ爲メナリ其順序大略左ノ如シ
選擧ハ通例三年每ニ之ヲ行フ之ヲ定期選擧トシ議員ノ半數ヲ改選ス其半數ヲ改選スルハ事務ニ熟練セル議員ヲ存續セシメンカ爲メナリ但解散ノ場合ハ此ノ如クスルヲ得ス又此法律施行ノ當初ニ於テ選擧セラレタル議員ハ初回ノ改選ニ方リ抽籤ヲ以テ半數ヲ退任セシムルニ依リ其半數ハ三年間在職スルモノトス此二箇ノ場合ヲ除キ議員ハ總テ六年間在職スルモノトス若シ議員任期中ニ死亡シ若クハ退職スルトキハ直ニ補闕員ヲ選擧シ前任者ノ任期ヲ襲カシメサル可カラス之ヲ補闕選擧トス然レトモ屢選擧ヲ行フトキハ其煩ニ堪ヘサルカ故ニ補闕選擧ハ定期撰擧ヲ待テ之ト同時ニ行フヲ通例トス假令一二ノ闕員アルモ事務ニ支障ナカルヘキヲ以テナリ然レ𪜈若シ多數ノ議員退任スル等已ムヲ得ス補闕員ヲ選擧スルノ必要アルトキハ市制町村制第十七條ニ於テ之レカ便法ヲ設ク
選擧ヲ爲スノ準備ニ屬スル事ハ之ヲ行政機關即町村長若クハ市長及市參事會ニ委任セリ而シテ其事務ハ選擧ノ基礎タル選擧名簿ヲ調製スルヲ以テ第一トス本制ハ所謂永續名簿ノ法ニ依ラス選擧ヲ行フ每ニ名簿ヲ新ニスルノ法ヲ取レリ(市制町村制第十八條)其調製シタル名簿ハ選擧前數日間關係者ノ縱覽ニ供シ異議アル者ハ市町村長ニ申立テ又ハ訴願若クハ行政訴訟ノ手續(市制第三十五條、町村制第三十七條)ヲ以テ誤ヲ正ス可キ便利ヲ與ヘタリ此名簿ノ調製ハ選擧ヨリ數日前ニ終結ス可キカ故ニ其結了ノ時ニ行ヒタル裁決ハ之ヲ執行ス可シト雖モ各訴願ノ確定終局ニ至ル迄荏苒日ヲ曠クスルヲ得ス撰擧ノ期日ニ至レハ其訴願ニ拘ラス之ヲ執行ス若シ名簿ニ錯誤アルカ爲メ選擧ノ無效ニ歸スルコトアレハ更ニ之ヲ申立ツルコトヲ得可シ又被撰人當撰ヲ辭シ或ハ撰擧ヲ無效ナリト斷定セラレタル時ト雖モ更ニ名簿ヲ調製スルヲ要セス判決ニ準據シテ舊名簿ヲ訂正シタル上之ヲ用フルモノトシ之カ爲メニ更ニ關係人ノ縱覽ニ供シテ正誤申立ノ時間ヲ與フルニアラス唯名簿全躰ノ不正ナルカ爲メ全撰擧ヲ無效ナリトナシタル時ニ至テハ新簿ヲ調製スルコト已ムヲ得サルナリ撰擧ノ期日ハ町村長市參事會之ヲ定ム本制ニ據レハ撰擧人ヲ召喚スルニハ公告ヲ以テ足レリトスト雖モ實際市町村ノ便宜ニ依リ各撰擧人ニ對シ特ニ召集狀ヲ送付スルコトアルモ妨ケナシ其他投票時間ヲ定ムルハ市長町村長ニ任シタルヲ以テ市長町村長ハ撰擧人ノ多寡及地形等ヲ參酌シテ之ヲ定ム可シ

撰擧事務ノ統轄ハ之ヲ自治ノ吏員ニ委任シ（市制町村制第二十條）監督官廳ハ特ニ之カ監督ヲ爲ス可キノミ（市制第二十八條、町村制第二十九條）而シテ撰擧掛ハ集議躰ニ編制セリ撰擧掛ハ撰擧人代理者ノ許否、投票ノ效力等直ニ之ヲ裁決セサルヲ得スシテ此ノ如キハ一個ノ吏員ニ委任スルコトヲ得サルヲ以テナリ固ヨリ撰擧掛ニ於テ右等ノ事件ヲ議決スト雖モ後ニ至リ撰擧ノ無效ヲ申立ツル者アルトキハ之ヲ裁決スル官廳ニ於テハ右議決ニ拘ラス至當ノ裁決ヲ爲ス可キモノトス

撰擧會ハ撰擧人ニ取リテハ公會ナリト雖モ（市制町村制第二十一條）其撰擧ハ全ク秘密投票ノ法ヲ以テス即撰擧掛ハ勿論其他何人ニテモ投票者ニ於テ何人ヲ撰擧セントスルカヲ知ラシメサルモノトス故ニ撰擧ノ際ハ投票ヲ用ヒ票中ニ投票者ノ氏名ヲ記載セス又之ニ調印セシメス封緘シテ之ヲ差出サシム（市制町村制第二十二條、第二十三條）元來公撰擧ト秘撰擧トノ別アリ其利害得失ニ就テハ互ニ論アリト雖モ今特ニ地方自治區ノ撰擧ニ就テ之ヲ考フルニ町村ノ事情タル居民常ニ相密接スルモノナレハ撰擧ノ自由ヲ妨ケサランカ爲メニ寧ロ秘密撰擧ヲ以テ良法ト爲ス而シテ撰擧權ヲ有セサル者ノ投票又ハ重複ノ投票ヲ防カンカ爲メニハ撰擧人自ラ出頭スルノ例アリ（市制町村制第二十四條）又名簿ニ照シテ之ヲ受クルノ法（市制町村制第二十二條）アリ撰擧人自ラ出頭シテ撰擧ヲ行フノ例ヲ設クルハ毫モ撰擧ノ利害ニ關セサル輩ノ勸告ニ依テ之ニ投票ヲ託セントスルカ如キ者ヲ排除シ撰擧ノ自由ヲ保護スル所以ナリ但市制町村制第二十四條第二項ニ揭クルモノハ已ムヲ得サルノ特例ナリトス撰擧ヲ行フニ下級ヲ先キニシ上級ヲ後ニスルハ（市制町村制第十九條）下級ノ撰擧人ヲシテ人ヲ擇

フニ充分ノ區域ヲ得セシメンカ爲メナリ而シテ先ツ下級ノ選擧ヲ了ルノ後ニ上級ノ選擧ニ着手セシム可シ是一人ニシテ數級ノ選ニ當ルコトヲ防キ且上級ノ者ヲシテ下級ノ選擧ニ當ラサル候補者ヲ選擇スルコトヲ得セシムルモノナリ選擧ノ結果ヲ證スルカ爲メニ選擧錄ヲ製スルノ例（市制第二十六條町村制第二十七條）アルハ選擧ノ効力ヲ裁決スル證憑ヲ備ヘンカ爲メナリ

當選ノ認定ハ議員ノ選擧ニハ比較多數ノ法ヲ取リ（市制第二十五條、町村制第二十六條）市町村吏員ノ選擧ニハ過半數ノ法ヲ用フ（市制第四十四條、町村制第四十六條）元來總テ過半數ヲ以テスルヲ正則トスレトモ事宜ヲ計リテ便法ヲ設ケタルナリ

選擧ノ効力ニ關シ異議ヲ申立ツルノ權利ハ選擧人及市長町村長ノ外公益上ヨリシテ其効力ヲ監査スルカ爲メニ郡長及府縣知事モ亦此權利ヲ有ス選擧人及市長町村長ノ異議アルモノハ市町村會ノ裁決ニ任シ郡長府縣知事ノ異議アルモノハ參事會ノ裁決ニ任シ其郡參事會ノ裁決ニ不服アルトキハ府縣參事會ニ訴願スルコトヲ得其府縣參事會ノ裁決ニ不服アルトキハ行政裁判所ニ出訴スルコトヲ得ルモノトス是實ニ利害上ノ爭ニアラスシテ權利ノ消長ニ關スレハナリ（市制第二十八條、第三十五條、町村制第二十九條、第三十七條）

一旦選擧ヲ有效ト定メ或ハ其効力ニ異議ナクシテ經過シタル後ト雖モ當選者被選擧權ノ要件ヲ選擧ノ當時ニ有セサリシコトヲ發覺シ或ハ其當時有シタル要件ヲ失フコトアル可シ斯ル場合ニ於テハ固ヨリ市制第二十九條、町村制第三十條ノ結果ヲ生ス可シ其裁決ノ手續ハ市制第三十五條、町村制第三十七條ニ據ル

五　名譽職

市制町村制第十六條、第二十條、第七十五條ニ依リ名譽職ヲ置クハ本制大躰ノ原則ニ出ツルナリ

第二欵　職務權限及處務規定

市會町村會ハ市會村ノ代表者ナリ其權限ハ市町村ノ事務ニ止マリ其他ノ事務ハ從來ノ委任ニ依リ又ハ將來法律勅令ニ依テ特ニ委任スル事項ニ限リテ參與スルモノトス若シ大政ニ論及スル等凡ソ此界限ヲ踰ユルモノハ則法律ニ悖戾スルモノナレハ法律上ノ權力ヲ以テ(市制第六十四條第二項第一、第百二十條、町村制第六十八條第二項第一、第百二十四條)之ヲ制セサル可カラス其他市制第百十八條、第百十九條、町村制第百二十二條、第百二十三條ハ皆市會町村會ノ怠慢ヲ防制スルノ權力ナリトス

市會町村會ハ代表機關ト爲スト雖モ(市制第三十條、町村制第三十二條)外部ニ對シテ市町村ヲ代表スルハ行政機關ノ任トス(市制第六十四條第二項第七、町村制第六十八條第二項第七)即市會町村會ハ專ラ行政機關ニ對シテ市町村ヲ代表スルモノナリ

市制第三十一條以下及町村制第三十三條以下ニ列載シタル職務ハ皆地位ニ依テ生スルモノトス

一

市會町村會ハ條例規則、歲計豫算、決算報告、市町村稅賦課法及財產管理上ノ重要事件等ヲ議決ス市制第百十八條、第百十九條、町村制第百二十二條、第百二十三條ノ場合ヲ除クノ外行政機關ハ議會ノ議決ニ依テ方針ヲ取ラサルヲ得ズ但其議決上司ノ許可ヲ得可キモノハ市制第百二十一條ヨリ第百二十三條ニ至リ及町村制第百二十五條ヨリ第百二十七條ニ至ルノ各條ニ依ル

二

市會町村會ノ執行ス可キ選擧ハ載セテ市制第三十七條、第五十一條、第五十八條、第六十條及町村制第五十三條、第六十二條、第六十三條、第六十四條、第六十五條ニ在リ

三

市會町村會ハ市町村ノ行務ヲ監査スルノ權利ヲ有ス其監査ノ方法ハ書類及計算書ヲ撿閱シ町村長若クハ市參事會ニ對シテ事務報告ヲ要求スルノ類是ナリ此權利ニ對シテ町村長若クハ市參事會ハ之ニ

應スルノ義務アリ若シ市會町村會ニ於テ意見アルトキハ之ヲ官廳ニ具狀スルコトヲ得可シ

四

市會町村會ニ於テ官廳ノ諮問ヲ受クルトキハ之ニ對シテ意見ヲ陳述スルハ其義務ナリトス

五

其他市會町村會ハ或場合ニ於テ公法上ノ爭論ニ付始審ノ裁決ヲ爲スノ權アリ(市制第三十五條、町村制第三十七條)

市會町村會ノ議員ハ其職務ヲ執行スルニ當テハ法令ヲ遵守シ其範圍內ニ於テ不羈ノ精神ヲ以テ事ヲ評議ス可シ決シテ選擧人ノ指示若クハ委囑ヲ受ク可キモノニアラス(市制第三十六條、町村制第三十八條)是固ヨリ法理ニ於テ明ナル所ナリト雖モ議員ノ職務ヲ以テ選擧人ノ委任ニ出ツルモノ、如ク視做シ議員ハ選擧人ノ示シタル條件ヲ恪遵ス可キモノト爲スノ誤ヲ來サヽランカ爲メニ特ニ其明文ヲ掲クルナリ

處務規程ハ市制第三十七條ヨリ第四十七條ニ至リ町村制第三十九條ヨリ第四十九條ニ至ルノ各條ニ於テ之ヲ設ク此條規ハ概ネ說明ヲ要セサル可シ只玆ニ一言ス可キハ町村會ハ通例町村長若クハ其代理者タル助役ヲ以テ議長トシ(町村制第三十九條)市會ハ別ニ互撰シテ議長ヲ置ク(市制第三十七條)此區別ヲ爲シタル所以ハ町村ニ在テハ町村長及助役ノ外事務ニ熟練スル者多カラスシテ殊ニ議長ノ任ニ堪フル者ハ概ネ少ク且一人一個ノ責任ヲ以テ行政ノ全躰ニ任スル場合ニ於テハ成ル可ク議員ト密接ノ關係ヲ有セシムルコト必要ナレハナリ町村制第四十四條ノ場合ヲ除クノ外町村長及助役ニシテ議決權ヲ有スルハ其議員ヲ兼ヌル時ニ限ル可シ

市制町村制第三章　市町村行政

代議ト行政トハ各別個ノ機關ヲ設ケサル可カラサルハ已ニ之ヲ記述シタルカ如シ而シテ町村ノ行政

ハ之ヲ町村長一人ニ任シ補助員即助役一名若クハ數名ヲ置キ以テ之ヲ補助セシム市ニ於テハ之ヲ市參事會ニ任セリ市長ハ其會員ノ一人ニシテ其會ノ事務ヲ統理シ外部ニ對シテ參事會ヲ代表スルノ權ヲ有ス即町村ハ特任制ヲ取リ市ハ集議制ニ依ル者ナリ抑地方ノ自治行政ニハ集議制ヲ以テスルニ若クモノアラス然ルニ獨リ市ニ施シテ之ヲ町村ニ適用セサル所以ノモノハ集議制ハ特任制ニ比シ頗ル錯綜ニ渉ルノ弊アリ而シテ小町村ノ行政ハ力メテ簡易ノ編制ニ依ルヲ要スルヲ以テナリ且集議制ヲ行ハント欲スレハ名譽職ヲ以テ行政ニ參與ス可キ適任者ヲ多ク求メサルヲ得ス而シテ此事タル今日ノ情況ニテハ都會ノ地ニ非サレハ望ム可カラサレハナリ大町村ニ於テモ亦此集議制ヲ施行ス可キ必要アリヤ否又之ヲ施行シ得可キヤ否ハ姑ク將來ノ變遷ヲ俟テ知ル可キナリ

本制市町村行政ノ條規ハ力メテ活用ノ區域ヲ廣クシ以テ各地方ノ情況ヲ斟酌スルノ餘地アラシメンコトヲ務メタリ

町村長、助役、市參事會及市長ハ皆是市町村ノ機關ニシテ國ニ直隷スル機關ニアラス是ヲ以テ此機關ニ屬スル吏員ハ總テ市町村自ラ之ヲ撰任スルヲ當然トス是各國ノ通則ニシテ其効益亦實際ノ經驗ニ著ハル、所ナレハ本制モ亦之ニ倣ヘリ（市制第五十一條、第五十八條、第五十九條、第六十條、第六十一條、町村制第五十三條、第六十二條、第六十三條、第六十四條、第六十五條）然レトモ市町村ハ又國ノ一部分ニシテ市町村ノ行政ハ一般ノ施政ニ關係ヲ及ホシ從テ國家ノ利害ニ關セサルコトナシ且市町村及其吏員ニ委任スルニ國政ニ屬スル事務ヲ以テスルコトアリ市制第七十四條、町村制第六十九條ノ如キ是ナリ市長ノ撰任ハ市會ヨリ候補者ヲ推薦シ裁可ヲ求ムル例アルカ如キモ亦此理由アルニ依ル（市制第五十條）但其撰任ノ例ヲ異ニスト雖モ市長ハ均ク市ノ機關ニシテ一ノ市吏員ナリ法律上ヨリ其地位ヲ論スルトキハ一面ハ市ニ屬シ一面ハ國ニ隷ス猶町村長ノ町村ト國トニ兩屬スルカコトシ此資格ハ撰任ノ例ヲ異ニスルカ爲メニ變更スルヿナシ其他樞要ノ市町村吏員即町村長、市町村助役、收入役ハ監督官廳ノ認可ヲ受ケシメ其認可ヲ得サルトキハ其ノ撰擧ハ無効ニ屬スルカ故ニ（市制第五十二條、第五十八條、町村制自第五十九條、至第六十二條）國ノ治安ヲ保持スル上ニ就テハ十分ノ權力ヲ有スルヲ得可シ又之ヲ認可スルニ方テ徒ニ其活動ヲ牽制セサランコヲ欲シ認可ヲ拒ムニ一定ノ理由ヲ示サス其地ノ事情ト人物トヲ參酌シテ其認可不認可ヲ決スルヲ得セシメントス其裁決ノ權ハ專ラ地方分權ノ原則ニ準シ之ヲ郡長又ハ府縣知事ニ委任セリ然レトモ其公平ヲ失スルノ弊ヲ防カンカ爲メ若クハ偏私ノ誹ヲ免レンカ爲メニ其認可ヲ拒マントスルトキハ郡參事會又ハ府縣參事會ノ同意ヲ得ルヲ必要ト爲セリ又已ニ官廳ノ認可ヲ受ケシムルノ法ヲ設クルトキハ其結局ノ處分法ナカル可カラス即其撰擧遂ニ適任ノ人ヲ得スシテ已ムヲ得サルトキハ官廳ヨリ其代理者ヲ特選シ若クハ官吏ヲ派遣シテ市町村ノ事務ヲ執ラシムルコトヲ得可シ以上ノ例規ニ依リ市町村吏員ノ撰擧ヲ以テ之ヲ市町村ニ委任スルモ國ノ治安統一ヲ保ツコトニ於テ憂フ可キノ弊ナキヲ信ス

町村ニ於テ吏員ヲ撰任スルノ權ハ之ヲ町村會若クハ總會ニ委任シ唯使丁ニ限リ之ヲ町村長ニ委任シ（町村制第五十三條、第六十二條、第六十三條、第六十四條、第六十五條）市ニ於テハ之ヲ市參事會ニ委任シ參事會員、委員及收入役ノ選定ニ限リ之ヲ市會ニ委任セリ（市制第五十一條、第五十八條、第五十九條、第六十條、第六十一條）

市町村ノ吏員ヲ撰任スルニ付テハ固ヨリ法律上ノ要件ヲ恪守セサル可カラス其要件ハ市制第五十五條、第五十八條、第六十條、第六十一條、町村制第五十三條、第五十六條、第六十四條、第六十五條ニ在リ其他ノ制限ハ刑法等他ノ法律ニ存ス

其他市町村吏員組織ノ大要ハ法律中ニ定ムルモノアリト雖モ各地方情況ヲ異ニスルヲ以テ市町村ノ自主權ニ廣濶ナル餘地ヲ與フルコトヲ得可ク又之ヲ與フルヲ要スルナリ

本制ニ定ムル市町村吏員ハ左ノ如シ

一 町村長

町村長ハ町村ノ統轄者ナリ即町村ノ名ヲ以テ委任ノ强制權ヲ執行スル者トス其强制權ノ幾部分ハ既ニ町村制中ニ制定セリト雖モ(例ヘハ町村制第百二條ノ類)多クハ別法ヲ以テ之ヲ設ケサル可カラス其他町村長ハ町村ノ事務ヲ管理スルノ任アリ故ニ一方ニ在テハ町村ニ對シテ其執行ノ責任ヲ帶ヒ一方ニ在テハ法律ノ範圍内並官廳ヨリ其權限内ニテ發シタル命令ノ範圍内ニ於テ百般ノ事項ニ渉リ町村ノ幸福ヲ增進シ安寧ヲ保護スルヲ務メトス而シテ町村長ニ於テ町村會ノ議決ニ遵依ス可キ程度ハ町村制第三十三條以下ニ詳ナリ同條記載ノ事件ニ就テハ町村長ハ議會ノ議決ニ依ラスシテ之ヲ施行スルコト能ハサル而已ナラス猶其議事ヲ準備シ議決ヲ執行スルノ義務アリ故ニ町村會ニ於テ法律ニ背戾スルコトナク其權限内ニテ議決シタル事項ハ假令町村ノ爲メニ不便アリト認ムルモ町村長ハ之ヲ執行セサルヲ得ス唯町村長其議決ニ對シテ大ニ意見ヲ異ニシ公衆ノ利益ヲ害スト認ムルトキハ町村制第六十八條第二項第一ニ從テ議決ノ執行ヲ停止スルノ權ヲ有ス即之ヲ停止シテ郡參事會ノ裁決ヲ請フコトヲ得可シ其法律命令ニ背キ又ハ權限ヲ越ユルモノモ亦之ニ同シ尤僅ニ利害ノ見込ヲ異ニシタルノミニテハ未タ以テ之ヲ停止スルノ理由ト爲スニ足ラス必公益ヲ損害スト認ムル時ニ限ル可シ蓋公益ノ爲メニ町村長ヲシテ此停止權ヲ有セシムルハ或ハ之ヲ濫用スルノ恐ナキニ非スト雖モ今日町村ノ未タ整備セサルヨリ考フルトキハ姑ク此例ヲ存スルノ已ムヲ得サルモノアリ又監督官廳ヨリ町村長ニ停止ヲ命スルハ國ノ利害ニ關シ已ムヲ得サルモノニシテ監督官廳モ亦常ニ町村會議決ノ報告ヲ徵シテ其注意ヲ怠ラサル可シ其停止權ヲ濫用スルノ弊ハ參事會ノ參與アルヲ以テ自ラ之ヲ防制スルコトヲ得可シ其行政裁判所ヘ出訴スルノ權ヲ法律勅令ニ背戾シ及權限ヲ踰越スルノ塲合ニ限リタルハ行政裁判所ハ專ラ法律上ノ爭論ヲ判決ス可キモノニシテ公益ニ關スル事ハ一ニ利害ノ爭ニ過キサレハナリ郡參事會ノ裁決ニ不服アル者ハ府縣參事會ニ訴願シ其府縣參事會ノ裁決ニ不服アル

者ハ行政裁判所ニ出訴シ若クハ内務大臣ニ訴願スルヲ得可キコト町村制第百十九條及第百二十條ノ規定ニ依テ明ナリ

其他町村長ノ町村事務ハ町村制第六十八條第二項第二ヨリ第九ニ列載シタル條件ニ依テ明ナリ其各條件ニ關シテハ玆ニ說明ヲ要セサル可シ町村會ノ定額豫算ニ關スル職權ニ依テ町村長ノ權利ニ制限ヲ加フル所以ハ第四章ニ於テ之ヲ說明ス可シ又町村會ノ議決町村制第百二十五條以下ニ從ヒ官ノ許可ヲ受ク可キモノハ之ヲ受クルノ前ニ施行スルヲ得サルコト固ヨリ言ヲ俟タス且時宜ニ依リテハ監督官廳ノ懲戒權ヲ以テ强制スルヲ得可シ

町村制第六十九條ニ列記シタル事務ニ關シテハ町村長ハ全ク前述ノ場合ト異ナリタル地位ヲ有スルモノトス已ニ前章ニ記述シタル如ク國ハ町村ヲシテ國政ニ關スル事務ニ參與セシムルコトアル可シ之ヲ參與セシムルノ法二アリ國政ニ屬スル事務ヲ以テ町村ニ委任シ其自治權ヲ以テ之ヲ處辨セシムルモノアリ又其事務ヲ町村ニ委任セスシテ直接ニ町村長其他町村ノ吏員ヲ指定シテ之ヲ委任スルモノアリ此區別ノ緊要ナル點ハ第一ノ例ニ據レハ斯ル事件ノ議決モ亦町村會ノ職權ニ歸シ町村長若クハ當該吏員ハ此事件ニ關シ町村會ニ對シテ責任ヲ帶ヒ且常ニ其監視ヲ受クルモノトシ第二ノ例ニ據レハ町村長ハ直接ニ官命ニ依テ事務ニ從事シ町村會ト相關セス此事務ニ關スル指揮命令ハ直ニ所屬官廳ヨリ之ヲ受ケ特ニ其官廳ニ對シテ責任ヲ帶フルモノトス元來甲乙二例ヲ比較スルトキハ互ニ得失アリト雖モ今日ノ情況ニ照シ事務ノ擧行ヲ期スルニ付テハ乙法ヲ行フニ如カス故ニ本制ハ乙法ヲ採リテ之ヲ第六十九條ニ明言セリ但細則ニ涉ルモノハ別法ニ讓ラントス且此乙法ヲ行フニ至テハ其委任ノ職務ニ付キ生スル所ノ費用ハ何レノ負擔ナルカヲ明言セサルヲ得ス依テ同條末項ニ之ヲ揭ク其他町村固有ノ事務ニ要スル費用ハ町村ノ自ラ負擔ス可キコト言ヲ俟タスシテ明ナリ

二　町村助役

助役ハ各町村ニ一名ヲ置クヲ通例トス然レトモ各地方ノ需要ニ應シテ或ハ之ヲ增加ス可キコトアリ之ヲ町村條例ノ定ムル所ニ任セリ町村制(第五十二條)助役ノ町村長ニ屬スルハ共ニ集議體ヲ爲スニアラス町村役場ノ事務ハ皆町村長ノ專決ニアリ其責任モ亦町村長一人ニ屬ス故ニ助役ハ其補助員ニシテ一ニ町村長ノ指揮ニ從ヒ之ヲ補佐スルモノトス唯町村長故障アリテ之ヲ代理スル場合及委任ヲ受ケテ事務ヲ專任スル場合ニ限リ自ラ其責任ヲ負フモノトス但事務ヲ委任スルニハ町村會ノ同意ヲ得ルヲ要シ(町村制第七十條)其町村長ニ委任ノ事務ニ係ルトキハ監督官廳ノ許可ヲ受クルヲ要ス(町村制第六十九條)

三　市參事會

市ニ於テハ市長及助役ヲ置クコト町村ノ制ニ同クシテ別ニ名譽職參事會員若干名ヲ置キ合セテ集議躰ヲ組織シ之ヲ市參事會トス是町村ノ制ト異ナル所ナリ助役及名譽職參事會員ノ定員ハ市制第四十九條ニ之ヲ定ムト雖モ市ノ情況ニ依リ增減ヲ要スルトキハ市條例ヲ以テ之ヲ增減スルヿヲ得可シ(市制第四十九條)市長ハ一箇ノ決議權ヲ有シ員數相半スル時ハ專決スルヿヲ得此集議會ノ職務ハ全ク町村長ノ職務ト其例ヲ同クス(市制第六十四條)其詳細ノ說明ハ玆ニ要セサル可シ其處務規程ハ本制ニ於テ多ク設クルヲ要セス(市制自第六十五條至第六十八條)其細目ニ至テハ內務省令ヲ以テ之ヲ定ムルコトアル可シ

市長ハ市ノ固有ノ事務ヲ處理スルト委任ノ事務ヲ處理スルト各別段ノ地位ヲ占ムルモノトス即チ市ノ固有ノ事務ニ就テハ參事會ノ議事ヲ統理シ之ヲ準備シ議決ヲ執行シ時ニ臨テハ議決ノ執行ヲ停止シ(市制第六十五條)外部ニ對シテ市ヲ代表スルモノニシテ唯急施ヲ要スル場合ニ限リ議決ヲ俟タスシテ專行スルコトヲ得可シ(市制第六十八條)然レトモ市制第七十四條ニ列載スル委任ノ事務ニ就テハ參事會ノ參與ヲ受ケスシテ專行スルモノトス此區別アルハ即前述ノ乙法ヲ取リ之ヲ市ニ委任セスシ

テ特ニ市長ニ委任シタルニ依ル
市助役及其他ノ參事會員ハ會中ニ在テハ市長ト同一ノ議權ヲ有スト雖モ議事外ニ在テハ町村助役ノ町村長ニ於ケルト同ク市長ニ對シテ補助員ノ地位ニ在ルモノトス(市制第六十九條、第七十四條第二項)殊ニ都府ノ地ニ在テハ分業ノ必要ナル可キヲ以テ事務ヲ分テ參事會員ニ專任セシムルコト最緊要ナリトス此需要ニ應センカ爲メ本會ハ之ヲ市條例ノ適宜定ムル所ニ讓リ(市制第六十九條第三項)以テ各地方ノ便ニ從ハントス

四　委員

委員ヲ設クルハ市町村人民ヲシテ自治ノ制ニ習熟セシメンカ爲メニ最效益アリ委員アルトキハ多數ノ公民ヲシテ市町村ノ公益ノ爲メニ力ヲ竭スコトヲ得セシメ自治ノ效用ヲ擧クルコトヲ得可シ何トナレハ市町村公民ハ特リ會議又ハ參事會ニ加ハルノミナラス委員ノ列ニ入リテ市町村ノ行政ニ參與シ之ニ依テ自ラ實務ノ經驗ヲ積ミ能ク施政ノ難易ヲ了知スルコトヲ得可シ又地方ノ事情ヲ表白スルノ機會ヲ得テ大ニ專務吏員ノ短處ヲ補フコトヲ得可シ蓋シ委員ハ自治ノ制ニ於テ緊要ナル地位ヲ占ムルモノニシテ本制施行ノ際委員ノ設ケヲ促シテ市町村公民ヲシテ之ニ參與セシメンコトヲ務ム可シ委員ノ廢置ハ固ヨリ市會町村會ノ決議ニ在リ其組織及職務ハ市町村條例ノ定ムル所ニ在リト雖モ町村長及市參事會ハ正系ノ行政機關ニシテ委員ハ其一部分ニ參與スルニ過キサレハ委員ハ町村長若クハ市參事會ニ從屬シ概ヲ市長若クハ町村長ヲ以テ委員長ト爲シ參事會員ヲ以テ多ク之ニ加ヘ市會町村會議員モ亦成ル可ク此委員ニ列セシメンコトヲ要ス市會町村會ノ議員ニシテ行政ノ事務ニ加ハルトキハ能ク施政ノ緩急利害ヲ辨議シ行政吏員ト互ニ協同シテ事務ヲ擔任スルノ慣習ヲ生シ自ラ代議機關ト行政機關トノ軋轢ヲ防制スルコトヲ得可シ

五　區長

區域廣濶又ハ人口稠密ノ地ハ施政ノ便ヲ計ランカ爲メ之ヲ數區ニ分ツノ必要アル可シ故ニ本制ハ市町村ニ區ヲ劃設スルコトヲ許シ之ニ區長及代理者ナル行政ノ機關ヲ設置セリ此機關ハ其市町村ノ行政廳ニ隷屬スルモノニシテ其指揮命令ヲ奉シテ事務ヲ區内ニ執行スルモノトス其委任事務ノ範圍ハ土地ノ情況ト市町村行政廳ノ酌量ニ在ルモノニシテ豫メ之ヲ定メスト雖モ區長ハ名譽職ニシテ別ニ區ノ附屬員ナル者アルニアラサレハ(三府ヲ除クノ外)實際此事情ヲ斟酌セサル可カラス要スルニ區ハ市町村内別ニ特立シタル一ノ自治躰タルニ非ス區長モ亦其固有ノ職權アルニ非スシテ單ニ町村長市參事會ノ事務ヲ補助執行スルノ便ニ供スルニ過キス故ニ區長ハ市町村ノ機關ニシテ區ノ機關ニ非ス區ハ法人ノ權利ヲ有セス、財産ヲ所有セス、歳計豫算ヲ設ケス又機會若クハ其他ノ機關ヲ存スルコトナシ蓋區ヲ設クルトキハ施政ノ周到ナルヲ得可ク、一市町村内ノ各部ニ於テ利害ノ軋轢スルヲ調和シ、市町村費賦課ノ不平衡ヲ矯メ又能ク行政ノ勞費ヲ節略スルヲ得可シ要スルニ區長ヲ設クルハ更ニ自治ノ良元素ヲ市町村制中ニ加フルモノニシテ舊制ノ伍長組長等ノ例ヲ襲用セルナリ但從前ノ區内ニ存スル戸長ノ類ト混ス可カラス又區ニシテ從來固有ノ財産アル時ノ例ハ第五章ノ説明ニ詳述ス可シ

六　其他ノ市町村吏員

以上市町村吏員ノ外收入役アリ(市制第五十八條、町村制第六十二條)其職掌ハ市町村有財産ト連帶シテ説明ス可シ又書記其他技術上ニ要スル吏員アリ又使丁ナル者アリ機械的ニ使用スル者トス此等ノ吏員ヲ置キ相當ノ給料ヲ與フルハ市町村ノ義務トス(市制第百十七條、町村制第百二十一條)町村ニ於テハ書記其他ノ吏員ヲ置キ俸給ヲ支出スルノ義務アリト雖モ本制ハ小町村ノ爲メ一ノ便法ヲ設ケ町村長ニ一定ノ書記料ヲ給シテ其便宜ニ從ヒ書記ノ事務ヲ保擔スルヲ許サントス此便法ヲ設ケ及其書記料ノ額ヲ定ムルハ町村會ノ職權ニ在ル可キモノトス(町村制第六十三條第一項)若シ町村長ニ於テ其金額ニ不足アリト爲ストキハ町村制第七十八條ニ依リ之ヲ郡參事會ニ申立ツルコトヲ得

可シ其他ノ細目ハ今之ヲ制定セス蓋書記料ヲ給與スルトキハ町村長ニ於テハ自ラ其事務費ヲ節約スルヲ得可シ監督官廳モ亦能ク是ニ注意シ公務上支障ナキ限リハ町村ニ說示シテ繁雜ヲ省キ冗費ヲ減センコトヲ務メサル可カラス要スルニ本制ハ分權ノ主義ニ依リ名譽職ヲ設ケ從テ從來ノ町村費ヲ節減センコトヲ期スト雖モ若シ市町村ニ於テ度外ノ節約ヲ行ヒ依テ公益ヲ害スルニ至ラントスルトキハ監督官廳ニ於テハ即チ之ニ干涉スルノ道アリ

市ハ勿論其他大ナル町村ニ於テハ文化ノ進ムニ從ヒ高等ノ技術員（法律顧問、土木工師、建築技師、衛生技師等ノ類）ヲ使用ス可キ必要ヲ生スルニ至ル可シ之ヲ使用スルニハ或ハ通常雇入ノ契約ヲ以テシ或ハ市町村吏員ト爲スコトアル可シ又時宜ニ依リ之ヲ有給ノ助役トシテ任用スルノ便アリ本制ハ此件ニ關シテハ全ク市町村ノ自由ニ任セントス尤警察、學事等ノ爲メニ特別ノ人員ヲ置クニ付テハ別段ノ法規ヲ要ス可シト雖モ皆是別法ヲ以テ定ム可キモノナリ

市町村ノ公務ニ任スル者ハ專務職ト名譽職トノ二種ニ分ツト雖モ本制ニ於テ主トシテ名譽職ヲ擴張シタル理由ハ上ニ之ヲ論述シタルカ如シ又本制ニ於テ名譽職ト爲ス可キコトヲ規定シタル場合ニ於テハ市町村ハ必之ニ遵依ス可シ決シテ有給職ト爲スヲ得ス然レトモ小町村ニ於テ名譽職ニ屬スルモノト雖モ大市町村ニ在テハ專務吏員ヲ置クヲ要スルコトアリ專務職トハ特別ノ技術若クハ學問上ノ養成ヲ要スル職務並事務繁多ニシテ本業ノ餘暇ヲ以テ無給ニテ負擔セシムルコト能ハサル職務ナリ此ノ如キ職務ハ有給吏員ト爲スヲ常例ト爲セリ此條理ノ範圍內ニ於テ市町村ハ自己ノ便宜ニ依リ有給吏員無給吏員ヲ置ク可キモノトス

今本制ニ於テハ市長市助役市町村收入役及市町村附屬員使丁ハ皆專務吏員ト爲ス可キ者トス町村長町村助役ハ名譽職ト爲スヲ原則トスト雖モ町村ノ情況ニ依テ之ヲ有給ノ專務職ト爲スヲ得セシム（町村制第五十五條第五十六條）市參事會員（市長助役ヲ除ク）委員區長ハ名譽職トス但三府ノ區長ハ

有給吏員ト爲スコトアル可シ

專務吏員及名譽職吏員ハ共ニ市町村吏員ナリ本制ニ於テ其區別ヲ爲サヽルモノハ總テ此兩種ニ適用スルモノトス又市町村吏員タル者ハ其何レノ種類ニ屬スルニ拘ラス法律ニ準據シテ所屬ノ官廳及市町村廳ニ對シテ從順ナル可ク均シク懲戒法ニ服從ス可シ其懲戒ヲ行フハ町村長及市參事會（町村制第六十八條第二項第五、市制第六十四條第二項第五）及監督官廳（郡長、府縣知事）ノ任トス（町村制第百二十八條、市制第百二十四條）懲戒ノ罰トシテ本制ハ左ノ三種ヲ設ク

一　譴責

二　過怠金

三　解職

譴責又ハ過怠金ニ處スルハ當該吏員ノ專決ニ屬シ其處分ニ對スル訴願モ均ク當該吏員ノ裁決ニ任シ其裁決ニ不服アル者ハ行政裁判所ニ出訴スルコトヲ得セシム是專ラ懲戒權ノ執行ヲ嚴肅ナラシムル所以ナリ獨リ解職ノ處分ニ對シテハ大ニ保護ヲ加ヘサル可カラス（但隨時解職シ得可キ吏員ハ懲戒裁判ノ法ニ依ラス解職スルヲ得セシム）故ニ本制ハ解職ノ理由ヲ指定セルノミナラス（但行政ヲ紊亂シ廉耻ヲ失フトハ公務上ニ止マラス私行ニ關スルコトモ含蓄スルモノナリ）郡參事會府縣參事會ナル集議躰ノ裁決ニ任セリ（市制第百二十四條、町村制第百二十八條）

專務吏員及名譽職吏員トモ職務上大率ヲ同一ノ權利義務ヲ有スト雖モ深ク其性質ニ就テ考フルトキハ互ニ相異ナル所アリ專務職ヲ辭スルハ吏員ノ隨意ニ在リト雖モ名譽職ハ公民ノ義務トシテ之レニ應セサルヲ得ス其已ニ擔當シタル職務ヲ繼續スルノ義務アルト否トニ付テモ亦此差別アリ（市制第八條、第五十五條第三項、町村制第八條、第五十七條又市制第五十六條、第五十八條及町村制第五十八條、第六十二條ノ制限ノ如キハ專務吏員ニ非サレハ負擔セシムルコトヲ得ス市制第五十九條、町村制

第六十三條ニ記載シタル吏員ハ其任用ノ時此等ノ關係チ約定スルチ可トス有給職ニ任用スルニ其市町村ノ公民タル者ニ限ラサルハ徒ニ選擇ノ區域チ減縮セサランガ爲メナリト雖モ高等ノ有給吏員ニハ其職ニ就クト同時ニ其市町村ノ公民權ヲ付與スルコト當然ナリ（市制第五十三條、第五十八條、町村制第五十六條第二項）專務吏員ハ一身ノ全力チ擧ケテ市町村ノ爲メニ盡ス可キチ以テ相當ノ給料チ受クルハ元ヨリ至當ナリト雖モ名譽ノ爲メニ就職スル公民ニハ給料チ給セス（市制町村制第七十五條）尤市町村ノ公務ノ爲メニ要スル實費ハ之チ辨償セサルチ得ス唯其名譽職ノ事務頗ル繁忙ニシテ本業チ妨ケラルヽトキハ多少ノ報酬チ與フルハ當然ナリ其額ハ固ヨリ勤勞ニ相當セサル可カラス此規則ハ町村制（町村制第五十五條第二項）ハ勿論町村助役及名譽職市參事會員ニシテ市町村事務チ分任スル者（市制第六十八條第二項、町村制第五十五條第二項）ノ爲メニ之チ設ク其報酬額ハ市町村會之チ議定シ（市制町村制第七十五條）其額ニ關スル爭論ハ市制町村制第七十八條ニ依テ處分シ司法裁判チ求ムルチ許サス

有給市町村吏員ノ財產上ノ要求ハ上ニ記載シタル理由アルニ依リ其職重ケレハ從テ其給料ニ關シテ官廳ノ干涉チ要スルコト多シトス尤給料額ハ元來市町村ノ自ラ定ムル所ニ任シ條例チ設ケテ之チ一定シ又ハ選任ノ前ニ於テ議會ノ議決チ以テ之チ定ム可シ然レトモ監督官廳ハ斯ク市町村ノ定ムル給料チ以テ多キニ過キ又ハ不足アリト爲ストキハ認可チ拒ミ所屬ノ參事會チシテ之チ斷定セシムルノ權利アリ

有給市町村吏員ニハ退隱料チ給スルチ當然トス然レトモ市町村吏員ニ對シテ官吏ノ恩給令チ適用スルコトチ得ス是其地位ノ異ナルノミナラス市町村吏員ハ定期チ以テ選任セラレ任期滿限ノ後ハ再選若クハ再任チ受クルニ非レハ其職ニ在ラサルチ以テナリ若シ其吏員任期滿限後再選若クハ再任セラレサルトキハ遽ニ糊口ノ道チ失フニ至ル可シ故ニ此結果チ防クニ非サレハ一方ニ在テハ有力ノ人進テ

市町村ノ職ニ就クコトヲ屑シトセサル可ク一方ニ在テハ再選ニ依テ生計ヲ求ムルカ如キ輩ヲシテ常ニ市町村會ノ鼻息ヲ窺ヒ以テ公益ヲ忘レシムルコトナシトセス加フルニ市町村ノ職務ハ昇等増給ノ途少キヲ以テ其退隱料ヲ給スルハ官吏ヨリ厚クスルヲ至當トス然レトモ目下一定ノ法律ヲ以テ之ヲ定メンヨリハ寧ロ市町村ノ條例ヲ以テ之ヲ設定セシムルノ便ナルニ若カサルナリ

有給ト無給トヲ論セス凡市町村吏員ノ職務上ノ收入ハ市町村ノ負擔タルコト疑ヲ容レスト雖モ之カ明文ヲ掲クルモ亦無用ニアラサル可シ（市制町村制第八十條）

市町村ト吏員トノ間ニ起ル給料及退隱料ノ爭論ハ司法裁判ニ付セス市制町村制第七十八條ニ依テ處分ス可キナリ其保護ハ此方法ヲ以テ足レリトス之ニ反シテ市長ト國庫トノ間ニ起ル給料及退隱料ノ爭論ハ一般ノ法律規則ニ據テ處分ス可シ

結局ニ至テ猶注意スヘキコトアリ抑退隱料ノ規則ヲ設クルトキハ市町村ノ負擔ヲ加重スルノ恐アリト雖モ他國ノ實驗ニ據レハ決シテ多額ノ負擔ヲ爲スモノニアラス市町村ニ於テハ多クハ適任ノ吏員ヲ再選シ吏員モ亦再選ヲ受ケサルトキハ必他ノ地位ヲ求メサル者アラサル可シ故ニ實際退隱料ヲ支出スルノ場合ハ甚少カル可キナリ又一方ヨリ論スルトキハ市町村ノ盛衰ハ有爲ニ人材ヲ得ルノ多少ニ關シ有爲ノ人材ヲ得ルト得サルトハ其生計ヲ安全ナラシムルト否トニ關スルモノニシテ市町村自治ノ權ヲ得ルニ於テハ退隱料負擔ノ如キハ之ヲ重シト謂フ可カラス況ヤ有給ノ町村長助役ヲ設ケサルニ町村ニ於テハ此負擔ヲ受クルノ場合少キニ於テヲヤ又況ヤ名譽職ヲ設クルニ於テハ行政ノ費用大ニ減少ス可キニ於テヲヤ蓋市町村ノ繁榮ハ斯ノ如キ法アリテ始メテ將來ニ期望ス可キナリ

市制町村制第四章　市町村有財産ノ管理

市町村ニ於テ自ラ其事業ヲ執行スルニ付テハ必之ニ要スル所ノ資金ナカル可カラス故ニ各市町村固有ノ經濟ヲ立テ以テ必要ノ費用ヲ支辨スルノ道ヲ設ク可シ即市町村ハ財産權ヲ有スルコト概ヲ一個

人ト同一ナリ然レトモ細ニ觀察スルトキハ其一個人又ハ私立組合ノ類ト相異ナルモノハ市町村ノ事業及支出ノ大半ハ法律規則ニ依テ定マリ市町村民ニ對シ其義務トシテ負擔セシムルコトヲ得ルノ一點ニ在リ蓋市町村ノ經濟ハ之ヲ汎論スルトキハ一個人ト同一ノ權利ヲ有スルモノニシテ市町村ハ自ラ其經濟ヲ管理スルノ專權アリト謂フ可シ而シテ之ニ二樣ノ制限アリ第一市町村ノ資力ハ大ニ國家ノ消長ニ關係アルヲ以テ政府ハ須ク此點ニ注意セサル可カラス第二政府ハ市町村ノ經濟ヲ以テ國ノ財政ニ抵觸セサラシメ之カ爲メニ國ノ財源ヲ涸渇セサランコトヲ務メサル可カラス故ニ市町村ノ財政ヲ以テ立法ノ範圍ニ入レ立法權ヲ以テ市町村ノ財政ニ關スル法規ヲ設ケテ之ヲ恪遵セシム可キ而已ナラス其經濟上ノ處分苟モ國ノ利害ニ關渉スルモノハ皆政府ノ許可ヲ得セシメントス

以上ノ論點ニ關スル規定ハ市制第四章及第六章幷町村制第四章及第七章ニ載ス抑市町村ノ經濟ニ對シ政府ノ干渉スル所ノ程度ハ自治制度ヲ論スル者ノ視ル所ニ依テ各異ナル所アル可シト雖モ要スルニ市町村ノ行政ニ對シ官廳ノ監視ヲ重シテ之ヲ拘束スルニ過クルトキハ其弊ヤ遂ニ市町村ノ便宜ヲ妨ケ其自ラ進テ幸福ヲ求ムルノ道ヲ阻碍スルヲ免レサラントス然レトモ一方ヨリ見ルトキハ自ラ從來ノ慣行アリテ遽ニ之ヲ變シ難キモノアリ故ニ漸ヲ以テ市町村ノ自主ヲ擴張スルヲ是ナリトス此點ニ於テハ本制ハ最愼重ヲ加ヘ今日ノ情勢ニ照シテ適度ヲ得タリトスル所ヲ以テ制定セリ市町村ノ法人タルハ已ニ法律ノ認ムル所ナレハ市町村ノ財産ヲ所有スルノ權利ヲ有ス可キコト固ヨリ疑ヲ容レス而シテ市町村財産ニ二種ノ別アリ(甲)市町村ノ費用ヲ支辨スルカ爲メニ消費スルモノアリ例ヘハ土地家屋等ノ貸渡料、營業ノ所得、市町村稅及手數料等ノ如キ是ナリ又基本財産ト稱スルモノアリ基本財産ハ其入額ヲ使用スルニ止マリ其原物ヲ消耗セサルモノトス蓋此區別ヲ立ツルハ市町村ノ資力ヲ維持スルカ爲メニ極メテ緊要ナルモノニシテ國家ハ特ニ市町村ノ基本財産ヲ保護シテ其濫費ヲ防カサル可カラス且經常歲入ノ外ニ臨時ノ收入例ヘハ寄附金穀ノ如キハ成ル可ク經常歲費ニ充テシメサルヲ要ス唯寄附者ニ於テ寄附金支出ノ目的ヲ定メタルカ或ハ非常ノ災害若クハ凶荒等ノ爲メ經常ノ收入ヲ以テ其費途ニ充ツルニ足ラサルカ如キノ場合ハ固ヨリ別段ナリト雖モ是亦上司ノ許可ヲ受クルヲ要スト爲スハ其經濟上ノ處分ヲ重スル所以ナリ（市制第八十一條、第百廿三條第二、町村制第八十一條、第百二十七條第二）（乙）凡市町村ノ財産ハ市町村一般ノ爲メニ使用スルコト固ヨリ言ヲ俟タス故ニ特ニ之ヲ法律ニ掲載スルヲ要セスト雖モ若シ住民中其財産ニ對シテ特別ノ權利ヲ有スル者アルトキハ自ラ其證明ヲ立ツルノ義務アリ即民法上其證明ヲ認ムルニ於テハ特別ノ權利ヲ有スルモノトシ其證明ナキモノハ即一般ノ使用權アルモノトス（市制町村制第八十二條）

市町村ノ所有ニ屬スル不動産ノ使用ヲ直接ニ住民ニ許スハ從來ノ實例少シトセス故ニ其舊慣アルモノハ特ニ之ヲ存シ今ヨリ後ハ概シテ新ニ使用ヲ許スヲ禁セリ（市制町村制第八十三條、第八十四條）又一方ニ於テハ使用權ニ相當スル納税義務ヲ定メ（市制町村制第八十五條）且條例ニ依リ使用者ヨリ金圓ヲ徴收スルコトヲ許セリ（市制町村制第八十四條）然レトモ其使用ヲ許シタル物件ハ元來市町村ノ所有物ニシテ使用ノ權利ハ市町村住民タル資格ニ隨伴スルモノナレハ市町村ハ固ヨリ使用權ヲ制限シ若クハ取上クルノ權利ナカル可カラス（市制町村制第八十六條）但其議決ハ上司ノ許可ヲ受クルヲ要スト爲ス（市制第百二十三條第四、町村制第百二十七條第四）細民無産ノ徒ノ不利トナル可キモノヲ防カンカ爲メナリ之ヲ要スルニ以上ノ規定ハ市町村住民タル資格ニ附隨スル使用權ニノミ用フルモノニシテ民法上ノ使用權ニハ關係ナキモノトス蓋此使用權ハ民法ニ據テ論定ス可キモノニシテ其爭論モ亦司法裁判所ノ判決ニ屬ス可キモノトス而シテ前段ノ使用權ニ關スル爭論ハ市制町村制第百五條ニ依テ處分ス可キナリ

市町村財産ノ管理ハ町村長及市參事會ノ擔任トス（町村制第六十八條、市制第六十四條）其管理上市町村會ノ議決ニ依ル可キハ町村制第三十三條、市制第三十一條及市制町村制第八十七條等ニ於テシ

又上司ノ許可ヲ受ク可キ條件ハ載セテ市制第百二十三條、町村制第百二十七條等ニ在リ
市町村ハ其住民ヲシテ市町村ノ爲メニ義務ヲ盡サシムルノ權利ナカル可カラスシテ此權利ナキトキハ共同ノ目的ヲ達スルコト能ハサルハ上既ニ之ヲ論述セリ其義務ノ廣狹ハ市町村事業ノ範圍ニ從ハサル可カラス其事業ハ全國ノ公益ノ爲メニスルモノアリ或ハ一市町村局部ノ公益ヨリ生スルモノアリ其全國ノ公益ニ出ツルモノハ軍事、警察、教育等ノ類ニシテ是皆別ニ規定ス可キモノトス其局部ノ公益ヨリ生スルモノ即共同事務ハ各地方ノ情況ニ從テ異同アレハ茲ニ枚擧スルニ暇アラスト雖モ農業經濟、交通事務、衛生事務等ノ如キハ其最重要ナルモノトス之ヲ要スルニ一市町村ノ公益上ニ於テ必要ナル事項ハ悉ク共同事務ニ屬ス可キナリ本制ニ於テ設ケタル委任ノ國政事務ト固有ノ事務即共同事務トノ區別ハ專ラ市町村長ノ地位ノ兩岐ニ分ル、所ニシテ且市町村ノ必要事務ト隨意事務トノ區別ヲ立ツルノ根據トナルモノナリ即此區別ハ官權ノ及フ可キ限界ヲ立ツルニ在リテ必要事務ハ監督官廳ニ於テ强制豫算ノ權利(市制第百十八條、町村制第百二十二條)アルモノトス而シテ必要事務トハ委任ノ國政事務ハ勿論共同事務中市町村ノ需要ニ於テ闕ク可カラサルモノニ限リ必要事務ト謂フヲ得可シ市制町村制第八十八條ノ規定ハ實ニ此精神ニ出テタルモノニシテ市制第百十八條、町村制第百二十二條ニ云フ所ノモノモ亦同シ此ノ如キ規定アルトキハ共同行政上ノ事件ニ至ルマテ市町村ノ意向ヲ顧ミスシテ負擔ヲ受ケシムルヿヲ得從テ官ノ監督權ハ重キニ過クルノ恐アリト雖モ一方ヨリ考フルトキハ全ク撿束ヲ解キテ市町村ノ自由ニ任スルハ却テ將來ノ爲メ顧慮スル所アリ故ニ市町村ノ公益上已ムヲ得サルモノハ姑ク市町村會ノ意見ニ拘ラス監督官廳ノ命令ヲ以テ之ヲ決行スルノ權利ヲ存セサルヲ得ス但其處分ニ對シテハ上訴ヲ許シタルヲ以テ專制ノ弊ヲ免ル、ヲ得可シ其他必要ノ支出ハ本制市町村ノ組織ニ關スル條件中ニ含有セリ隨意事務ニ就テハ市町村ニ十分ノ自由ヲ與フト雖モ若シ過度ノ負擔ヲ爲スニ至テハ之ヲ制スルニハ市制第百二十三條第六、町村制第百二十七條

第六ノ規定ヲ適用スルヲ得可シ市町村ニ於テ其費途ヲ支辨スルカ爲メニ左ノ歲入アリ
一　不動產、資金、營業（瓦斯局、水道等ノ類）ノ所得
二　市町村ノ金庫ニ收入スル過怠金、科料（市制第四十八條、第六十四條第二項第五、第九十一條、第百二十四條、町村制第五十條、第六十八條第二項第五、第九十一條、第百二十八條）
三　手數料、使用料
四　市稅、町村稅
手數料トハ市町村吏員ノ職務上ニ於テ一箇人ノ爲メ特ニ手數ヲ要スルカ爲メ市町村ニ收入スルモノヲ謂ヒ使用料トハ一箇人ニ於テ市町村ノ營造物等ヲ使用スルカ爲メ其料金ヲ市町村ニ收入スルモノヲ謂フ例ヘハ手數料トハ帳簿記入又ハ警察事務上ニ於テ特ニ調査ヲ爲ストキノ收入ヲ謂ヒ使用料トハ道路棧橋錢等ノ類ヲ謂フ。
手數料、使用料ノ額ハ法律勅令ニ定ムルモノ、外市町村會ノ議決ヲ以テ定ムヘキモノナリ（市制第三十一第五、町村制第三十三條第五）尤市町村條例ヲ以テ一般ノ規定ヲ設ケ（市制町村制第九十一條）其地ノ慣行ニ依リ相當ノ手續ヲ以テ公告スヘキモノトス
且若シ手數料使用料ヲ新設シ又ハ舊來ノ額ヲ增加シ又ハ其徵收ノ法ヲ變更スルトキハ内務大藏兩大臣ノ許可ヲ受クルヲ要ス（市制第百二十二條第二、町村制第百二十六條第二）但徵收ノ法ヲ改ムルコトナクシテ唯其額ヲ減スルニ過キサルトキハ其許可ヲ受クルヲ要セス
手數料ヲ納ムルノ義務アルハ行政上ノ手續ヲ要スル者ニシテ使用料ヲ納ムルノ義務アルハ營造物等ヲ使用スル者トス之ヲ免除スルハ市制町村制第九十七條、第九十八條ノ場合ニ限ル可シ第九十六條ノ場合ハ町村ノ課稅ヲ免除スルニ止リテ手數料、使用料等ノ事ニ及ハサルナリ
町村稅ニ關シテハ本制ハ成ルヘク現行法ヲ存スルノ精神ナリ町村稅ヲ十分ニ改正セントスレハ先ツ

國稅徵收法ヲ改正セサル可カラス故ニ本制ニ於テハ現行ノ原則ニ依リ多少ノ修補ヲ加ヘタルニ過キス現今町村費ノ賦課目即地價割戶別割營業割等ノ如キ皆國稅府縣稅ニ附加シテ徵收スル者ニ外ナラス又或ハ特別ノ町村稅アリ故ニ本制ニ定ムル所ノ課目ハ現行ノ課目ヲ存スルニ於テ妨ケナキモノナリ

附加稅トハ定率ヲ以テ國稅府縣稅ニ附加スルモノニシテ納稅ノ負擔ニ偏輕偏重ノ患ナカラシメンカ爲メニ其準率ヲ均一ニスルヲ例則トセリ（市制町村制第九十條）其賦課法ヲ定ムルハ市町村會ノ職權ニ屬ス故ニ市町村會ハ臨時ノ議決又ハ豫算議定ノ際ニ之ヲ議決スヘキナリ若シ此例則ノ外ニ於テ課法ヲ設ケント欲スルトキハ郡參事會（町村制第百二十七條第七）若クハ府縣參事會（市制第百二十三條第七）ノ許可ヲ受クルヲ要ス

稅率ノ定限ハ豫メ之ヲ設ケスト雖モ獨リ地租及直接國稅ニ於テハ市制第百二十二條第三、町村制第百二十六條第三ニ定メタル制限ヲ越エントスルトキハ內務大藏兩大臣ノ許可ヲ受クルヲ要ス是レ國庫ノ財源ニ關係スル所アルヲ以テナリ就中地租ノ如キハ從前此制限ヲ超過スルヲ得ルハ非常特別ノ塲合ニ限レリ而シテ特別許可ノ道ヲ存セサルカ如キハ地方ニ於テハ却テ課稅ノ平均ヲ得サルノ弊アリ是レ本制現行ノ例ヲ移シテ多少ノ便法ヲ開キタル所以ナリ間接稅ハ概シテ市町村ノ附加稅ヲ課スルニ便ナラス故ニ市制第百二十二條第四及ヒ町村制第百二十六條第四ニ從ヒ渾テ官ノ許可ヲ要ストセリ各種國稅府縣稅ノ內何レヲ直稅トシ又何レヲ間稅トス可キカハ往々疑點ヲ生スルコトアリ此區別ニ就テハ今內務大藏兩省ノ省令ヲ以テ之ヲ定ムルコト、セリ（市制第百三十一條、町村制第百三十六條）

附加稅ノ特別稅ニ優ル所以ノモノハ附加稅ニ在テハ納稅者既ニ國稅又ハ府縣稅ノ賦稅ヲ受クルヲ以テ別ニ其收益等ノ調査ヲ爲スヲ要セサルニ在リ唯其町村稅ハ免除セサルモ國稅府縣稅ノ賦課ヲ受ケ

サル者（一箇人又ハ法人）ニ限リ更ニ其調査ヲ要ス可キニ付此場合ニ於テハ町村長若クハ市參事會ニ於テ其國税府縣税徵收ノ規則ニ據リ其調査ヲ爲サヽル可カラス

特別税ハ市制町村制第九十一條ニ從ヒ條例ヲ以テ之ヲ規定セサル可カラス此點ニ於テハ既ニ手數料ニ就テ說明シタル所ニ同シ但特別税ハ市町村必要ノ費用ヲ支辨スルニ附加税ヲ以テシ猶足ラサルトキニ限リ始メテ之ヲ徵收スルモノトス（市制町村制第九十條）

市町村税ヲ納ムルノ義務ヲ負擔スル者ニ就テハ一個人ト法人トヲ區別セサル可カラス即チ左ノ如シ

甲　一個人

凡ソ納税義務ハ市町村ノ住民籍ニ原クモノトス（市制町村制第六條第二項）故ニ此義務ハ市町村內ニ住居ヲ定ムルト同時ニ起ルモノナリ故ニ一旦住居ヲ定メタル者ハ時々他ノ市町村ニ滯在スルコトアリト雖モ納税義務ヲ免ルヘキニ非ス若シ之ニ反シテ住居ヲ定メスシテ一時滯在スルニ止マルモノハ未タ此義務ヲ帶ヒス唯三ヶ月以上滯在スルトキハ住居ヲ占ムルト同ク納税ノ義務ヲ生スルモノトス（市制町村制第九十二條）又假令ヒ市町村內ニ住居若クハ滯在セストモ其市町村內ニ土地家屋ヲ所有シ又ハ店舗ヲ定メテ營業ヲ爲ス者ハ均ク其市町村ノ利益ヲ蒙ルニ依リ共ニ納税ノ義務アリトス但此義務ハ一般ノ負擔ニ涉ラスシテ唯其土地家屋營業若クハ是ヨリ生スル所得ニ賦課ス可キ市町村税ニ限リテ負擔ノ義務アルモノトス（市制町村制第九十三條）住居ト滯在トハ常ニ必ス同一ニ歸セサルヲ以テ或ハ重複ノ課税ヲ受クルノ患ナシトセス此弊害ヲ防クカ爲ニハ則チ市制町村制第九十四條、第九十五條ノ規定アリ他國ニ於テハ往々住居ヲ定ムル市町村ニ特權ヲ與フルノ例アリト雖モ本制ハ特ニ此例ニ倣ハス要スルニ此ノ如キハ皆施行規則中ニ適宜ノ便法ヲ定ム可キコトヽス

市町村税ノ免除ヲ受クルハ市町村制第九十六條、及第九十八條ニ掲載シタル人員ニ限レリ

乙　法人

法人ハ市制町村制第九十三條ニ從ヒ唯其所有ノ土地家屋若クハ之ニ依テ生スル所得ニ賦課スル市町村稅ニ限リ納稅ス可キモノトス抑法人トハ政府、府縣（郡モ亦郡制制定ノ上ハ法人ト爲スノ見込ナリ）市町村、公共組合（例ヘハ水利土功ノ組合、社寺宗教ノ組合ノ類）慈善協會、其他民法及商法ニ從ヒ法人タル權利ヲ有ス可キ私法人ノ結社ヲ謂フ其私法上ノ結社ハ市制町村制第九十七條ノ免稅ノ部ニ入レス又官設ノ鐵道電信ノ如キハ官ノ營業ニ屬スト雖モ是等ハ特ニ國家ノ公益ノ爲ニ免稅トス（市制町村制第九十三條）私設鐵道ニ至テハ各町村ニ於テ其收益ヲ調査スル頗ル難キヲ以テ施行規則中ニ於テ詳ニ之ヲ規定スルヲ要ス

凡ソ納稅義務者ニ課稅スルハ總テ平等ナル可キナリ唯市制町村制第八十五條ハ此例外トシテ使用ノ土地物件ニ係ル費用ヲ其使用者ニ課セリ又一市町村ノ數部若クハ數區ニ分レタルトキ其一部一區ノ專用ニ屬スル營造物ノ費用ハ其一部一區ノ負擔トセリ（市制町村制第九十九條第二項）尤其一部一區ニ特別ノ財產アルトキハ先ツ其收入ヲ以テ其費用ニ充テ猶足ラサル時特別ニ其一部一區ノ人民ニ課稅シ又ハ一般全市町村稅中ニ區別ヲ立テ其準率ヲ高クス可シ之ニ反シテ第九十九條第一項ノ場合ニ於テ數個人ノ專用ニ屬スル營造物ノ費用ハ必其數個人ノ負設トシ之ヲ他人ニ賦課スルコトヲ得サルモノトス但市町村稅ハ總テノ納稅義務者ト平等ニ賦課スルヲ以テ例則ト爲スカ故ニ若シ此例則ニ違ハントスルトキハ官ノ許可ヲ受クルヲ要ス（市制第百二十三條第八、町村制第百二十七條第八）

各納稅者ノ稅額ヲ查定スルハ法律規則ニ依リ市町村制第百條ノ規定ニ從ヒ町村長（市町村第六十八條第八）及市參事會（市制第六十四條第八）ノ擔任トス大ナル町村及市ニ於テハ之カ爲メ專務ノ委員ヲ設クルヲ便宜トス

社會經濟法ノ稍進步シタル今日ニ在テハ舊時ノ夫役現品ニ代ヘテ金納法ヲ行フニ至レリ然レトモ町村費ノ課出ニ於テハ夫役現品ノ法ヲ存スルハ特ニ必要ナルノミナラス往々便利ナルモノアリ且古來

ノ慣行今日ニ傳フル者其例少カラス夫役賦課ハ專ラ道路、河溝、堤防ノ修築、防火水又ハ學校、病院ノ修繕等ノ爲メニ行フモノナリ殊ニ村落ニ在テハ農隙ノ時ヲ以テ夫役ヲ課スルトキハ租税ノ負荷ヲ輕減センカ爲メニ大ニ便益トスル所アリ農民ノ如キハ季節ニ依リ夫役ニ應スルヲ得ルノ間隙アルコト市民ト其趣ヲ異ニス且地方道路ノ開通ヲ要スルモノ將來必少カラサル可キヲ以テ夫役賦課ノ法ヲ存スルトキハ幾許カ市町村ノ負擔ヲ輕減スルノ效アルコト必セリ依テ市制町村制第百一條ニ於テ市町村ニ許スニ夫役賦課ノ法ヲ以テセリ但此點ニ於テハ今日ノ經濟ニ適應セシメンカ爲メ本制ハ本人自ラ其役ニ從事スルト適當ノ代理者ヲ出シ又ハ金額ヲ納ムルトヲ以テ義務者ノ選擇ニ任セリ其金額ニ算出スルハ其地ノ日雇賃ニ準シ日數ヲ以テ等差ヲ立ツルヲ通例トス唯火災水害等ノ如キ急迫ノ塲合ニ於テハ金納ヲ禁スルコトヲ得可シト雖モ代人ヲ出スハ本人ノ隨意ニ在ルモノトス

夫役ハ總テ市町村税ヲ納ム可キ者ニ賦課シ其多寡ハ直接市町村税ノ納額ニ準スルモノトス若シ此準率ニ依ラサルトキハ郡參事會（町村制第百二十七條第九）及府縣參事會（市則第百二十二條第九）ノ許可ヲ受クルコトヲ要ス此塲合ノ外ハ總テ市町村限リ許可ヲ受ケスシテ之ヲ賦課スルコトヲ得可シ一般ニ夫役ヲ賦課スルト賦課セサルト及夫役ノ種類幷範圍ヲ定ムルハ市町村會ノ職權（市制第三十一條第五、町村制第三十三條第五）ニ屬シ之ヲ各個人ニ割賦スルコトハ町村長（町村制第六十八條第八）及市參事會（市制第六十四條第八）ノ擔任トス

以上市町村ノ收入ハ皆公法上ノ收入ニ屬スルモノニシテ其徵收ハ市制町村制第百二條ヨリ第百五條ニ準據ス可キモノトス而シテ其賦課徵收上ノ不服ハ司法裁判所ニ提出スルヲ許サス郡參事會府縣參事會ノ裁決ヲ經テ結局ノ裁決ハ行政裁判所ニ屬ス此公法上ノ收入ハ私法上ノ收入ト相混同ス可カラス例ヘハ市町村有ノ地所ヲ一個人ニ貸渡シタルトキ其借地料ハ民法及訴訟法ニ準據シテ徵收ス可キナリ

將來市町村ノ事業漸ク發達スルニ從ヒ經常ノ歳入ヲ以テ支辨スルコト能ハサル所ノ大事業ノ起ル可キハ勢ノ免レサル所ナリ然レトモ豫メ其費用ニ備ヘンカ爲メ資本ヲ蓄積セントスルコトモ亦極メテ難カル可シ故ニ經常歳入ヲ以テ支ヘ能ハサル所ノ需要ニ應セント欲スレハ市町村ヲシテ豫メ將來ノ歳入ヲ使用スルコトヲ得セシムルノ道ヲ開クノ外ナカル可シ即公債募集ノ方法是ナリ抑公債募集ノ利益ハ收入時期ノ未タ到來セサルニ先テ豫メ歳入ヲ使用シテ以テ町村住民ノ爲メニ大事業ヲ起シ其經濟及納税力ヲ奬誘シ且以テ納税者ノ負擔ヲ輕減スルニ在ルナリ公債ノ事タル利益ノ在ル所斯ノ如シト雖モ之ニ伴フ所ノ弊害モ亦自ラ免レサルモノアリ若シ市町村ニ於テ此方法ニ依リ豫メ將來ノ歳入ヲ使用スルトキハ則其元利償却ニ充ツル所ノ金額ハ將來ノ歳入中ヨリ減却スルモノナレハ負債額ノ多寡ト償還期限ノ長短トニ從ヒ市町村ノ財政ニ影響スル所少カラス又市町村會ニ於テハ資本ノ得易キカ爲メニ輕忽ニ其市町村ノ實力ニ相當セサル事業ヲ起スノ傾向ヲ爲シ又ハ今日ニ負擔ス可キノ義務ヲ漫リニ後年ニ傳ヘントスルノ弊害ナキコト能ハス是最モ行政官ノ注意ス可キ所ニシテ市制第百六條、第百二十二條第一及町村制第百六條、第百二十六條第一ノ規定アルハ以上ノ論旨ニ起因スルモノトス

本制ハ公債募集ノ事項ヲ逐一列擧セス唯已ムヲ得サルノ必要若クハ永久ノ利益ト云フヲ以テ之レカ制限ヲ立テタルナリ若シ此制限ニ適合スルノ證明ナキモノハ許可ヲ與フ可カラス若シ又償還期限三年以内ニシテ許可ヲ要セサルモノハ町村制第六十八條第一及市制第六十四條第一ニ依テ相當ノ處分ヲ爲ス可キナリ其必要已ムヲ得サルノ支出トハ舊債ヲ償還シ又ハ傳染病流行若クハ水害等不慮ノ災厄ニ遭遇シテ一時ノ窮ヲ救ハントスルトキ又ハ學校ヲ開設シ道路ヲ修築スル等法律上ノ義務ヲ盡サントスルカ如キ場合ヲ謂ヒ永久ノ利益トナル可キ支出トハ市町村ノ力ニ堪フ可キ事業ヲ起シ以テ市町村有財産ノ生産力若クハ住民ノ經濟力ヲ增進シ假令一時ノ負擔ヲ增スモ永遠ノ利益ヲ生ス可キ場

合ヲ謂フナリ尤何レノ場合ニ於テモ一時ノ歳入ヲ以テ支辨シ能ハサル時ニ限ルモノトス但年々要スル所ノ常費ハ必經常ノ歳入ヲ以テ支辨ス可キモノニシテ公債ヲ募ルヲ得ス公債募集ニ當テハ深ク注意ヲ加ヘ成ルヘク住民ノ負擔ヲ輕クシ利息ハ時ノ相場ニ準シ隨時償還ノ約ヲ立テ、市町村ニ便利ヲ與ヘサル可カラス到底還償方法ノ確定スルニ非サレハ募集ヲ許サス又公債ハ成ル可ク市町村ノ財政ニ適準シ償還期限ハ長キニ過ク可カラス故ニ本制ニ於テハ償還ハ三年以內ニ始マルモノトシ年々ノ償還歩合ヲ定メ且募集ノ時ヨリ三十年以內ニ還了スルヲ以テ例規ト爲セリ若シ此例規ニ違ハントスルトキハ必官ノ許可ヲ要ス（市制第百二十二條第一、町村制第百二十六條第一）元來許可ヲ要セサル公債ノ種類ト雖モ右ノ例規ニ違フトキハ亦官ノ許可ヲ請フ可シ

公債ヲ起スト起サヽルト及其方法ノ如何ハ市町村會ノ議決ニ屬ス（市制第三十一條第八、町村制第三十三條第八）唯定額豫算內ノ支出ヲ爲スカ爲メニシテ一會計年度內ニ償還ス可キ公債ハ市ニ於テハ市會ノ議決ヲ要セス市參事會ノ意見ヲ以テ募集スルヲ得ト雖モ（市制第百六條、第三項）町村ニ於テハ町村會ノ同意ヲ要スルコト勿論ナリ蓋斯ノ如キ公債ハ收入支出ノ多キ市ノ如キニ在テハ自然已ム可カラサルモノニシテ其支出ノ時期ト收入期限ト常ニ相合一セサルカ故ナリ

凡公債ヲ募集スルニ付許可ヲ受ク可キハ右ニ陳述シタル場合及曾テ負債ナキニ新ニ公債ヲ起シ又ハ舊債ヲ增額スルトキニ在リ故ニ前記ノ如キ一時ノ借入金ヲ爲シ又ハ舊債償還ノ爲メニスル公債ニシテ其規約舊債ヨリ負擔ヲ輕クスルトキノ如キハ渾テ許可ヲ要セス其他ハ償還期限三年以內ノモノヲ除クノ外內務大藏兩大臣ノ許可ヲ受ク可シ

既ニ募集シタル公債ヲ豫定ノ目的外ニ使用セントスルトキハ市町村會ノ議決ヲ要シ且若シ其公債ニシテ官許ヲ要スル時ハ許可ヲ受ク可キコト言ヲ俟タス

市町村ノ財政ハ政府ノ財政ニ於ケルト均ク三個ノ要件アリ即チ

甲　定額豫算表ヲ調製スル事
乙　支收ヲ爲ス事
丙　決算報告ヲ爲ス事

以上ノ三要件ニシテ法律中ニ細目ヲ設ク可キ必要アルモノハ本制第四章第二欵ニ於テ之ヲ規定セリ

甲

財政ヲ整理シ收支ノ平衡ヲ保ツニハ定額豫算表ヲ設ケサル可カラス本制ハ（市制町村制第百七條）市町村ヲシテ豫筭表調製ノ義務ヲ負ハシム故ニ若シ市町村ニ於テ此義務ヲ盡サヽルトキハ法律上ノ權力ヲ以テ之ヲ强制スルヲ得可ク若シ之ヲ議決セサルトキハ府縣參事會郡參事會ノ議決ヲ以テ之ヲ補フコトヲ得可シ（市制第百十九條、町村制第百二十三條）此義務ハ決シテ免ル可カラサルモノナレハ狹小ノ町村ト雖モ猶之ヲ負擔セサルヲ得ス其豫算表ハ一年ノ見積ヲ以テ之ヲ設ケ其會計年度ハ政府ノ會計年度ニ同クセリ其他本制ハ豫算表調製ノ細目ヲ定メス要スルニ一切ノ收支及收入不足ノ塲合ニ方リ支辨方法ヲ定ムルヲ以テ足レリトス但財政整理上ニ於テ其市町村ノ資力ヲ酙量ス可キ必要ノ細目ハ省令ヲ以テ之ヲ定ムルコトアル可シ

定額豫算ノ案ヲ調製スルコトハ町村長及市參事會ノ擔任ニシテ之ヲ議決スルハ市町村會ノ職權ニ屬ス收支ヲ許可スルコトハ市町村會ノ全權ニ任セスシテ法律上ノ撿束ヲ設クルモノアリ即當然支出ス可キモノヲ否決シタルトキハ監督官廳ニ於テ强制豫算ヲ令スルノ權（市制第百十八條、町村制第百二十二條）アリ又其議決ノ越權ニ涉リ又ハ公益ヲ害スルモノハ其議決ヲ停止スルノ權（市制第六十四條第一、町村制第六十八條第一）アリ事項ニ依リテハ官ノ許可ヲ要スルカ故ニ（市制第百二十二條、第百二十三條第五第六、町村制第百二十六條、第百二十七條第五第六）市町村住民ノ爲メニ過度ノ負擔ヲ制止スルノ方法ハ十分備ハレリト謂フ可シ故ニ豫算表ハ市町村會ノ議決スル所ニ依リ其全躰ニ於テ

許可ヲ受クルヲ要セス唯右ニ記載シタル場合ニ限リテ許可ヲ受クルヲ要スルノミ
凡定額豫算表ハ二樣ノ効力アリ即一方ニ於テハ理事者ヲシテ豫定ノ收支ヲ爲スノ權利ヲ得セシメ一方ニ於テハ踰越ス可カラサルノ制限ヲ負ハシムルモノナリ殊ニ豫算外ノ支出豫算超過ノ支出若クハ費目ノ流用ヲ爲スニ當テハ更ニ市町村會ノ議決ヲ經可キモノトス此場合ニ於テハ市町村會ハ當初豫算ヲ議定スルト同一ノ規定ニ從テ之ヲ議決ス可キナリ其追加豫算若クハ豫算ノ變更ヲ議決スルニ當リ其事項タル官ノ許可ヲ要スルトキハ均ク其許可ヲ受ク可キコト、ス豫備費ヲ設ク可キト否ト及其額ノ如何ハ市町村會ノ議定ニ在リト雖モ已ニ之ヲ設ケタルトキハ市制町村制第百九條ノ制限ヲ除クノ外町村長及市參事會ノ之ヲ使用スルニ任ス但其決算報告ヲ爲ス可キハ固ヨリナリトス

乙

市町村收支ノ事務ハ之ヲ官吏ニ委任セスシテ之ヲ市町村ノ吏員即收入役ヲ置テ之ニ委任ス是多ク各國ニ行ハル、ノ所ノ實例ニシテ其吏員ハ市町村ニ於テ之ヲ選任シ有給吏員ト爲セリ要スルニ本制ノ旨趣ハ收支命令者ト實地ノ出納者トヲ分離獨立セシメント欲スルニ在リ故ニ收入役ノ事務ヲ町村長ニ委任スルハ本制ノ敢テ希望スル所ニ非スシテ此ノ如キ場合ハ極メテ罕ナル可シ若シ町村ノ情況ニ依リ別ニ有給ノ收入役ヲ置クヲ要セサルトキハ寧ロ之ヲ助役ニ委任スルヲ可トス又比鄰ノ小町村ハ町村制第百十六條ニ從ヒ共同シテ收入役一名ヲ置クモ亦便宜ニ任ス
收支命令權ハ町村長若クハ市參事會及監督官廳ニ屬ス收支命令ハ書面ヲ以テセサル可カラス收支命令ヲ受ケスシテ爲シタル支拂ハ市町村ニ於テ之ヲ認定スルヲ要セス抑收支命令ト實地ノ出納トヲ分離スルハ支拂前ニ於テ其豫算ニ違フ所ナキヤヲ監査スルニ便ナルガ爲メナリ元來決算報告ヲ爲スハ即此目的ニ外ナラスト雖モ既ニ支拂後ニ係ルヲ以テ其監査ハ往々臨機ニ後ル、ノ憾アリ故ニ本制ハ(市制町村制第百十條)收入役ニ負ハシムル其命令ノ正否ヲ查スルノ義務ヲ以テシ其命令若シ定額豫

算又ハ追加豫算若クハ豫算變更ノ決議ニ適合セス又豫備費ヨリ支拂フ可キトキ該費目ノ支出ニ關スル規定ヲ遵守セサルニ於テハ之ヲ支出スルヲ得サルモノトス此義務ハ收入役ノ賠償責任ト懲戒處分ノ制裁ヲ以テ十分ニ之ヲ盡サシムルヲ得可シ

若シ町村長ニ收入役ノ事務ヲ擔任セシムルトキハ收支命令ト支拂トノ別ハ自ラ消滅シ隨テ上ニ記載シタル監査ノ法モ亦之レナキニ至ル可シ

收入役ヲシテ右ノ義務ヲ行ヒ易カラシメンカ為メ定額豫算表ハ勿論追加豫算若クハ豫算變更ノ議決ハ必之ヲ收入役ニ通報セサル可カラス其豫算表及臨時ノ議決ハ併セテ簿記ノ標準ト為ルモノナリ本制ハ簿記ノ事ニ就テハ規定ヲ立ツルコトナシト雖モ簿記及一般出納事務ニ就テハ追テ訓令ヲ以テ原則ヲ示スコトアル可シ又本制ハ出納ヲ撿査スルヲ以テ市町村ノ義務ト為セリ(市制町村制第百十一條)若シ理事者ニ於テ此義務ヲ又ハス行ハ撿査ヲ行ツテ盡サヽル所アルカ為メ市町村ニ損害ヲ釀シタルトキハ市町村ニ對シテ賠償義務ヲ負ハシム可キナリ此賠償義務ノ外懲戒ヲ加ヘ得可キハ言ヲ俟タス

丙

決算報告ノ目的ハ二アリ左ノ如シ

一 計算ノ當否及計算ト收支命令ト適合スルヤ否ヲ審査スル事(會計審査)

二 出納ト定額豫算表又ハ追加豫算若クハ豫算變更ノ議決又ハ法律命令ト適合スルヤ否ヲ查定スル事(行政審査)

會計審査ハ會計主任者(即收入役又ハ收入役ノ事務ヲ擔任スル助役若クハ町村長)ニ對シ行フモノニシテ行政審査ハ市町村ノ理事者即町村長若クハ市參事會ニ對シテ行フモノナリ其會計審査ハ先ツ町村長(但町村長ニ於テ會計ヲ兼掌スルトキハ此限ニ在ラス)及市參事會ニ於テ之ヲ行ヒ次テ市町村會ニ於テ右二様ノ目的ヲ以テ會計ヲ審査ス(市制町村制第百十二條)是故ニ收支命令者(町村長、助役、市參事會員)ニシテ市町村會ノ議員ヲ兼ヌルトキハ其議決ニ加ハルコトヲ得ス(市制第四十三條、町村制第四十五條)若シ又議長タルトキハ其議事中議長席ニ居ルコトヲ得サルモノトス(市制第百十二條町村制第百十三條)是利害ノ互ニ抵觸スルヲ以テナリ

決算報告ノ時會計ニ不足アルトキハ市制若クハ町村制第百二十九條ヲ適用ス可シ

市制町村制第五章　市町村內特別ノ財產ヲ有スル市區又ハ各部ノ行政

行政ノ便利ノ爲メニ畫シタル區ト一市町村內ニ於テ獨立ノ法人タル權利ヲ有スル各部トノ區別アルハ固ヨリ言ヲ待タス本制ハ一市町村ノ統一ヲ尙フモノニシテ一市町村內ニ獨立スル小組織ヲ存續シ又ハ造成スルコトヲ欲スルニアラス然レトモ强テ此原則ヲ斷行セントスルトキハ一地方ニ於テ正當ニ享有スル利益ヲ傷害スルノ恐レアリ故ニ概シテ此旨趣ニ依テ論ス可カラサルモノアリ大市町村ニ於テハ現今既ニ特別ノ財產ヲ有スル部落アリ現今ノ小町村ヲ合併スルトキハ更ニ又此ノ如キ部落ヲ現出ス可シ其部落ハ即獨立ノ權利ヲ存スルモノト謂フ可シ又他ノ一方ヨリ論スルトキハ市制町村制第九十九條ノ原則ニ依リ其部落ハ義務ヲ負擔スルコトアリト雖モ之レカ爲メ直ニ別段ノ組織ヲ要スルコトナカル可シ其特別財產又ハ營造物ノ管理ハ之ヲ其全市町村ノ理事者タル町村長又ハ市參事會ニ委任スルモ妨ケナシ(市制第百十四條、町村制第百十五條)若シ區長ヲ置クトキハ町村長又ハ市參事會ニ於テ區長ニ指揮シテ其管理ノ事務ヲ取扱ハシムルコトヲ得可シ尤其一部ノ權利ヲ傷害ス可カラサルハ言ヲ俟タス本制ニ於テ其一部ノ出納及會計ノ事務ヲ分別ス可キモノトスルハ即是カ爲メナリ議會ノ職掌ヲ論スレハ(市制自第三十條至第三十五條、町村制自第三十二條至第三十七條)特別事務ト雖モ總テ之ヲ市町村會ニ委任スルモ妨ケナキ而已ナラス却テ希望ス可キ所ナリ然レトモ地方ニ依リテハ全市町村ト其各部落トノ利害ハ互ニ相抵觸スルヿ往々之レアリ其甚キニ至テハ多數ノ爲メニ壓抑ヲ蒙ムルコトアリ依テ其一部限リノ選擧ヲ以テ特別ノ議會ヲ起シ以テ其議事ヲ委任スルコト

ヲ得可シ其之ヲ起スノ利害ニ就テハ一般ノ原則ヲ設ケ難キカ故ニ姑ク條例ノ規定ニ任セサル可カラス但此條例ハ固ヨリ普通ノ規定ニ依ル可クシテ特別ノモノニ非スト雖モ其之ヲ設ケ並其事項ヲ定ムルハ市町村會ノ議決ニ任セスシテ之ヲ郡若クハ府縣參事會ニ委任セリ何トナレハ利害ノ相抵觸スルカ爲メ偏頗ノ處置アランコトヲ恐ルレハナリ唯市町村會ノ意見ヲ徴ス可キハ勿論ナリ要スルニ區會ハ市町村會又ハ區內人民ノ情願ニ依リ之ヲ設クルヲ當然トス

區會ノ構成ハ本制ニ規定シタル市町村會ノ組織ニ依準シ條例中ニ之ヲ定ム可キモノトス區會ノ職掌ハ市町村會ノ職掌ニ同シ唯其特別事件ニ限ルノミ

町村制第六章　町村組合

本制ノ希望スル如ク有力ノ町村ヲ造成シ又郡ヲ以テ自治躰ト爲ストキハ其他別ニ區畫ヲ設クルノ必要ナカル可キナリ殊ニ一事件アル毎ニ特別ノ聯合ヲ設クルヲ要セサル可シ若シ漫ニ聯合ヲ設クルトキハ行政事務簡明ナラス其組織錯綜ヲ極メ費用モ亦隨テ增加スルヲ免レサルハ英國ノ實例ヲ以テ證スルニ足ル可シ獨リ水利土功ノ聯合又ハ小町村ニ於テ學校ノ聯合ヲ設クルカ如キハ萬已ムヲ得サルモノニシテ皆別法ヲ以テ規定セサル可カラス又此必要アルノ外往々町村組合ヲ設クルノ活路ヲ示ス可キモノアリ即本制ニ於テハ關係町村ノ協議ヲ以テ其組合ヲ爲スノ目的、組合會議ノ組織、事務管理ノ方法及費用ノ支辨方法等ヲ定ムルトキハ（町村制第百十六條第一項、第百十七條第一項）監督官廳即郡長ノ許可ヲ得テ組合ヲ爲スコトヲ許セリ町村ニ於テ相當ノ資力ヲ有セサルトキ組合ヲ爲サシムルヲ必要ト爲スカ如キ是ナリ此ノ如キ場合アルトキハ町村制第四條ニ於テ合併ス可キコトヲ規定スト雖モ事情ニ依リテハ合併ヲ施ス可カラス又ハ之ヲ不便ト爲スコトナシトセス例ヘハ該町村ノ互ニ相遠隔スルカ如キ又ハ古來ノ慣習ニ於テ調和ヲ得サルカ如キノ類アリ此ノ如キニ至テハ其町村ノ異議アルニモ拘ラス事務共同ノ爲メ組合ヲ成サシムルノ權力ナカル可カラス其組合ヲ成ストキハ第四條ノ場合ヲ異ニシテ其各町村ノ獨立ヲ存シ又別ニ町村長及町村會若クハ町村總會ヲ有ス可キ理ナリ然レトモ其組合ヲ成ス所ノ共同事務ノ多寡及種類ハ其組合ニ依テ互ニ異ナルモノトス

抑協議ニ依ラスシテ組合ヲ設クルハ町村ノ獨立權ヲ傷クルノ恐レアルニ依リ郡參事會ノ議決ニ任スルヲ妥當ナリトス(町村制第百十六條第二項)果シテ其共同事務ノ區域ヲ定メ强制ヲ以テ組合ヲ成サシメタルトキハ議會ノ組織、事務管理ノ方法、費用支辨ノ方法就中分擔ノ方法ニ至テハ先ツ關係町村ニ於テ之ヲ協議スルヲ要ス若シ其協議調ハサルニ及テハ郡參事會ニ於テ之ヲ議決スルノ外ナシ

組合議會ノ組織、事務管理ノ方法費用支辨ノ方法殊ニ分擔ノ割合ハ本制ニ於テ豫メ之ヲ規定セス實際ノ場合ニ於テ便宜其方法ヲ制ス可シ故ニ組合ハ特別ノ議會ヲ設ケ或ハ各町村會ヲ合シテ會議ヲ開キ或ハ互選ノ委員ヲ以テ議會ヲ組織シ或ハ各町村會別個ニ會議ヲ爲シ其各議會ノ一致ヲ以テ全組合ノ議決ト爲スノ類各其宜キニ從フ可シ又町村長ノ如キモ組合ニ一ノ町村長ヲ置キ且之ヲ永久獨立トシ或ハ各町村長ノ交番ト爲スヲ得可シ又組合ノ費用ハ或ハ特別ノ組合費トシテ之ヲ各個人ニ賦課シ或ハ之ヲ各町村ニ賦課シ以テ其賦課徵收ノ法ヲ各町村ノ便宜ニ任スルヲ得可シ各町村分擔ノ割合ハ利害ノ輕重、土地ノ廣狹、人口ノ多寡及納稅力ノ厚薄ヲ以テ標準ト爲ス可シ但其納稅力ノ詮定方ニ至テモ亦之ヲ一定スルコトヲ能ハザル可シ以上ノ各事項ニ關シ本制ハ全ク實地宜キニ從フヲ許セリ故ニ各地方ニ於テ其便ト爲ス所ヲ採擇ス可シ組合町村ハ之ヲ解クノ議決ヲ爲スヲ得ト雖モ郡長ノ許可ヲ得ルヲ要ス(町村制第十八條)

市制第六章町村制第七章　市町村行政ノ監督

監督ノ目的及方法ハ本說明中各處ニ之ヲ論セリ故ニ復タ之ヲ贅セス唯玆ニ其要點ヲ概括セントス

(第一)監督ノ目的ハ左ノ如シ

一　法律、有效ノ命令及官廳ヨリ其權限內ニテ爲シタル處分ヲ遵守スルヤ否ヲ監視スル事

二事務ノ錯亂澁滯セサルヤ否ヲ監視シ宜時ニ依テハ强制ヲ施ス事（市制第百十七條、町村制第百二十一條）

三公益ノ妨害ヲ防キ殊ニ市町村ノ資力ヲ保持スル事

以上ノ目的ヲ達スルカ爲メニハ左ノ方法アリ

一市町村ノ重役ヲ認可シ又ハ臨時町村長助役ヲ選任スル事（市制第五十條、第五十一條、第五十二條、町村制第五十九條、第六十條、第六十一條、第六十二條）

二議決ヲ許可スル事（市制第百二十二條、第百二十三條、町村制第百二十六條、第百二十七條）

三行政事務ノ報告ヲ爲サシメ書類帳簿ヲ査閲シ事務ノ現況ヲ視察シ並出納ヲ撿閲スル事（市制第百十七條、町村制第百二十一條）

四强制豫算ヲ命スル事（市制第百十八條、町村制第百二十二條）

五上班ノ參事會ニ於テ代テ議決ヲ爲ス事（市制第百十九條、町村制第百二十三條）

六市町村會及市參事會議決ヲ停止スル事（市制第六十四條、第一、第六十五條、町村制第六十八條、第一）

七懲戒處分ヲ行フ事（市制第百二十四條、第百二十五條、町村制第百二十八條、第百二十九條）

八市町村會ヲ解散スル事（市制第二十條、町村制第二十四條）

（第二）監督官廳ハ左ノ如シ

町村ニ對シテハ

一 郡長　二 知事　三 内務大臣

市ニ對シテハ

一 知事　二 内務大臣

法律ニ明文アル場合ニ於テハ郡長若クハ知事ハ郡參事會若クハ府縣參事會ノ同意ヲ求ムルヲ要ス但參事會ヲ開設スルマテハ郡長知事ノ專決ニ任ス(市制第百二十七條、町村制第百三十條)

市町村吏員ノ處分若クハ議決ニ對スル訴願ニ就テハ先ツ市町村ノ事務ト市制第七十四條、町村制第六十九條ニ記載シタル事務トノ間ニ區別ヲ立テサル可カラス市制第七十四條、町村制第六十九條ニ記載シタル事務ニ關シテ訴願ヲ許スト否トハ一般ノ法律規則ニ從フモノトス之ニ反シテ市町村ノ事務ニ關シテハ此法律ニ明文アル場合ニ限レリ(市制第八條第四項、第二十九條、第三十五條、第六十四條第一、第七十八條、第百五條、第百二十四條、町村制第八條第四項、第二十九條、第三十七條、第六十八條第一、第七十八條、第百五條、第百二十八條)

本制ハ訴願ノ必要ナル場合ヲ列載シ悉シタルモノトス又監督官廳ハ自己ノ發意ニ依リ其職權ヲ以テ監督權ヲ行フヲ得ルノミナラス人ノ告知ニ依テ亦之ヲ行フコトヲ得可シ而シテ其告知ハ本制ニ所謂訴願ノ種類ニアラサレハ期限ヲ定メス又前キノ處分若クハ議決ノ執行ヲ停止スルコトヲ得サルナリ(市制第百十六條第二項、第五項、町村制第百二十條第二項、第五項)

市町村ノ行政事務ニ關シ郡長若クハ府縣知事ノ第一次又ハ第二次ニ於テ爲シタル處分若クハ裁決ニ對シテハ其參事會ノ同意ヲ得ルト否トニ拘ラス一般ニ訴願ヲ爲スヲ許セリ特ニ法律ニ明文アル場合ニ限リテ之ヲ許サヽルモノトス(市制第百十六條第一項、町村制第百二十條第一項)若シ其處分又ハ裁決郡長ヨリ發シタルモノナルトキハ之ニ對スル訴願ハ知事之ヲ裁決シ郡參事會ヨリ發シタルモノナルトキハ府縣參事會之ヲ裁決ス知事及府縣參事會ノ裁決ニ不服アル者ハ共ニ内務大臣ニ訴願スルモノトス而シテ權利ノ消長ニ關スル結局ノ裁決ハ之ヲ行政裁判所ニ委任スルヲ妥當トナスハ上來屢々之ヲ說明セリ但權利ノ爭論ハ一般ニ行政訴訟ヲ許スニアラスシテ之ヲ許ス可キノ必要アル場合ニ限リ特ニ之レカ明文ヲ揭ク故ニ其明文ナキ場合ニ於テハ結局ノ裁決ハ常ニ内務大臣ニ屬スルモノトス而シテ行政訴訟ヲ許シタル場合ニ於テハ内務大臣ニ訴願スルヲ許サス最上官衙ノ裁決ヲ以テ司法ノ審判ニ付スルヲ欲セサルカ故ナリ但本制ニ於テ行政裁判所ノ權限ヲ規定シタルハ市町村ノ行政事務ニ關スル事ニ止マリ其他ノ事務ニ渉ル權限ハ他日別法ヲ以テ定ム可キコト丶ス又目下行政裁判所ノ設ケナキヲ以テ之ヲ開設スルマテノ間ハ内閣ニ於テ其ノ職務ヲ擔任ス可キコト止ムヲ得サルナリ
（市制第百二十七條、町村制第百三十條）

以上記述スル所ノ要旨ハ則左ノ如シ

（第一）市町村ノ行政事務ニ屬セサル事件ニ對スル訴願及其順序ハ一般ノ法律規則ニ從フモノトス

（第二）市町村ノ行政事務ニ關スト雖モ市町村吏員ノ處分若クハ裁決ニ對シテハ本制ニ明文ヲ掲ケタル場合ニ限リ訴願ヲ許シ之ニ反シテ監督官廳又ハ郡府縣參事會ノ處分若クハ町村ニ對シテハ一般ニ訴願ヲ許ス其訴願ノ順序ハ左圖ノ如シ

町村

郡長……知事……内務大臣

郡參事會……府縣參事會……行政裁判所

但法律ニ明文アル場合ニ限ル（郡參事會）

但法律ニ明文アル場合ニ限ル（行政裁判所）

市

知事……内務大臣

府縣參事會……行政裁判所

但法律ニ明文アル場合ニ限ル（府縣參事會）

但法律ニ明文アル場合ニ限ル（行政裁判所）

前圖ノ順序ハ必履行セサル可カラサルモノニシテ內務大臣ニ訴願シ又ハ行政裁判所ニ出訴セントスルニハ必其前段ノ順序ヲ經由シタル後ニ在ル可キモノトス　（畢）

市制町村制理由終

○大藏省告示第九十五號

本年法律第一號市制第百三十一條町村制第百三十六條直接稅間接稅ノ類別ハ左ノ諸稅ヲ以テ直接稅トシ其他ハ間接稅トス但府縣郡區町村ニ於テ特ニ徵收スルモノハ府縣知事ノ稟申ヲ以テ之ヲ定メ其直接トスヘキモノハ府縣知事ヲシテ管內ニ告示セシム

明治二十一年七月十三日

內務大臣伯爵　山縣有朋
大藏大臣伯爵　松方正義

○國稅　地租　所得稅　雜種稅

○地方稅　地租割　戶數割　家屋稅　營業稅

○區町村費　地價割　反別割　家屋割　營業割

(註)直接稅間接稅ノ何モノタルヤハ既ニ町村制第七條ニ於テ余輩ノ詳說シタル所ナリト雖モ尙此告示ニ依リテ一層ノ明瞭ヲ致セリ讀者ハ彼此參考シテ其主旨ノ存スル所ヲ領解セラルヘシ

明治二十一年十二月十日印刷
全　二十一年十二月十八日出版
全　二十二年六月十三日二版
全　二十四年九月十五日三版
全　二十五年十月廿八日四版
全　三十二年六月十五日十版

（定價金三十錢）

著述者　中山兵吉
東京京區加賀町十七番地寄留

出版者　高木和助
同日本橋區鐵砲町廿五番地

印刷者　岡田仲次郎
同京橋區弓町廿四番地三協舎

賣捌人　水野慶次郎
同日本橋區通油町

同　杉本七百丸
同日本橋區室町三丁目六番地

明治廿八年二月廿八日法律第六號第七號

參照
比較

市町村制註釋附錄

市制町村制中改正條項註釋

明治廿八年二月廿八日法律第六號

○市制中改正條項

市制第九條ヲ左ノ如ク改ム

第九條　市公民タル者第七條ニ揭載スル要件ノ一ヲ失フトキハ其公民タルノ權ヲ失フモノトス

市公民タル者公權停止中又ハ租稅滯納處分中ハ其公民タルノ權ヲ停止ス家資分散若クハ破產ノ宣告ヲ受ケタルトキハ復權ノ決定アルマテ又公權剝奪若クハ停止ヲ附加ス可キ重罪輕罪ノ爲メ公判ニ付セラレタルトキハ其裁判ノ確定ニ至ルマテ亦同シ

陸海軍ノ現役ニ服スル者ハ市ノ公務ニ參與セサル者トス現役以外ノ兵役ニ在ル者ニシテ戰時若クハ事變ニ際シ召集セラレタルトキモ亦同シ

市公民タル者ニ限リテ任ス可キ職務ニ在ル者ニシテ本條第一項乃至第三項ノ場合ニ當ルトキハ自ラ解職スルモノトス職ニ就キタル爲メ公民タルノ權ヲ得ヘキ職務ニ在ル者ニシテ本條第二項第三項ノ場合ニ當ルトキモ亦同シ

前項ノ職務ニ在ル市吏員ニシテ公權剝奪若クハ停止ヲ附加ス可キ重罪輕罪ノ爲メ豫審ニ付セラレタルトキハ監督官廳ハ其職ヲ停止スルコトヲ得

市制第十二條中左ノ如ク改ム

「陸海軍ノ現役ニ服スル者」トアルヲ「第九條第三項ノ場合ニ當ル者」ト改ム

市制第四十一條ヲ左ノ如ク改ム

第四十一條　市會ハ議員半數以上出席スルニ非サレハ議決スルコトヲ得ス
但同一ノ議事ニ付招集再回ニ至ルモ猶半數ニ滿タサルトキハ此限ニ在ラ
ス

明治廿八年二月廿八日法律第七號

〇町村制中改正條項

町村制第九條ヲ左ノ如ク改ム
第九條　町村公民タル者第七條ニ掲載スル要件ノ一ヲ失フトキハ其公民タ
ルノ權ヲ失フモノトス
町村公民タル者公權停止中又ハ租稅滯納處方中ハ其公民タルノ權ヲ停止
ス家資分散若クハ破産ノ宣告ヲ受ケタルトキハ復權ノ決定アルマテ又公
權剝奪若クハ停止ヲ附加スヘキ重罪輕罪ノ爲メ公判ニ付セラレタルトキ
ハ其裁判ノ確實ニ至ルマテ亦同シ
陸海軍ノ現役ニ服スル者ハ町村ノ公務ニ參與セサルモノトス現役以外ノ
兵役ニ在ル者ニシテ戰時若クハ事變ニ際シ召集セラレタルトキモ亦同シ
町村公民タル者ニ限リテ任スヘキ職務ニ在ル者ニシテ本條第一項乃至第
三項ノ場合ニ當ルトキハ自ラ解職スルモノトス職ニ就キタルカ爲メ公民
タル權ヲ得ヘキ職務ニ在ル者ニシテ本條第二項第三項ノ場合ニ當ルトキ
モ亦同シ
前項ノ職務ニ在ル町村吏員ニシテ公權剝奪若クハ停止ヲ附加スヘキ重罪
輕罪ノ爲メ豫審ニ付セラレタルトキハ監督官廳ハ其職ヲ停止スルコトヲ

得

町村制第十二條中左ノ如ク改ム

「陸海軍ノ現役ニ服スル者」トアルヲ「第九條第三項ノ場合ニ當ル者」ト改ム町村制第四十三條中左ノ如ク改ム

「三分ノ二以上出席」トアルヲ「半數以上出席」ト改メ「三分ノ二ニ滿タサル」トアルヲ「半數ニ滿タサル」ト改ム

○註釋

市制第九條

（註）本條ノ改正文ハ町村制第九條ニ準シ同一ナルヲ以テ立法ノ目的及ヒ法理ノ釋解ヲ異ニセス仍テ町村制第九條ノ下ニ説明ヲ附スルコトヽシ茲ニ贅セス

市制第十二條

（註）本條ノ改正文モ町村制第十二條ト同一ナルヲ以テ仝制仝條下ノ説明ニ讓ル

市制第四十一條

（註）本條ノ改正文モ町村制第四十三條ト同一ナルヲ以テ仝制仝條下ノ説明ニ讓ル

町村制第九條

（註）本條ハ本制第七條ニ所謂町又ハ村ノ公民權ヲ失フ場合ト之ヲ停止スル場合幷ニ公職解停ノ場合トヲ規定シタルモノトス

（一） 公權ヲ失フ可キ場合

一　帝國臣民タルノ資格ヲ失フタルトキ
二　町又ハ村ノ住民タル資格ヲ失フタルトキ
三　公權ヲ剝奪セラレタルトキ
四　獨立ノ男子タル資格ヲ失ヒタルトキ
五　町村ノ負担ヲ分任セサルニ至リタル卍
六　地租又ハ直接國税年額二圓以上ヲ納ムル資格ナキニ至リタル卍
七　町村ノ公費ヲ以テ救助ヲ受ケ二年ヲ經サル者

(二)　公民權ヲ停止スヘキ場合
一　公權停止中ノ者
二　租税滯納處分中ノ者
三　家資分散又ハ破産ノ宣告ヲ受ケ復權ヲ得サル者
四　公權剝奪又ハ公權停止ヲ附加スヘキ重罪輕罪ノ爲メ公判ニ付セラレ未タ判決確定ニ至ラサル者○公權ノ何タルハ第七條ノ註ニ説明シタレハ玆ニ贅セス只其剝奪ト停止トノ異ル所ヲ示サンニ剝奪ハ人トシテ公權ヲ取得スル權能ヲ剝取奪去スルノ意ニシテ法律上永久ニ公權ヲ失フモノナレ圧停止ハ公權ヲ取得スル法律上ノ能力ヲ全然失フモノニアラスシテ或ル一定ノ時期ヲ過クレハ當然公權ヲ回復シ得ルモノナリ尤モ公權剝奪ノ者ト雖モ復權ニ依リ更ニ權能ヲ附與セラルヽコトアルヘシ刑法第三十二條第卅三條ニ重罪ノ刑ニ處セラレタル者ハ別ニ宣告ヲ用ヒス終身公權ヲ剝奪シ輕罪ノ刑ニ處セラレタル者ハ其刑期中公權ヲ行フコトヲ停止ストアリ乃チ其重輕罪ノ爲メ公判ニ附セラレ未タ判決確定ニ至ラサル者ハ果シテ公權ノ剝奪又ハ停止ノ處分ニ接スルヤ否ヤヲ審ニセスト雖斯カル者ニ公權ノ行用ヲ許スハ

名譽ト信用トヲ帶有セシムル公民ノ資格ヲ汚スノミナラス其町村ノ利害ニ影響ヲ及ホスモノアルヲ以テ公民權ヲ停止セラルル人或ハ本條第二項ノ裁判ノ確定ニ至ルマテトアルヲ裏面ヨリ解釋シ裁判確定シテ公權剝奪又ハ停止處分ヲ受ケタル者ハ却テ公民權ヲ停止セラルヽコトナキヤヲ疑フモノアラン然レ圧是レ決シテ否ラス何トナレハ裁判確定シテ公權ヲ剝奪セラルレハ公民權ヲ失フコト(一)ノ三ニ說示シタルカ如ク又公權停止セラレタル者ハ本項ニ公權停止中ト規定セラレタルニ依リ無論公民權ヲ停止セラルヘキヲ知ルヘシ故ニ疑惑者ノ想像スルカ如キコト斷シテ之レナケレハナリ

公民權ヲ失ヒ又ハ停止セラルヽ場合右敍フルカ如シ思フニ公民權ナルモノハ公明正大ヲ旨トシ能ク公義務ヲ盡クシ且ツ信用アル者ニ對シテ附與スル權利ナレハ信用ナク若クハ公義務ヲ盡クス能ハサル者若クハ盡サヽルノ兆憑顯著ナル者ハ之ヲ有シ之ヲ執行スルヲ得ス法律カ右等ノ場合ニ於テ公民權ヲ失ヒ若クハ公民權ヲ停止スル者ト定メタルハ能ク其當ヲ得タルモノト謂フヘシ

陸海軍ノ豫備役後備役ニ在ル者ハ勿論其現役ニ服スル者ト雖モ必スシモ公民權ナキニアラス只其現役ニ服スル者ハ軍紀ノ牽制スル所アルカ故ニ政治ニ關與スルヲ許サス況ンヤ實際職務ヲ執ルヘキ閒隙ナキヲ以テ町村ノ公務ニ參與スルヲ得サルニ於テヲヤサレハ本條第三項ニ陸海軍現役ニ在ル者ノ町村ノ公務ニ參與セシメサル立法ノ精神ヲモ窺知シ得ヘシ夫レ然リ而レ圧町村ノ公務ニ參與セシメサルモノ獨リ現役者ノミナラス豫備役後備役等ノ現役以外ニアルモノニテモ戰時若クハ一揆等ノ事變アルニ當リ召集セラレタル片ハ現役者モ同樣ナルヲ以テ是亦公務ニ參與セシメサルモノトス

(三) 公職ヲ解クヘキ場合

公職ヲ解クヘキ場合ニ二アリ一ハ町村公民タル者ニ限リテ任スヘキ職務ニ在ル者例ヘハ町村ノ議員タル位地ニ在ル者ノ如シ他ノ一ハ職ニ就キタルカ為メ公民タルノ權ヲ得ヘキ職務ニ在ル者例ヘハ當選ニ應シ認可ヲ得タル有給町村長及ヒ有給助役等ノ如シ町村公民タル者ニ限リテ任スヘキ職務ニ在ル者ニシテ公民權ヲ失ヒ又ハ停止セラレ或ハ陸海軍ノ現役ニ服シ若クハ現役以外ト雖モ戰時又ハ事變ノ為メ召集セラレタル時ハ法律上當然其町村ノ公務ヨリ除斥セラレ其議員タルノ職ヲ失フモノトス自ラ解職スルト云フハ法律上當然其職ヲ失フコトヲ意味ス職ニ就キタルカ為メ公民タルノ權ヲ得ヘキ職務ニ在ル者ハ他ノ資格ニ於テ公民權ヲ失フモ職ニ就キタル點ニ於テ資格アルヲ以テ公民權ヲ失ハス故ニ他ノ資格ニ於テ公民權ヲ失フコトアルモ為メニ解職スルニ及ハサレドモ本條第二項ニ依リ公民權ヲ停止セラルヽ場合及ヒ第三項陸海軍ノ現役ニ服シ若クハ現役以外ト雖モ戰時又ハ事變ノ為メ召集セラレタル片ハ前同樣法律上當然其町村ノ公務ヨリ除斥セラレ有給町村長若クハ有給助役タルノ職ヲ失フモノナリ

(四) 公職ヲ停止セラルヽ場合

公職ヲ停止セラルヽハ行政機關トシテ國家ノ事務ニ服スル點ヨリ其町村ヲ監督スル官廳ノ命スルコトアルモノトス前項ノ職務ニ在ル町村吏員トハ町村長又ハ町村ノ委員若クハ町村ノ區長代理者等ヲ謂フ此等ノ者カ公權剝奪又ハ停止ヲ附加スヘキ重罪又ハ輕罪ノ為メ豫審ニ付セラレタル片ハ未タ當然解職セサルヘカラサルニハ至ラスト雖モ其監督官廳ハ職權ヲ以テ一時其職ヲ停止スルモノナリ故ニ其町村吏員ニシテ此停止ノ命令ニ接シタル片ハ失職スルコトナキモ或ル時期ノ間其公務ノ執行ヲ除斥セラルヽモノト知ルヘシ

(問)如何ナル場合ニ於テ帝國臣民タルノ資格ヲ失フヘキヤ

(答)注意ニ外國人ノ分限ヲ取得シタルトキ又ハ日本政府ノ允許ナクシテ外國政府ノ官職ヲ受ケ

ハ外國ノ軍隊ニ入リタルトキ等ニハ帝國臣民タルノ資格ヲ失フヘシ
(問)公民權ヲ失フタル者ト公民權ヲ停止セラレタル者トハ如何ナル差異アリヤ
(答)公民權ヲ失フタル𪜈ハ更ニ公民權ヲ得ルノ資格ヲ具備スルニアラサレハ其權利ヲ得ル能ハスト雖モ停止セラレタル者ハ其事故止ミタル𪜈ハ直ニ公民權ヲ回復スルコトヲ得尤モ停止中ニ公民權ノ資格ヲ失ヒタル𪜈ハ別段ナリトス
(問)營業ノ爲メ一時他ヘ出稼シタル𪜈ハ住民權ヲ失フヘキヤ
(答)住民權ハ住居即チ其町村内ニ於テ家計ヲ廢シ若クハ家族タルコトヲ廢シタル𪜈ニ於テ始メテ失フモノナリ故ニ假令一時他ニ出稼シ更ニ進ンテ他ノ市町村内ニ住居ヲ構ヘタル𪜈ト雖モ原町村ニ於テ家計ヲ廢シ若クハ家族タルノ資格ヲ失ハサルトキハ依然住民權ヲ有スルモノナリ是レ第八條第二項第二及ヒ第九十五條ニ徴シテ明カナリ
(問)本條第二項ニ公權剝奪若クハ停止ヲ附加スヘキ重罪輕罪ノ爲メ公判ニ付セラレタル𪜈トアリ豫審ニ附セラレタル𪜈ハ公民權ヲ停止セラレサルカ
(答)然リ正條ニ公判ニ附セラレタルトアルカラニハ豫審中ハ縦令公權ノ剝奪又ハ停止ヲ附加セラルヘキ重輕罪ヲ犯シタル時ト雖モ公民權ヲ停止セラレス
(問)然レハ司法警察上ノ訊問若クハ勾留中ハ如何
(答)豫審ダモ已ニ公民權ヲ停止セス况ンヤ未タ豫審ニ着手スルニ至ラサル司法警察上ノ訊問若クハ勾留中ニ於テヲヤ
(問)陸海軍ノ現役トハ現ニ入營服役中ノ者ノミヲ指スヤ將タ徴兵令ニ所謂現役ノ者ヲ稱スルヤ
(答)徴兵令ニ所謂現役ニ服スル者ヲ稱ス故ニ輜重輸卒ニシテ在郷ノ者及ヒ其他歸休兵ノ如キモ之ヲ包含ス

町村制第十一條

(註)本條ハ町村會議員ノ撰擧權ヲ有スル者如何ヲ定メタルモノナリ即チ法律ハ第一人ニ就キ撰擧權ヲ與ヘ第二財産ニ就キ撰擧權ヲ與ヘタリ左ニ撰擧權ヲ得ルニ必要ナル條件ヲ明示スヘシ

第一　人ニ付テノ撰擧權〇人ニ就テノ撰擧權ハ本條第一項ノ規定スル所ニシテ之ヲ得ルニハ左ノ條件ヲ必要トス

イ　第七條ニ依リ公民權ヲ有スルコト

ロ　第八條第三項第九條第二項ニ依リ公民權ヲ停止セラレタル者ニ非ルコト

ハ　陸海軍ノ現役ニ服シ又ハ現役以外ノ者ニテ戰時若クハ事變ノ爲メ召集セラレサル者タルコト

右三條件ヲ要スルノ理由ハ第七條第八條第九條ノ註釋ニ明カナリ

第二　財産ニ付テノ撰擧權〇本條第二項及ヒ第三項ハ財産ニ付テノ撰擧權ヲ規定シタルモノニシテ之ヲ得ルニハ左ノ條件ヲ必要トス但法律ニ從テ設立シタル銀行、會社若クハ其他ノ法人ニ在リテハ１２４５ノ條件ヲ要セス

１　內國人タルコト

２　公權ヲ有スルコト

３　直接町村税ノ納額其町村公民中ノ最多額ヲ納ムル者三名中ノ一人ヨリ多キコト

４　第八條第三項第九條第二項ニ依リ公民權ヲ停止セラレタル者ニ非ルコト

５　陸海軍ノ現役ニ服スル者又ハ現役以外ノ者ニシテ召集中ニ罹カラサルトキ

右ノ如ク財産ニ就キ撰擧權ヲ與ヘタル所以ノ者ハ特ニ財産家ヲ保護スルノ精神ニ出テタルモノニシテ財産家ハ之ニ由テ適當ノ人才ヲ撰ミ以テ其生活上若クハ營業上ノ利益ヲ保持スルヲ得ヘキナ

リ

(問)第二項ニ於テハ財産ニ付撰擧權ヲ與ヘタルニアラスヤ然ラハ何故ニ内國人タルコト、公權ヲ有スルコト、公民權ヲ停止セラレサルコト、陸海軍現役者タラサルコト及ヒ現役者以外ノ者ト雖圧戰時若クハ事變ノ爲メ召集中ニアラサルコト等ノ條件ヲ要スルヤ

(答)本問ハ第七條以下ノ各條ヲ參照セハ自ラ了解スルヲ得ヘシト雖モ簡單ニ之レカ答辨ヲ爲サンニ抑モ撰擧權ナル者ハ國民ノ特權ニ屬スルモノナリ故ニ日本人ニアラサレハ之ヲ與フ可カラス公權ヲ剝奪セラレ若クハ之ヲ停止セラレタル者ハ刑法第三十一條ニ依リ國民ノ特權ヲ行フ能ハス陸海軍ノ現役ニ服スル者又ハ現役以外ノ者ト雖モ戰時若クハ事變ノ爲メニ召集セラレタルトキハ軍規上ヨリ參政權ヲ停止セラルヽノミナラス實際ニ於テモ亦之ヲ行フコト能ハス故ニ此等ノ者ハ假令多クノ財産ヲ有シ直接町村稅ノ納額其町村公民ノ最多ク納稅スル者三名中ノ一人ヨリ多キトキト雖モ到底撰擧權ヲ有スルコトヲ得サルモノトス

(問)爰ニ甲町村ニ住スル人ニシテ乙町村ニ土地ヲ有シ其納稅額第十二條第二項ニ相當スル者アリ然ルニ其人ハ甲町村ニ於テ第八條第三項若クハ第九條第二項ニ依リ公民權ヲ停止セラレタルトハ乙町村ニ於テ第十二條第二項ノ撰擧權ヲ行フ能ハサル乎

(答)公民權ヲ停止セラレタル者ハ公義務ヲ盡クサス社會ノ信用ヲ害シタル等ノ原因ニ出ツルモノナレハ一般ニ公權ヲ停止スルヲ至當ナリトスルノ感想ヲ生シ從テ本問ノ如キ乙町村ニ於テ撰擧權ヲ與ヘサルヲ至當トスルカ如シト雖モ本條第二項ハ日本人ニシテ公權ヲ有シタルトキハ假令公民權ヲ有セス又其町村住民權ヲ有セサル者ト雖モ撰擧權ヲ與フヘキコトヲ規定シタルモノナレハ甲町村ノ公民權ヲ停止セラルヽモ乙町村ニ於テハ尙ホ其權利ヲ有スルモノト云ハサルヲ得ス

町村制第四十三條

(註)本條ハ町村會ハ議員半數以上出席スルニアラサレハ議決ヲ爲スコトヲ得サル旨ヲ定メタルモノニシテ公議ヲ重ンスルノ精神ニ出タルモノトス然レトモ若シ同一ノ議事ニ付議員ヲ招集スルコト再回ニ至ルモ尙半數ニ滿タサルトキハ其半數ニ滿タサル人員ニテ議決セサルヘカラス是レ蓋シ已ムヲ得サルノ方法ナリ

(問)今數多ノ事件ヲ議スルカ爲メニ町村會ヲ開キタルニ會マ一事件ノミ議員半數ニ滿タサル爲メ議決ニ至ラスシテ閉會シ他日更ラニ其事件ヲ議決スルカ爲メ招集シタルニ尙又半數ニ滿タサルトキハ之ヲ以テ「招集再回ニ至ルモ尙議員半數ニ滿タサルモノ」トシ其二回目ノ招集ニ於テ半數ニ滿タサル人員ノミニテ議決スルヲ得ヘキヤ

(答)本條ニ同一ノ議事ト謂ヒ同一ノ事件ト謂ハサルハ開會ヲ要スルニ至リシ事件全体ヲ指シタルモノニシテ一事件ノミヲ指シタルニアラス故ニ今數事件ノ爲メ開會シ會マ一事件ノ殘存スルモ之ヲ以テ議事ニ付一回ノ招集半數ニ滿タサリシモノト云フ能ハス依テ其事件ノ爲メ特ニ再度招集シテ半數ニ滿タサルトキニアラサレハ次回ノ招集ニ於テ半數ニ滿タサルモ直ニ議決スルヲ得スト主張スルノ疑論者アラント雖モ此說恐クハ其當ヲ得サルヘシ何トナレハ縱令數事件ノ爲メニ招集スルモ一事件ハ一議事タル性質ヲ有シ唯其文字ノ異ルノミナレハ特ニ其事件ノ爲メニ招集スルコト再回ナルヲ要セサレハナリ

明治三十一年三月十八日印刷
明治三十一年三月廿四日發行

無代價

東京市日本橋區通油町十八番地
發行者　水野慶次郎

東京市京橋區弓町二十三番地
印刷者　橋磯吉

東京市京橋區弓町二十四番地
印刷所　三協合資會社

地方自治法研究復刊大系〔第219巻〕

参照比較 市町村制註釈 附 問答理由〔明治32年 第10版〕

日本立法資料全集 別巻 1029

2017(平成29)年3月25日　復刻版第1刷発行　6995-6:012-010-005

著　者　山　中　兵　吉

発行者　今　井　　貴
　　　　稲　葉　文　子

発行所　株式会社信山社

〒113-0033 東京都文京区本郷6-2-9-102東大正門前
Ⓣ03(3818)1019　Ⓕ03(3818)0344
来栖支店〒309-1625 茨城県笠間市来栖2345-1
Ⓣ0296-71-0215　Ⓕ0296-72-5410
笠間才木支店〒309-1611 笠間市笠間515-3
Ⓣ0296-71-9081　Ⓕ0296-71-9082

印刷所　ワイズ書籍
製本所　カナメブックス
用　紙　七洋紙業

printed in Japan　分類 323.934 g 1029

ISBN978-4-7972-6995-6 C3332 ¥28000E

◆穂積重遠
法教育著作集
われらの法　全3集　【解題】大村敦志

■第1集　法　学
◇第1巻『法学通論(全訂版)』／◇第2巻『私たちの憲法』／◇第3巻『百万人の法律学』／◇第4巻『法律入門―NHK教養大学―』／◇正義と識別と仁愛　附録―英国裁判傍聴記／【解題】(大村敦志)

■第2集　民　法
◇第1巻『新民法読本』／◇第2巻『私たちの民法』／◇第3巻『わたしたちの親族・相続法』／◇第4巻『結婚読本』／【解題】(大村敦志)

■第3集　有閑法学
◇第1巻『有閑法学』／◇第2巻『続有閑法学』／◇第3巻『聖書と法律』／【解題】(大村敦志)

◆フランス民法　日本における研究状況　大村敦志 著

信山社

日本立法資料全集 別巻

地方自治法研究復刊大系

市町村執務要覧 全 第一分冊〔明治42年6月発行〕／大成会編輯局 編輯
市町村執務要覧 全 第二分冊〔明治42年6月発行〕／大成会編輯局 編輯**比較研究**
自治之精髄〔明治43年4月発行〕／水野錬太郎 著
市制町村制講義 全〔明治43年6月発行〕／秋野沆 著
改正 市制町村制講義 第4版〔明治43年6月発行〕／土清水幸一 著
地方自治の手引〔明治44年3月発行〕／前田宇治郎 著
新旧対照 市制町村制 及 理由 第9版〔明治44年4月発行〕／荒川五郎 著
改正 市制町村制 附 改正要義〔明治44年4月発行〕／田山宗堯 編輯
改正 市町村制問答説明 明治44年初版〔明治44年4月発行〕／一木千太郎 編纂
旧制対照 改正市町村制 附 改正理由〔明治44年5月発行〕／博文館編輯局 編
改正 市制町村制〔明治44年5月発行〕／石田忠兵衛 編輯
改正 市制町村制詳解〔明治44年5月発行〕／坪谷善四郎 著
改正 市制町村制正解〔明治44年6月発行〕／武知彌三郎 著
改正 市町村制講義〔明治44年6月発行〕／法典研究会 著
新旧対照 改正 市制町村制新釈 明治44年初版〔明治44年6月発行〕／佐藤貞雄 編纂
改正 町村制詳解〔明治44年8月発行〕／長峰安三郎 三浦通太 野田千太郎 著
新旧対照 市制町村制正文〔明治44年8月発行〕自治館編輯局 編纂
地方革新講話〔明治44年9月発行〕西内天行 著
改正 市制町村制釈義〔明治44年9月発行〕／中川健藏 宮内國太郎 他 著
改正 市制町村制正解 附 施行諸規則〔明治44年10月発行〕／福井淳 著
改正 市制町村制講義 附 施行諸規則 及 市町村事務摘要〔明治44年10月発行〕／樋山廣業 著
新旧比照 改正市制町村制註釈 附 改正北海道二級町村制〔明治44年11月発行〕／植田鹽惠 著
改正 市町村制 並 附属法規〔明治44年11月発行〕／楠綾雄 編輯
改正 市制町村制精義 全〔明治44年12月発行〕／平田東助 題字 梶康郎 著述
改正 市制町村制義解〔明治45年1月発行〕／行政法研究会 講述 藤田謙堂 監修
増訂 地方制度之栞 第13版〔明治45年2月発行〕／警眼社編集部 編纂
地方自治 及 振興策〔明治45年3月発行〕／床次竹二郎 著
改正 市制町村制正解 附 施行諸規則 第7版〔明治45年3月発行〕福井淳 著
自治之開発訓練〔大正元年6月発行〕／井上友一 著
市制町村制逐條示解〔初版〕第一分冊〔大正元年9月発行〕／五十嵐鑛三郎 他 著
市制町村制逐條示解〔初版〕第二分冊〔大正元年9月発行〕／五十嵐鑛三郎 他 著
改正 市町村制問答説明 附 施行細則 訂正増補3版〔大正元年12月発行〕／平井千太郎 編纂
改正 市制町村制註釈 附 施行諸規則〔大正2年3月発行〕／中村文城 註釈
改正 市町村制正文 附 施行法〔大正2年5月発行〕／林甲子太郎 編輯
増訂 地方制度之栞 第18版〔大正2年6月発行〕／警眼社 編集 編纂
改正 市制町村制詳解 附 関係法規 第13版〔大正2年7月発行〕／坪谷善四郎 著
細密調査 市町村便覧 附 分類官公衙公私学校銀行所在地一覧表〔大正2年10月発行〕／白山榮一郎 監修 森田公美 編著
改正 市制 及 町村制 訂正10版〔大正3年7月発行〕／山野金蔵 編輯
市制町村制正義〔第3版〕第一分冊〔大正3年10月発行〕／清水澄 末松偕一郎 他 著
市制町村制正義〔第3版〕第二分冊〔大正3年10月発行〕／清水澄 末松偕一郎 他 著
改正 市制町村制 及 附属法令〔大正3年11月発行〕／市町村雑誌社 編著
以呂波引 町村便覧〔大正4年2月発行〕／田山宗堯 編輯
改正 市制町村制講義 第10版〔大正5年6月発行〕／秋野沆 著
市制町村制実例大全〔第3版〕第一分冊〔大正5年9月発行〕／五十嵐鑛三郎 著
市制町村制実例大全〔第3版〕第二分冊〔大正5年9月発行〕／五十嵐鑛三郎 著
市町村名辞典〔大正5年10月発行〕／杉野耕三郎 編
市町村吏員提要 第3版〔大正6年12月発行〕／田邊好一 著
改正 市制町村制と衆議院議員選挙法〔大正6年2月発行〕／服部喜太郎 編輯
新旧対照 改正 市制町村制新釈 附 施行細則 及 執務條規〔大正6年5月発行〕／佐藤貞雄 編纂
増訂 地方制度之栞 大正6年第44版〔大正6年5月発行〕／警眼社編輯部 編纂
実地応用 町村制問答 第2版〔大正6年7月発行〕／市町村雑誌社 編纂
帝国市町村便覧〔大正6年9月発行〕／大西林五郎 編
地方自治講話〔大正7年12月発行〕／田中四郎左右衛門 編輯
最近検定 市町村名鑑 附 官国幣社及諸学校所在地一覧〔大正7年12月発行〕／藤澤衛彦 著

信山社